核心素养·名师课堂

阅读也是技术活

——中学语文阅读攻略

Yuedu Ye Shi Jishuhuo

蒋涛 著

漓江出版社

图书在版编目（CIP）数据

阅读也是技术活：中学语文阅读攻略 / 蒋涛著 . —桂林：漓江出版社，2016.11（2019.8重印）

ISBN 978-7-5407-7574-2

Ⅰ . ①阅… Ⅱ . ①蒋… Ⅲ . ①阅读课—教学研究—中学 Ⅳ . ① G633.332

中国版本图书馆 CIP 数据核字（2016）第 262075 号

阅读也是技术活——中学语文阅读攻略

作　　者　蒋　涛
策划编辑　文龙玉
责任编辑　章勤璐
书籍设计　石绍康
责任监印　周　萍

出 版 人　刘迪才
出版发行　漓江出版社有限公司
社　　址　广西桂林市南环路 22 号
邮　　编　541002
发行电话　0733-2583322　010-85893109
传　　真　0733-2582200　010-85890870-814
邮购热线　0773-2583322
电子信箱　ljcbs@163.com
网　　址　http://www.lijiangbook.com
印　　制　三河市腾飞印务有限公司
开　　本　710 × 960　1/16
印　　张　15.5
字　　数　220 千字
版　　次　2016 年 11 月第 1 版
印　　次　2019 年 8 月第 2 次印刷
印　　数　5 001—15 000 册
书　　号　ISBN 978-7-5407-7574-2
定　　价　40.00 元

推荐语

这本书的文字是滚烫鲜活的，甚至还带着山林沼泽的气息，字里行间仿佛扑闪着蒋涛睿智而清纯的眼睛。书中不少语料也许我们曾读到，却没能像他这样独到地读“道”，更没能像他这样提炼出有普适意义的“读之道”。毫无疑问，这是一本能提升语言智慧的好书！

——《中国教育报》2014 年度推动读书十大人物　徐　飞

蒋涛老师长于带领学生发掘海平面之下的八分之七的冰山，长于用激情融化学生对语文的冷漠与无奈。授课过程的妙语连珠、睿智广博，都在此书中呈现——他的课堂令人向往。

——中国作家协会会员、苏州名教师　白坤峰

蒋涛老师的文字点评，既能直切要害，一针见血，又妙趣横生，天马行空。随着独到思路引导，感受抽丝剥茧的自由愉悦，咀嚼文字背后的思想与情感。让阅读与思考成为呼吸一般自然的事情，读出一方自我天地。

——南京大学商学院财务管理系 2013 级　胡偲佳

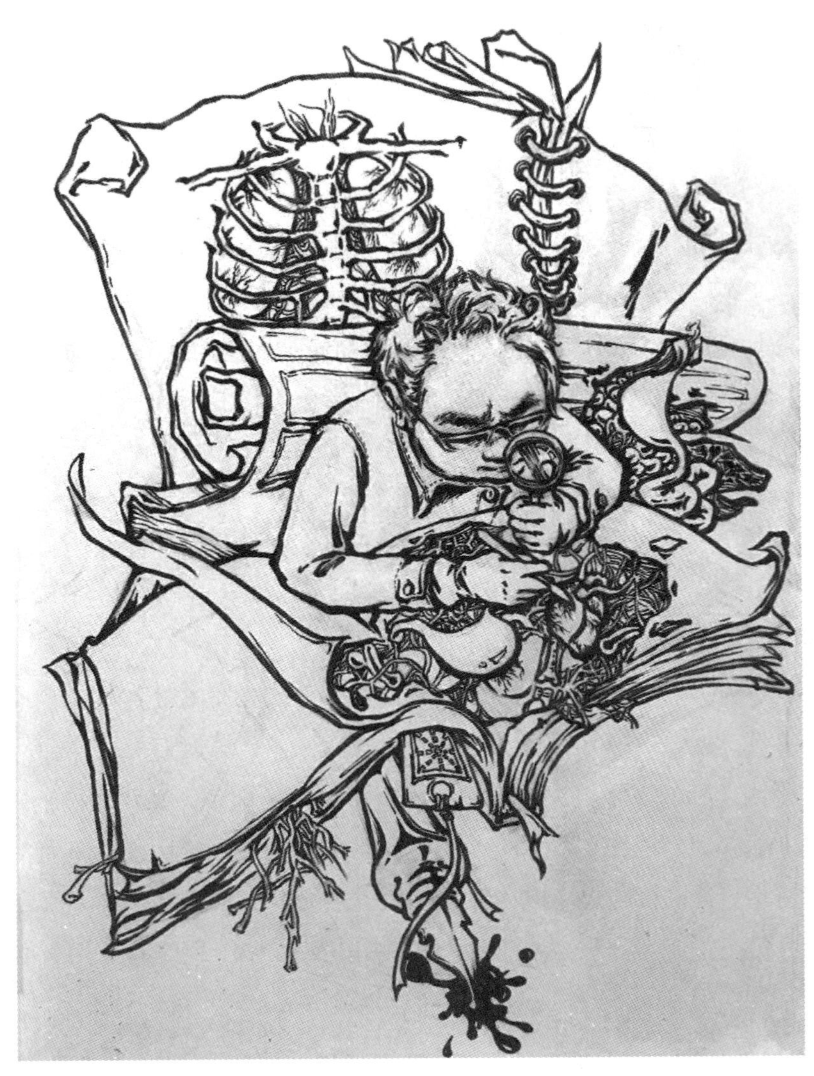

阅读也是技术活　范雨嫣绘

目 录

第一辑 读法例话四讲

第二辑 读书笔记六套

第三辑 以读促写九篇

自序　读者，第二作者也

这本书的文字是滚烫鲜活的，甚至还带着山林沼泽的气息，字里行间仿佛扑闪着蒋涛睿智而清纯的眼睛。书中不少语料也许我们曾读到，却没能像他这样独到地读“道”，更没能像他这样提炼出有普适意义的“读之道”。毫无疑问，这是一本能提升语言智慧的好书！

——以《从此爱上写作：高中作文三十讲》作者徐飞评语为题记

用文字点化成妙语或佳作，是作者的满足；从妙语或佳作咀嚼文字，则是读者的满足。当然，自我满足之上还有自我实现。作者的自我实现在高质量的写作，读者的自我实现在高质量的阅读。从这个角度来说，“读者”这个称谓并不逊色于作者。

文学作品的父母虽然是作者，但是这个孩子却早晚要离开父母，独立成长，超越父母赋予他的意义。而理想的读者正是作品的第二作者——孩子的再生父母，他们未必盲目崇拜这个孩子，却一定会善待这个孩子，他们绝对不会脱离文本，去抒发所谓的感悟，只会根据这个孩子本身的特点，参考其父母的建议，继续深挖这个孩子为父母所知的深处，或者探索其不为父母所知的别处……久而久之，也就从作者的书中，读出了一本读者的书。

要想成为第二作者，就要通过阅读，对作品进行二次写作。因此，第二作者往往要和作者一样，具有创造性，比如独到的发现。不过，独到，不是哗众取宠，也未必标新立异，只是彰显读者的本色。换句话说，见解再独到，也必须基于读道。只要遵循并运用阅读之道，读者也能和作者一样，拥有成为大师的可能。不过，要成为阅读大师，首先必须成为阅读技师——就像写作的艺术，离不开技术，阅读也是这样。

《阅读也是技术活》无疑就是这样一本书，它的特点是“读是我读，道由我道”——也只有“下水”去读去写，才能讲得游水之法。而完成这本书的意义在于：阅读心路，得以回望；阅读心法，得以分享；以读促写，得以实现。这些见解，源于笔者的课堂教学、课外阅读、作业评语，并不刻意追求“独到”，却努力遵循“读道”。

这个时代大行其道的并不是本色的“读”：有的读者，潇洒地脱离文本，只从“本能”出发，空发议论，完全忽视了作品的本色；还有的读者，则戴着一副有色眼镜，曲解文本，八卦作者，他们若有“本色”，只能解释为——本来就很“色”。在这样的阅读大环境下，可怜的是一群为“读”所困的学生：有的只会做题，不会自己读出问题；有的只会找到朗读的音标，不会找到阅读的抓手；有的只会边读边查背景，不会结合语境理解；有的读文学作品如读报纸杂志，不能从字里行间找到文本的入口（即不知如何圈其字、画其句，留下用于理解文本的阅读痕迹）；有的只会生吞活剥一堆素材碎片，却不会写堆砌素材、滥用名言之外的分析文字……

于是乎，如果鲁迅先生还活着，料想他又会说：“我正有写一点东西的必要了。”

第一辑

读法例话四讲

第一讲　望！做一只语句上空的鹰

一旦盯上了猎物，就急着一头扎下去，不是鹰的做派。它会先望一下四周的情况，否则，轻则跑了猎物，重则沦为猎物。读句子也是一样，我会告诫自己，先别急着一头扎进去。语句的内核固然重要，但是其外围也不容忽视，往往存在着与之相关的前提和对象、立场和角度，以及推断出它们的依据。

前提，你值得拥有。无条件笃信一句话的，只是盲目的信徒。真正的读者，全不是这样的。他们也会摘录自己信仰的至理名言，不过在信它之前，他们必先疑它：质疑没有什么前提，这句话就不成立；哪怕句中已有前提，也会质疑还缺了哪些前提。例如：

> 失败是成功之母。

失败是成功之母吗？“失败”固然可以作为“成功”的一个前提，但是却并不充分。起码要在失败中茁壮成长才行。也就是说，“成功”的前提有母也有父：

> 如果说失败是成功之母，那么成长就是成功之父。

话是人说的，往往也是说给人听的。要读透一句话或一段话，先要弄清楚说话人、受话人到底是谁，到底都有谁，各抱着怎样的态度、动机。例如：

有人说，没有什么是不朽的，只有青春是不朽的。也有人说，青年人不相信有朝一日会老去，这种感觉其实是天真的，我们自欺欺人地抱有一种像自然一样长存不朽的信念。

——2014 年江苏高考作文材料

前者说的是青春的旁观者，也就是已经经历者。青春不朽之于他们，是从心理状态上超越自我。后者说的是青春的当事人，也就是正在经历者。青春不朽之于他们，是从生理状态上挑战自然。所以，“有人说”的是过来人的自我总结，“也有人说”的是青年人的自我反省。又如：

犹太王大卫在戒指上刻有一句铭文：“一切都会过去。”

契诃夫小说中的一个人物在戒指上也刻有一句铭文：“一切都不会过去。”

——2011 年上海高考作文材料

“一切都会过去”，逃避自己过去的人会这么说，宽恕别人过去的人也会这么说；可用于对耿耿于怀者的劝慰，也可用于对铭记历史者的劝降。“一切都不会过去”，也是同理。

人之言行，可用来观其人，更可用来观其人之所以为其人。于是，承载言行的文字，都会带有一定的立场和角度。立场是指认识和处理问题时所处的地位和所抱的态度。角度是指看待事情的观点或出发点。例如：

其恕乎！己所不欲，勿施于人。——《论语·卫灵公》

这句话是处于儒家君子（如孔子）的地位，“恕”是一种高度概括的态度，“己所不欲，勿施于人”是相对具体的观点，是从自己的切身感受出发，做到推己及人，这句话中的立场和角度是各有所指的。

不过，两者往往在语句解读中相伴而行，有时甚至类似。比如：

仁者见之谓之仁，知者见之谓之知。——《周易·系辞上》

这句话是处于仁者或知（智）者的地位，抱着仁或知（智）的态度，并以此为出发点，得出仁或知（智）的观点。

立足点和出发点，往往决定了文句中言行的性质。如何把握立场和角度？这就必须在阅读中思考说话人（旁观者）或话中人（或当事人）的地位身份、背景阅历、性格情怀、信仰观念，以及两者之间的关系等。

综上所述，前提、对象、立场、角度……这些外围的信息，正是锁定语句的坐标。标出它们，更有利于进入语句的内核。若能如此，那只语句上空的鹰，非你莫属。

一、前提和对象：有言在先，言外有人

1. 前提怎么找？前提怎么辨？

寻找、概括前提，是理解一句话的途径之一，适用于文本阅读以及作文审题构思。找前提、推前提，有两种基本方式：一、求诸言外；二、由内而外。这里的“外”有两种情况，一种是有上下文，一种没有。前者有文本可依，更重在求诸言外，而后者更要依靠由内而外，即通过这句话内部的信息推出之外的前提。

（1）求诸言外：从上下文找前提

有文本可依，更重在求诸言外，这就要开发上下文了。

案例 1 多点开花——说出“那种失望”前，韩少功说了什么？

在上下文的信息比较丰富时，可以多点开花。这里又可以分出两种

情况：一、多点开多花——文中信息丰富，多处的前提不止一个；二、多点开一花——有的前提，需要综合几处信息才能得出。例如：

我已来过法国三次，这个风雅富贵之邦，无论我这样来多少次，我也只是一名来付钱的观赏者。我与这里的主人碰杯、唱歌、说笑、合影、拍肩膀，我的心却在一次次偷偷归去。我当然知道，我会对故乡浮粪四溢的墟场失望，会对故乡拥挤不堪的车厢失望，会对故乡阴沉连日的雨季失望，但那种失望不同于对旅泊之地的失望，那种失望能滴血。血沃之地将真正生长出金麦穗和赶车谣。

——韩少功《我心归去》

理解画线句可以从分析前提入手。“那种失望”不能等同于“失望”。作者置身异国、远离故乡，“那种”比起“这种”，更有距离感。弄清这一点后，我们就可以想想：“那种失望”形成的前提是什么？

显然，得出前提的依据，就存在于这段话中。可以用“总分”的结构加以表述：“那种失望”的前提是强烈的归属感，一则零距离地生活过（联系“故乡”）而非有距离地观赏过（联系“旅泊之地”、“观赏者”），二则付出过心血（联系“血沃之地”）而非钱财（联系“付钱”），三则不是眼前热闹、把酒言欢（联系“碰杯、唱歌、说笑、合影、拍肩膀”）而是情到深处、刻骨铭心（联系“滴血”）。

这个案例分析也提醒大家，要理解一段话，往往要找到那句最值得分析的话。最值得分析的话往往能调动整个语段的内容。而这句话是否适合通过前提来分析，就看上下文各层是否充满着前提。

案例 2　追查到字——莫言母亲的“哼唱”与“最辛苦”

在上下文信息有限的时候，就连一个字都不能放过。比如：

这个记忆的画面中更让我难以忘却的是，愁容满面的母亲，在辛苦地劳作时，嘴里竟然哼唱着一支小曲！当时，在我们这个人口众多的大家庭中，劳作最辛苦的是母亲，饥饿最严重的也是母亲。她一边捶打野菜一边哭泣才符合常理，但她不是哭泣而是歌唱，这一细节，直到今天，我也不能很好地理解它所包含的意义。

——莫言《母亲》

“愁容满面的母亲，在辛苦地劳作时，嘴里竟然哼唱着一支小曲！”在这句话中，母亲的心情和表情反差极大，形成了一股张力。“要乐观地面对生活的苦难”，我差点就止于这句套话式的理解了。不过，“这一细节，直到今天，我也不能很好地理解它所包含的意义。”这句话让我警觉。

为什么“不能很好地理解”？我试着深挖了“要乐观地面对生活的苦难”的前提，即莫言母亲的处境。语段中唯一可以开发的也就是“劳作最辛苦的是母亲，饥饿最严重的也是母亲”一句，而出现两次的“最”字似乎在强调些什么。于是，围绕这个“最”，我便写下了下面的深层感悟：

母亲之所以能够在苦难中放歌，是因为她触碰到了“十八层地狱”的最后一层，也就是苦难之“最”。同在艰苦岁月，苦，作为儿子的“我”，多少能体会；但是最苦，却不是“我”能完全理解的，因为有母亲挡在前面。

身处苦难的人很多，但苦难却往往批量复制着怨天尤人的哭泣者、悲观者，却很少点化出像莫言母亲一样的歌唱家、乐观者，为什么？因为乐观面对苦难的前提是触底，即触摸到苦海之底。能战胜自杀的念头，并活着把苦难的牢底坐穿，自然就获得了一份心灵的超脱。但把牢底坐穿的又有几人？大部分世人不是提前自杀了，就是把“阑干拍遍”却坐不下来。

这段阅读经历告诉我，如果一段文字只能让我感悟出一句套话，不妨自问：本文有没有为这句套话提供个性的前提。而找前提要精确到字，哪怕是一个不能独立表意的虚词。

（2）里应外合：从语句本身找前提的“内应”

无文本可依，更重在“里应外合”。从语句本身的蛛丝马迹中找到“内应”，作为推出前提的线索，再结合自己的感悟，加以生发。

案例 3 残缺处有“内应”——关于“怀疑”的两句话

有的内应是一种残缺的暗示，就像鲁迅在《药》中，用“古□亭口”暗示“古轩亭口”。显示一些，遮掉一些，这是暗示的一种方式。如果不解决这些残缺的内应，补出前提，就可能会感到矛盾，例如：

> 一无所知的人不会怀疑任何事物。　——英国谚语
>
> 知识贫乏最能让人生出许多怀疑。　——培根

这两句话形成的话题是“不疑和多疑”。不疑和多疑的前提都只是无知（“一无所知”）或少知（“知识贫乏”）吗？如果只有这个共同的前提，为什么这两句话会看似矛盾？显然，“一无所知”和“知识贫乏”这两个前提还不充分，需要“补丁”，不妨从两个词都含有的“知”字得出感悟：

> “一无所知”可以求知啊，求知了就产生好奇，好奇就会产生怀疑。那么，这些人不疑的前提至少是“一无所知”并且“不去求知”。“不去求知”又有许多情况，比如：没胆求知，被“文字狱”吓怕了；没脑求知，被娱乐搞得脑残了；没心求知，“夫哀莫大于心死”。
>
> “知识贫乏”也可以求知啊，求知就会释疑。无知者为什么不愿求知？显然是觉得自己都知道，于是凭着贫乏的知识，模仿智者的腔调，处处质疑，自鸣得意。他们自以为滔滔不绝，其实只是喋喋不休，终究还是贻笑大方。那么，这些人生疑的前提至

少是“知识贫乏”还“自以为知”。而自以为无所不知也可以再分出许多情况，比如：老了，因循守旧，不再更新；病了，只有嘴巴，没有耳朵；疯了，我是上帝。

从这个精读案例中，可以得出三点启示：①前提须完整——语句中前提的“残片”，要结合感悟加以修补；②“内应”找共性——残片如果不止一个，并且存在相近、相对等关系，可以找出共性字词，作为修补前提的线索；③情况要具体——不仅将前提修补完整，而且分析出前提产生的丰富情况，才能更直观地理解前提。

案例 4 概念处有“内应”——柏拉图关于“害怕”的论断

有的“内应”，是一个名称，是一个概念，可以从与之相对或相反的概念中找到前提，例如：

> 孩子害怕黑暗，情有可原；人生真正的悲剧，是成人害怕光明。
>
> ——柏拉图

试问：前后两句话成立的前提分别是什么？

害怕黑暗，情有可原的前提，可以想想黑暗的反面——光明，孩子充满了对光明的依恋。孩子作为天使降临人间，往往习惯生活在光明中。看得见周围，让周围看见自己，他们才感到安全。

害怕光明，最为悲剧的前提，只要想想光明的反面——黑暗，成人往往对黑暗顺从、习惯，以换取苟且。这些成人往往就像鲁迅笔下的铁屋子里的沉睡者，他们觉得打破铁屋子未必会有光明在屋外，在屋子里点灯又太浪费氧气，于是这些鸵鸟政策者自慰道：“不管屋子再黑暗，闭上眼睛就安全了。”看不见周围，周围也就看不见自己了，这种“适应”竟让他们产生了安全感。他们睡着装死，活着等死，渐渐被黑暗吞噬，抑或渐渐成为黑暗的一部分。他们为了不失去生命，甘愿放弃生命的意义和人生的价值，这是苟活者的悲剧。冯骥才在散文《夕阳投入书房》

中也有类似的感悟：

> 一只蚂蚁从阴影里爬出来，它走到桌面一块阳光前，迟疑不前，几次刚把脑袋伸进夕阳里，又赶紧缩回来。它究竟是畏惧这奇异的光明，还是习惯了黑暗？黑暗总是给人一半恐惧，一半安全。人在黑暗外边感到恐惧，在黑暗里边反倒觉得安全。

总之，孩子习惯了天堂的光明，成人习惯了尘世的黑暗。黑暗给不习惯它的人恐惧感，给习惯它的人安全感。也就是说，害不害怕，源于习不习惯。

案例 5 笼统处有“内应”——陆游的“恨少”与“知难”

有的“内应”在笼统处，需要分出不同情况之后才能得出正确的前提。例如：

> 书到用时方恨少，事非经过不知难。 ——陆游

要理解“方恨少”，可以先去分析“不恨少”的前提。不妨抓住“内应”——“用”。多读有用的书，在用时自然不恨少。可是，何为有用？“用”这个字太过笼统，至少可以分出两类：“经济实用”和“无用之用”。“经济实用”往往带有强烈的目的性、功利性，指向的是世俗生活；“无用之用”则相反，更追求审美情趣，指向的是艺术人生。

于是，“方恨少”就可以至少分出两种情况：平时只遨游于题海，在考察审美取向（《考试说明》上写着呢）时依旧会“恨少”——这也是应试未必能学好语文的原因之一；平时只读老庄、西厢，在考察四书五经时也会“恨少”——贾宝玉不就最怕贾政考他功课吗？显然，这两种“方恨少”，不是一种滋味。

“事非经过不知难”是个双重否定句，可以先转换句式变成肯定句——“事要经过才知难”。而“知难”的前提是“经过”，可“经过”

也至少分两种情况：走马观花地路过和刻骨铭心地亲历。显然，只有后者，才是“知难”的前提。

通过这则精读案例，对充当前提的字词，至少可以得出两点认识：①一个字可以组出不止一个词，每个词都代表着一种情况，对前提的理解也就更丰富了；②能充当前提的，未必是字词背后的所有情况，可能只是特指一种。

案例 6 “内应”处搭配多——“拒绝平庸”的前提，以及前提的前提

深挖一处“内应”，还可能找到前提的前提。例如：

> 艺术家，拒绝平庸！ ——《先结婚后恋爱》台词

“拒绝平庸”的前提是什么？这个动宾短语的前提，首先就要从理解宾语入手。为了丰富对“平庸”的理解，可以寻找一些与之搭配的动词，组成与“平庸”有关的动宾短语（比如：深知平庸、深处平庸等），然后理顺它们与“拒绝平庸”，以及彼此间的关系。就在不经意间，前提出来了，甚至“前提的前提”也出来了。于是，也就有了以下的两段感悟：

> “拒绝”的前提是要你拒绝的是什么，“拒绝平庸”的前提，也就是要知道拒绝的肯定是“平庸”，也就是说，“深知平庸”是“拒绝平庸”的前提。“深知平庸”，就必须辨别“平庸”和“平凡”。以“拒绝平庸”之名，行“拒绝平凡”之实，这就是“矫情”。正如托尔斯泰所说：“平庸和矫情之间只有一条窄路，那才是唯一的正道。在我看来，矫情比平庸更可怕，而之所以可怕，原因在于它明明是平庸却偏要冒充独特，因而是不老实的平庸。”这种矫情更是艺术家之敌。试想，一位“拒绝平凡”的艺术家怎么接得了地气？艺术固然高于生活，却也必须源于生活。
>
> 那“深处平庸”与“深知平庸”又是什么关系呢？要想深

知平庸，必须对它有切身的体会，这就要“深处平庸”了。反之，只生活在与平庸隔离的“无菌舱”，只能算“附庸风雅”而已。这也就是说“深知平庸”的前提须是“深处平庸”，对于“拒绝平庸”而言，也可谓“前提的前提”。当然，“深处平庸”是把双刃剑，可能深知，也可能深陷，被平庸同化。许多庸人也是深处平庸的，可他们最终适应了平庸。而能拒绝平庸的，终究是“出淤泥而不染”的莲。这样的人不像屈原更像渔父。

案例 7　“内应”处须辨伪——史铁生的“年轻”与“残废”

有的句中似乎有好几个“内应”，这就要辨别由此得出的是真前提，还是伪前提，例如：

年轻人啊，残废了，却有一颗年轻的心在跳！

——史铁生《没有太阳的角落》

“残废”或许只是“青春易朽”的一个特别注释。而那颗年轻的心依旧在跳，则注解着青春不朽。那升华灵魂就一定要以肉体残缺为前提吗？未必吧。我们必须辩证地看待“残废”。残废只是一个特殊的契机而已。的确，残废会激发一些人的生命意识，但是残废也会让更多的生命从此沉沦，使得他们从身残到脑残、志残。眼光在句中“残废”和“心”之间徘徊的瞬间，我突然明白了心跳的前提，感悟道：

年轻的心要跳下去，不是非要遭遇残废，抑或刻意自残，前提只是这颗心没残——不论年轻与否，这颗心的主人，还想捍卫“年轻人”这个“尊称”！这样的捍卫者是可敬可佩的，许多年轻的脑残者、志残者，更是反衬了这一点，但这也是可悲的反衬。

还记得鲁迅的《药》吗？还记得那个“二十多岁的人”吗？

“这小东西也真不成东西！关在牢里，还要劝牢头造反。”当康大叔在污蔑革命烈士夏瑜的时候，就是这样一个“二十多岁的人”在惊叹“阿呀，那还了得”，而且还“很现出气愤模样”：真是个无知而又积极的奴隶。是的，这只是一个“二十多岁的人”而已。他的肉体没残，精神却废了；他的心脏跳得没问题，可“心跳”却出了问题。他不是热血孺子，若要俯首为牛，鲁迅何甘！

2. 对象怎么设？对象怎么品？

要品出一句话的味道，只就句论句不行，还得“搞对象”——归纳出说话人或受话人。“这句话是谁说的？”“这句话是说给谁听的？”我喜欢带着这两个问题去读句，尤其是人物的言语。

（1）虚拟对象：根据语句本身推测对象

有上下文可依，当然可以直接从上下文去找说话人或受话人。可是，无文本或者抽离文本的言语，更要结合句中有限的信息，推测、假设出说话人或受话人，做到“小心求证，大胆假设”。

案例 8 先找侧重再假设——关于“希望”的两句台词

> 懦怯囚禁人的灵魂，希望可以让你自由。
> 希望是件危险的事，希望能叫人发疯。
> ——斯蒂芬·金《肖申克的救赎》台词

这两句话的核心词都是“希望”，却各有侧重。而构成侧重的字词，往往是假设出对象的依据。

第一句的侧重词有“懦怯”“囚禁”“自由”等。为什么宁愿被“囚禁”？因为外面不安全。而在安全和“自由”之间，不敢选择后者，则是“懦怯”的表现。因此，这句话谈“希望”，是侧重于“安全和自由”这个话题。

那么会说这句话的人，往往视灵魂自由高于生命安全。有的人灵魂尚未麻木，在安全和自由之间挣扎，第一句话也正是对他们的鼓励。

第二句的侧重词有“危险”“发疯”。有“希望”的事为什么“危险”？因为它容易勾起人的“欲望”，从而丧失理智（“发疯”），变质为“奢望”。而希望落空，可能只是失望，如果“奢望”落空呢？往往会堕入“绝望”的深渊。也就是说，当“希望”被“欲望”“奢望”“绝望”所挟持，就随时有被“撕票”的危险。而受此困扰的人会说出第二句话。拥有“希望”，就要时刻与“欲望”“奢望”“绝望”做斗争。不过，许多怀着“希望”的人却尚未做好拥有“希望”的觉悟和决心，这句话便成了对他们的忠告。

当然，“希望”也可能是理想者在现实中受挫后的一根救命稻草，而“发疯”也未必是真的丧失理智，可能只是“执着”的代名词。在苟活者眼中，为理想拼命就是“发疯”。这句话也可能是苟活者对“疯子”的善意劝告。当然，真的猛士或许会笑语：“世人笑我太疯癫，我笑世人看不穿。”

（2）说话走心：从文本中发掘说话的动机

当然，无论是寻找还是假设，都不是终点。要读进句子，还要再问两个问题：“他（她）为什么会这么说？这句话为什么要说给他（她）听？”一句话的味道里，往往夹杂着对象的性格、形象、情感、心理等。

案例 9 异口同声不同心——黛玉、宝钗、探春竟说同一句话

> 贾母闻知宝玉被吓，细问原由，不敢再隐，只得回明。贾母道：“我必料到有此事。如今各处上夜都不小心，还是小事，只怕他们就是贼也未可知。”当下邢夫人并尤氏等都过来请安，凤姐及李纨姊妹等皆陪侍，听贾母如此说，都默无所答。独探春出位笑道：“近因凤姐姐身子不好，几日园内的人比先放肆了许多。先前不过是大家偷着一时半刻，或夜里坐更时，三四个人聚在一处，或厉换蚨牌，小小的顽意，不过为熬困。近来渐

次放诞，竟开了赌局，甚至有头家局主，或三十吊五十吊三百吊的大输赢。半月前竟有争斗相打之事。”贾母听了，忙说：“你既知道，为何不早回我们来？”探春道：“我因想着太太事多，且连日不自在，所以没回。只告诉了大嫂子和管事的人们，戒饬过几次，近日好些。”贾母忙道：“你姑娘家，如何知道这里头的利害。你自为耍钱常事，不过怕起争端。殊不知夜间既耍钱，就保不住不吃酒，既吃酒，就免不得门户任意开锁。或买东西，寻张觅李，其中夜静人稀，趋便藏贼引奸引盗，何等事作不出来。况且园内的姊妹们起居所伴者皆系丫头媳妇们，贤愚混杂，贼盗事小，再有别事，倘略沾带些，关系不小。这事岂可轻恕。”探春听说，便默然归坐。……

……

……黛玉、宝钗、探春等见迎春的乳母如此，也是物伤其类的意思，遂都起身笑向贾母讨情说：“这个妈妈素日原不顽的，不知怎么也偶然高兴。求看二姐姐面上，饶他这次罢。”贾母道：“你们不知。大约这些奶子们，一个个仗着奶过哥儿姐儿，原比别人有些体面，他们就生事，比别人更可恶，专管调唆主子护短偏向。我都是经过的。况且要拿一个作法，恰好果然就遇见了一个。你们别管，我自有道理。”宝钗等听说，只得罢了。

——曹雪芹《红楼梦·第七十三回》

画线句是黛玉、宝钗、探春一起对贾母说的，是替赌博被抓的迎春乳母求情。结合节选的上文可知，探春说这句话是怀着愧意和歉意的。替凤姐理家期间，探春虽然从大处做了改革，但是却没把下人赌博当回事。虽也整饬，但没有向上汇报，以致这次迎春乳母因赌博被抓，探春认为作为管理者是有责任的，作为姐妹，伤了二姐迎春的体面。贾母认为赌博是件十分严重的事，在这个背景下，探春还要争取，可见其真心。

不过有了这个背景，极富智慧的宝钗应该不难猜出求情会被贾母驳回，她为什么还要求情呢？她不是事不关己高高挂起的人吗？她应该静观才对吧。可正是因为求情不会改变结果，所以她才会说。这样既向贾府上下表现了自己的善意和人情味，又不会承担求情应允后万一因纵容更生事端的责任。“宝钗等听说，只得作罢了。”不禁感叹曹公写这种不起眼的句子都这么有深意。这句话中就提了“宝钗”，却把黛玉和探春隐在“等”中，可见后面两人心中未必作罢，宝钗却是按计划作罢而已。

黛玉替乳母求情也值得玩味，结合整本书，黛玉给贾府下人们的印象大多是嘴巴刻薄的，与坠儿在滴翠亭的私密对话，小红宁愿被宝钗听见也不愿被黛玉听见。而黛玉自知父母双亡，寄人篱下，对宝钗也说过不想麻烦下人们去给自己弄燕窝，可见她的印象中，贾府下人多是势利的，如果小心眼的应该幸灾乐祸才对。有这样的印象和关系，不会迎合人的黛玉替迎春乳母求情，不仅是出于照顾迎春的感受，也不仅是出于她的善良与悲悯——刻薄的嘴下却有一颗豆腐的心，更是出于与宝玉心灵相通的她洞悉因果。为什么这么说？因为这次引起贾母查赌严打是因宝玉而起。金星玻璃说墙上跳下人，晴雯借此说宝玉被吓到，来帮宝玉逃避明天贾政的学业检查，这才殃及迎春的乳母。黛玉的求情可以看作是替宝玉向这些无辜者致歉。

二、立场和角度：在哪立足，从哪出发

立场和角度的用武之地，往往是在叙述类的材料。它们既能使得我们的阅读更加细腻、深刻，又能帮助我们细化审题，丰富立意，深化构思，为一篇有质量的议论文提供了一把手术刀。

1. 寻“人”启示：“人”是立场、角度的载体

怎样才能找到它们？简而言之，先从文本内外找各种“人”。

（1）入乎其内：从文本中分出立场、角度

案例 10　多人多元——大佛鼻孔前的工匠、众人和小孩

很多文字材料中，不止一个人，所以立场和角度也更加多元，例如：

> 有一位雕塑佛像的工匠，他的手艺远近驰名。当他为一座寺庙雕刻的佛像落成的时候，附近几里的人都跑来观礼，人人都为那座佛像的庄严伟大而赞叹不已。只有一个穿着脏衣服的小孩，一边挖鼻孔，一边说："这佛像雕得不好！"众人都回头看着孩子，孩子换了另一边的鼻孔挖着说："这佛像真的雕得不好！"大家就奇怪地问他："为什么雕得不好？"小孩子说："这佛像的手指太粗、鼻孔太细，佛没有办法挖鼻孔。"众人纷纷斥责孩子："小孩子懂什么，佛又不是孩子，怎么会挖鼻孔？""佛的鼻子怎么会痒？"当大家议论完了，发现雕佛像的工匠不见了，由于太羞愧了，连庙里的工钱也没有拿。
>
> ——林清玄《大佛的鼻孔》

如果按工匠、众人、小孩三个角色去划分这段文字，那么语段中的句子就可以梳理重组成三部分，这样一来，阅读整段，就不会囫囵吞枣，可以根据三个部分各个击破。语段的首尾主要是工匠的内容，次首次尾主要是众人的内容，中间主要是小孩的内容，这正好是层层剥茧的解读过程！

从"工匠"这个角色出发，可以围绕结果设问："为什么工匠不拿工钱？"因为"太羞愧"。那"羞愧"的背后呢？可以结合工匠的几重定位。

首先，他是一位"雕塑佛像"的工匠。手指和鼻子的失真造成了对佛的不"人道"，使得他"太羞愧"，态度必然是"狠"虔诚。

其次，他是"手艺远近驰名"的工匠。这种"太羞愧"背后是一种"狠"敬业的态度。

立足于信徒，态度虔诚；立足于工匠，态度敬业。是否还有第三个立足点和态度呢？可能有，手指和鼻子的失真不符合生活常识，而高于生

活的艺术必先源于生活。这个工匠在潜意识中似乎并不满足于做一个领工钱干活的能工巧匠，雕塑家似乎才是他的自我定位，这种态度叫艺术家的自尊。

从“众人”这个角色出发，可以发现佛以“众生平等”对待众人，可众人对待佛和小孩的态度却都不是平等的。

“观礼”并赞叹佛像“庄严伟大”的众人大概是以粉丝自居的吧，他们态度狂热，盲目地将佛捧起来，捧进了高高在上的“佛像”里，人为地造成了佛与自己的不平等——别以为只有踩在脚下才是置对方于不平等，捧在头上也是。“（佛）怎么会挖鼻子？”“佛的鼻子怎么会痒？”他们把“佛”视为没有感觉、没有人权的“佛像”。殊不知，痒是一种人的感觉，没有人的感觉，面对众生的佛又如何展现“感同身受”的慈悲？而就算有了痒，但又不能挠痒，那就是“泥菩萨过江自身难保”了，又如何更好地普度众生？

“佛又不是孩子，怎么会挖鼻孔？”他们把佛捧了起来，又把孩子踩了下去。为什么说“佛又不是孩子”而非“佛又不是人”呢？潜台词是“佛是我们大人”。原来在佛像面前将自己置于粉丝地位的众人，在小孩子面前又以“懂事”的佛自居，说起态度，这不仅是信徒的狂热，而且是成人的狂妄。另外，值得注意的是众人观的是“礼”而非“理”，一个“礼”判决了小孩的“无礼”，也就分出了长幼尊卑——众人之“礼”，平等之敌。

从“小孩子”这个角色出发，可谓“无忌！为佛代言是童言”。可以得出“平视乃见本真”“独立思考，敢于质疑”“推己及人，人性自然”等观点。

“平视乃见本真”这个观点可以由小孩与众人、工匠的关系中得出。相对于仰视神佛、俯视小孩的众人，小孩可谓“平视”，佛至少是镜中的自己，至多是彼岸的自己；相对于手艺远近闻名的工匠，穿着脏衣服的小孩却更容易窥见生活的本色，可见匠心应和童心（这里的童心不是幼稚之心，而是本真之心）结伴，技艺登峰造极有时会适得其反，迷失生活的真实。

"独立思考，敢于质疑"，对这个观点的分析就比较简单，小孩在众人的"赞叹不已"中敢于发出"不和谐"的声音，并且对佛像展开独立思考，如果说众人是来"观礼"的话，那么小孩是来"求理"的。

"推己及人，人性自然"这个观点，可以从小孩两次"挖鼻孔"的言行得出，因为自己挖鼻孔，所以也替佛考虑这一点，这恰恰体现了佛家的慈悲之心。在"观礼"的人间，何处安放我的佛？最有可能的所在应该不是"庄严伟大"得连痒都不能挠的佛像上，在佛像前那个衣服虽脏却可以挖鼻孔的小孩倒是极有可能成为佛的载体。在众人喧嚣的包围中，只有挖鼻孔的小孩可以寄托，佛在人间的知音真少。若是身陷世俗包围的童心也最终失守，还有何处安放我的佛？

案例 11 化整为零——看着苹果的，既有群体，又有群体中的个体

值得注意的是，找的"人"可以是作为整体的人群，也可以是作为个体的人。每一个个体都是有个性的，就算个体隶属于某个整体或群体，其立场、角度也可能"不尽相同"，甚至"尽不相同"。而个体的心声极易被群体的声浪绑架、淹没，非细读不可。例如：

> 有位哲学家举着一个苹果对他的学生说："这个苹果是我刚从果园摘来的，你们闻到它的香味了吗？"有一个学生看到苹果红红的就抢着说：闻到了。哲学家又走到学生面前让他们闻，有的说闻到了，有的闻也不闻就说闻到了，只有三个学生默不作声。哲学家说："你们怎么了？"其中一个学生又闻了闻，说："什么味也没闻到。"还有一个学生上来摸了摸说，这是什么苹果？还有一个学生讷讷地说："老师，今天我感冒了。"哲学家把这个苹果拿给学生们传看，竟然是蜡做的假苹果。
>
> ——2011 年辽宁高考作文材料

这是一个关于"真相"的故事，由哲学家老师和他的学生们，以及苹果共同演绎。

学生首先可以分为两大人群：说“闻到了”的和“默不作声”的。然后说“闻到了”的和“默不作声”的又可以各分为三种。

就算都用语言表示“闻到了”，立场和角度也未必一致。闻了说“闻到了”和“闻也不闻”说“闻到了”，两者相对于真相更在乎的是“老师”——这个老师可是“哲学家”啊，这是权威！两者只是在消极应答，他们敬畏权威甚于真相。当然两者也有细微的差别：前者顺从，畏惧权威；后者盲从，崇敬权威。

说“闻到了”的除了这两种，还有第三种，这就是第一个学生。他虽也和他们一样说“闻到了”，但却不同于“自卑”的前两者。他似乎更“自信”，一个“抢”字说明应答很积极，他在乎的不是权威，他更相信的是自己的生活经验。他臆断的结论应该是有颜值的苹果怎么会没香气？可惜，他为“色相”所迷，离真相很远。

至于“默不作声”的三个学生，立场相对复杂，角度各有玄机。

第一个学生“又闻了闻”，态度是慎之又慎的；直言没闻到，很实事求是。

第二个学生在闻过之后，也再次求证，只是用了不同的方式——“摸了摸”。从“闻”到“摸”，他至少很贴近真相。不过，他的回答令人玩味，他没有正面回答：“什么味也没闻到。”也没有深刻回答：“这不是苹果，怎么会有苹果的香味？”只是来了句：“这是什么苹果？”这句话很婉转，兼顾了自己的观点和老师的感受。“这是什么苹果”如果做反问句，就是一种否定，表达了自己的判断；如果做设问句，则只是一种好奇或怀疑，给了老师余地。或许在他的态度上，读者会褒贬不一，有人会用褒义词“委婉”，有人会用贬义词“圆滑”。不过，要是看了第三个同学，就会发现圆滑的还在后头。

“讷讷”的第三个学生真可谓“大智若愚”。他借“感冒”置身事外。他在乎的不是真相，也不是老师，终究是自己——这是所谓的“明哲保身”。当然他也可能是真木讷和真感冒，那为什么不在老师第一次要求闻并回答的时候声明这一点？可见他也可能抱着侥幸心态——老师问了那么多人应该不会再问到我；更可见这个学生将自己定位为一个“透明人”，这是一种自我封闭。于是，第三个学生未必能有定论，处世态度抑或是自保，抑或是自闭。不过，无论是哪一种态度，他的观点是：真相、老师都与自己无关。

再来看看哲学家老师吧。他的出发点是教育学生要坚持说真相，从他坚持询问时“一个都不能少”的行为来看，态度是认真的。不过，他测试学生的方式，却是将真相置于谎言之下。教育目的是真相，教育方式却是谎言，站在老师的立场上实属无奈。不过，这位老师还有一个立场——哲学家，哲学家与教育家并不重合，因而启发学生通过辨伪来求真的思考方式就没有问题了。可见，一个人未必只有一个身份，因此也未必只有一个立场。

案例 12 一人多面——宝钗是“客”也是“姐”

上文中的老师和哲学家是同一个人的两个立场和角度，这启示我们，立场、角度与人的关系，并不是一个萝卜一个坑。有的时候，甚至还有一人演绎多个立场、角度的时候。眼前人、事不同，身份之间的关系也会不同，这是一个重要原因。例如：

> 且说宝钗，迎春，探春，惜春，李纨，凤姐等并同了巧姐，大姐，香菱与众丫鬟们在园内玩耍，独不见林黛玉。迎春因说道：“林妹妹怎么不见？好个懒丫头！这会子还睡觉不成？”宝钗道：“你们等着，我去闹了他来。”说着便丢下了众人，一直往潇湘馆来。正走着，只见文官等十二个女孩子也来了，上来问了好，说了一回闲话。宝钗回身指道：“他们都在那里呢，你们找他们去罢。我叫林姑娘去就来。”说着便逶迤往潇湘馆来。忽然抬头见宝玉进去了，宝钗便站住低头想了想：宝玉和林黛玉是从小儿一处长大，他兄妹间多有不避嫌疑之处，嘲笑喜怒无常，况且林黛玉素习猜忌，好弄小性儿的。此刻自己也跟了进去，一则宝玉不便，二则黛玉疑虑。罢了，倒是回来的妙。想毕抽身回来。
>
> ——曹雪芹《红楼梦·第二十七回》

为什么是薛宝钗主动要求去找林黛玉？用一个“闹”字，她向众人表示自己与林黛玉关系亲密，没有嫌隙。她逢人便说去找林黛玉，也在有意无意间，向贾府上下展现自己识大体、没架子的良好形象。她对被说成“懒丫头”的林黛玉负责，本身表现出一个负责任、识大体的姐姐形象。而“一则宝玉不便，二则黛玉疑虑”则是薛宝钗分别以两种身份，站在两个立场上说的。先考虑宝玉是站在主客的立场，再考虑与自己同是客的黛玉是站在姐妹的立场。再联系上文她找黛玉的动机，就可知道薛宝钗的身份正在由客向主转变，在有意无意间，正以“姐”的身份插足于宝玉和黛玉这对神似“玉色大蝴蝶”的“兄妹”之间。

案例 13　万物有灵——像庄稼、荒草、土地一样思考

当然，在文本内找的“人”，也可以是带有拟人色彩的物。在文学作品中，往往是天地万物皆有立场。例如：

> 生长庄稼的土地却长满了这么多荒草，这是失职的农人的过错吗？但荒草同样在结饱满的果籽，这便是土地的功能。失职的农人或许要诅咒的，而娇弱无能的庄稼没有荒草这么并不需要节令、耕作、肥料而顽强健壮啊！
>
> ——贾平凹《荒草地》

站在“庄稼”的立场上看，农人或许是失职的，有始无终、不负责任。或许有人会说庄稼没有能力独立生存，太过依赖农人的呵护，但是庄稼毕竟不是这片天地间的土著居民，是农人引进的作物，那农人就要对它们负责。正所谓“既来之则安之”，农人已经让它们来到了这片天地，就有责任让它们安乐。

站在“荒草”的立场上看，只有农人失职，才是中立、公正的。这让我想起了巴勒斯坦和以色列。庄稼是以色列，荒草是巴勒斯坦，农人就是美国。在这片阿拉伯人的土地上，美国扶植犹太人建国，征求过这

片土地上的巴勒斯坦人的意见吗？在巴以谈判中，巴勒斯坦多希望美国成为那个“失职”的农人啊。

站在“土地”的立场上，来的都是客，无论庄稼和荒草，都是生命，都应该得到尊重——生命的过客没有尊卑之分。只有当土地被人类分出了“田地”和“荒地”之后，这些土地上的生命才有了尊卑之别，田地里的庄稼似乎是座上宾，荒草似乎是不速之客。但是，别以为庄稼得到了尊重，因为站在农人的立场上，荒草要被铲除，庄稼也要被收割，它们似乎都没有被当作生命来对待。

以物观我——像天地万物那样思考，更有利于人反省自己。在人看来，自己才是大地和万物之主，万物没有生命价值，只有利用价值——为维持人类生命而存在。不过，在大地看来，万物和人类皆是过客而已，一次地震便把“大地之主”打回了原形；在万物看来，也是如此，一只果子狸、一次禽流感便让万物之主胆战心惊。

案例 14 莫忘作者——钱穆和老道士，都是林清玄的半个代言

在文中找“人”的时候，千万别忘了找“作者”。有的时候，作者是隐身的，靠某个人、某些人物代言，这种情况常见于小说；也有的时候，文中人物很独立，与作者的看法也不完全一致，或者只是部分代言，为了总结自己的立场、角度，作者甚至会自己跳进文中“现身说法”，这种情况常见于散文。例如：

> 钱穆青年时代有一天路过山西的一座古庙，看到一位老道士正在清除庭院中的一棵枯死的古柏。钱穆好奇地问：“这古柏虽死，姿势还强健，为什么要挖掉呢？”老道士说：“要补种别的树！”“补种一棵什么树呢？”“夹竹桃。”“为什么不种松柏，要种夹竹桃呢？”老道士说：“松柏树长大，我看不到，夹竹桃明年就开花，我还看得到。”钱穆先生听了，大为感叹，他说：“‘士不可不弘毅，任重而道远。’丛林的开山祖师，有种夹竹桃的吗？”钱先生常以此勉励门人，做学问的人不要只种桃种

李种春风，还应该种松种柏种永恒。文学家、艺术家不只是学问家，心地高远能望见松柏，却也能欣赏夹竹桃开花的美丽。美，是同一品质。

——林清玄《林泉·自序》

在林清玄的笔下，主角钱穆是以青年学问家的面貌出现的，是典型的儒家。而配角老道士是典型的道家。他们都有各自的审美观。

青年人往往有志向，比如钱穆的志向便是“开山祖师”，所以他的愿景便是种松种柏种永恒。“这古柏虽死，姿势还强健。”在他看来，比起自己活着，一定有更永恒的东西值得传承，“开山祖师”便是要开创这样的永恒让世人、后人传承。“士不可不弘毅，任重而道远。”这句名言，道出了儒家的入世之心，以及青年钱穆的觉悟。青年意味着人生路还长（“道远”），青年志士对自己的期望也比较高（“任重”），他们往往预约着百年的美丽。

“夹竹桃明年就开花，我还看得到。”可见，老道士更欣赏夹竹桃，因为一个“老”字——时日不多，只敢预约到明年的美丽。比起展望未来的青年人，这位老人只想活在当下，关照自我。这是一种遗世独立的道家境界。

如果说，青年钱穆只是代言了作者的一半，那么老道士则代言了另一半，被林清玄用来平衡主人公“钱穆”的观点。于是，水到渠成，林清玄在最后得出了完整的审美观——“美，是同一品质”。正所谓深邃的大海有可敬之处，清浅的小溪也有可爱之处。所以，作者林清玄虽然欣赏主人公钱穆，但是与主人公钱穆的立场和角度不尽相同。

（2）出乎其外：从文本外设出立场、角度

文本内外大体有三种人。第一种是文本内的人物，他们可能是作者的代言、部分代言，也可能是独立于作者的艺术生命。第二种是作者，他们或内或外，或作为当事人直接在文本内出现，或间接地在文本中透过某个人物发声；或作为旁观者独立于文本外，客观地看着文中人物的活动。第一种和第二种人的合作，完成了文本的创作。

不过，还有一种人不可忽视，他们没有参与到文本的第一次创作，却参与了文本的再创作，丰富了文本的内涵，使得文本不断绽放出新的生命力。如果说文本是个孩子，那么作者就是先天的父母，生出了文本，而把孩子拉扯大的却是他们这些后天的父母，这就是“读者”。

富有生命力的文本，既反映作者的立场和角度，也能不断孕育出不同于作者的读者立场和角度。比如还是《红楼梦》，没落贵族曹雪芹可以当回忆录、忏悔录来写，读者却未必这么去读。小说家可以欣赏到作者的“编织技法”——将千头万绪安排得条理清晰、前后呼应；美学家可以欣赏到大观园里青春的凄美；哲学家可以思考真与假、有与无的辩证关系；佛学家可以感悟到“色即是空，空即是色”；管理学家可以比较凤姐理财和探春理家的差异……

案例 15　旁观者“新”——在故事外重新认识这对父子

站在文中人物的立场，读者可以身临其境，理解其言行，但是也要懂得“归位”——回到自己的立场，在理解的基础上去批判；入乎其内之后，也要出乎其外，发现新的角度。例如：

> 有一年轻人跋山涉水、历尽艰辛去寻找宝物，最终在热带雨林找到一种能散放香气，放在水里却沉到水底的植物。他想这肯定是宝物，就满怀信心地把香木运到市场去卖，可是却无人问津，隔壁的木炭总是很快卖光。他开始还能坚信自己的判断，可是最终改变了想法，把香木烧成木炭，结果很快一抢而空。他很高兴，回去告诉他父亲，父亲却老泪纵横。原来，青年烧成木炭的香木，正是这个世界上最珍贵的树木——沉香，只要切下一块磨成粉屑，价值就超过了一车的木炭。

在这个故事中，读者可以“入乎其内”，站在“年轻人”和“父亲”这些当局者的立场上去思考；更可以“出乎其外”，站在旁观者的立场，从各个角度去俯瞰。

站在年轻人的立场去反思这件事，可能会批评自己没有将独立思考坚持到底，没有将自信坚持到底，明明已经发现了这种植物的与众不同——“能散放香气，放在水里却沉到水底”，却在市场中迷失了自我，受到了隔壁卖木炭的影响，暴殄天物。也可能会批评自己过于自信，应该先回去听听父亲的话而非直接去市场。还可能批评自己受了不该受的影响，看见了木炭的热卖，却不去听听父亲的经验之谈。这就可以画出年轻人从热带雨林到市场的心路：自信（根据特征肯定宝物），太过自信（不回去找父亲商量却直奔市场），不够自信（受了卖木炭的影响）。可见年轻人的自信心有多么不稳定。而站在父亲的立场，当然会对贱卖行为感到可惜，会感叹年轻人做事缺乏经验。

不过，俯瞰这个故事，作为旁观者，似乎会发现一些新的态度和观点。

从成人的角度看，这个年轻人确实有值得批评的地方，如：

①年轻没有经验知识，只凭借主观感受。没有鉴定宝物，急于求成，操之过急，有“赌”的心态。

②没有选对平台和对象，去实现沉香木的最大价值，这个市场只能体现木炭的价值，沉香木的价值不应在卖木炭这个档次的市场上实现。

③没有具体问题具体分析，没有根据个性特点发掘价值，没有选择好市场和对象。

④没有坚定自己的信念，从众随大流，易受别人影响。

⑤不分析卖不出去的原因，只看事物表面。只看眼前利益，做事不留余地。

⑥没有征询别人意见，更没选好征询意见的人。

⑦不懂变通，沉香木未必只能烧，也能磨成粉。更不懂创新，就算沉香木幸存也是磨成粉，难道体现价值的最佳方式就是磨成粉？

可是，从成长的角度看，这个年轻人也未必没有值得肯定和鼓励的地方，如：

①有一定的洞察力和判断力，并不依赖父母。

②执着与变通兼顾，不畏艰险，有自我的坚持，但更以市场为转移，着眼于实际需求。沉香木是奢侈品，价高无市，不能改善生活。知足者常乐。

父亲也未必是“识货”的智者，他的老泪里可能有经验却未必有智慧：

①父亲为沉香木的贱卖流泪，却没有感受到儿子在成长。儿子能活着回来，还带着很多经验和教训，比什么都值，儿子毕竟是活宝——可以不断增值的宝物。

②财物不是衡量价值的唯一标准。沉香木不能用相当于多少木炭来衡量。父亲并不比年轻人高明多少。沉香木从完整存在到被人为处理是从无价到有价的贬值过程，尊重原貌最好。如果根据材料已知条件进行推论，还可知：根据父亲的眼光，依旧以“木炭”为换算单位，就算年轻人先拿沉香木回家，也是磨成粉回市场当化妆品卖，也没有实现沉香木的最高价值，只是“多收了三五斗”，本质上和当木炭卖没什么区别，沉香木还是当收藏品在拍卖行拍卖更好。有这样的父亲，就不难理解年轻人会执着于市场，把沉香烧成木炭卖了。所以父亲的价值观误导了年轻人。

案例 16 “大脑分裂”——左脑与右脑之间的辩论赛

在文本外的读者，不止一个，他们对文本的着眼点未必一致，他们的立足点和出发点也未必一样。而就算是同一个读者，也未必只有一个立场和角度，有时在他们的大脑中正在上演一场辩论赛，他们的左脑和右脑正在激烈辩论中。正所谓：正反双方，一脑演绎。例如：

> 果戈理在自己的作品发表之前，有先请别人提意见的习惯。有一次，他写好一个剧本，把当时最有名的诗人茹科夫斯基请来。一吃完午饭，他就开始朗读自己的新作。年迈的茹科夫斯基有睡午觉的习惯，听着听着，不觉打起盹来了。过一会儿，诗人睁开眼睛时，果戈理对他说：“你看，我希望听到你的意见，而你的瞌睡就是最好的批评。”说着，就把剧本投入了火中。

读者的大脑中未必只有一个立场。在平静的阅读过程中，大脑中可能正在激烈地辩论。例如解读上面这段文字材料的过程，就可以虚拟成一场正方（肯定果戈理）和反方（批判果戈理）两个立场之间的辩论赛。材料中关键字词可以提取成标签，作为辩题或依据，促使辩论层层推进。上面的故事有六个句号，可以逐句找出这些标签：发表、别人、意见、习惯；剧本、最有名、诗人；午饭、朗读、新作；年迈、睡午觉、习惯、听着听着；瞌睡是最好的批评；火。于是一场读者大脑中的辩论赛拉开了序幕。

辩题一："别人"应该是谁？

正方：新作发表就是给别人看的，尊重作品（新作）和尊重别人的意见是辩证统一的，虚心聆听的习惯是完善自我的表现。诗歌和剧本都是文学范畴，有互补相通之处，当局者迷旁观者清。作品在发表普及前需要客观而又经典的意见，所以要找就找别人之最——别人中的名人。因为最有名往往是得到社会认可度很高的，其观点可以影响社会舆论。对提意见的别人的选择和对意见的选择一样重要。

反方：找别人提意见固然是对的，但果戈理找的别人未必得其人，剧本给诗人看，给名人看，不如给剧作家看，给老百姓看。剧作家的评价具有比诗人更专业的眼光，给感兴趣的普通读者看可见更普遍的社会舆论，毕竟这部作品的质量业内人士最清楚，发表后的销量靠的则是广大非专业却感兴趣的读者，这方面可以借鉴白居易的那些连老奶奶都能朗朗上口的诗作。而找一个"门外汉名人"提意见，动机值得怀疑，就像现在许多书为了畅销都会在封面的前后印上一排名人推荐这本书的所谓"意见"，用名人效应带动销量。这种所谓的"虚心求教"真是"用心良苦"啊！

辩题二：瞌睡是最好的批评吗？

正方：把别人的瞌睡当作对自己作品最好的批评而不是抱怨别人无视自己的作品，说明果戈理善于主动从自己身上找原因，敢于否定自我。

“听着听着”说明茹科夫斯基试图听但是终究没被剧本吸引。

反方：瞌睡真的是最好的批评吗？瞌睡可能不是一种批评，对牛弹琴未必是琴弹得不好；瞌睡也可能是一种批评，但未必是最好的批评，至多是一种不负责任的批评，什么也没指出，到底是瞌睡影响了判断，还是作品真的一无是处？不给句明白话就会误导作者。

辩题三：到底直面了没有？

正方：“一吃完午饭”就朗读说明作者敢于表达自己，是充满自信的表现。将瞌睡视为对自己的作品最好的批评并将被失败的作品投入火中，是敢于直面失败，敢于重新开始的表现。有的作品是可以修改的，但是一部连茹科夫斯基（好坏是文学家）听着都能瞌睡的作品，说明失败得相当彻底，甚至还没涉及谋篇布局、遣词造句，作品选材本身就不吸引人，与其勉为其难地继续修改，不如吸取教训重新开始。而万事开头难，所以选择重新开始，更加难能可贵。

反方：“你的瞌睡就是最好的批评”的上文是“我希望听到你的意见，而……”，下文是“说着，就把剧本投入了火中”，果戈理将这句话视为对自己的否定，并不意味着对方也这么认为。一个“而”，一个“火”，一个“你的瞌睡”，足以刺激茹科夫斯基的神经，误认为这不是作者否定自我，而是作者对瞌睡评论者的反语、讽刺、泄愤。这是本材料中的名句，离开材料承载着一段佳话，但是如果联系材料语境却是一句引人误解的疯话。

渴求完美、苛求完美可以理解，但不能允许一部别人认为或自己以为的失败作品存在，欲除之而后快，就太输不起了。那果戈理在新作发表前先听别人意见的习惯是谦虚还是虚弱就值得商榷了。就算是失败的作品，为什么不轻轻放下？失败是成功之母，那么母亲都被“灭了口”，成功从哪里诞生？所以要尊重每一次失败，一部成功的作品未必是第一部作品，一部发表的作品背后未必没有未发表的作品在垫脚，厚积失败才可能薄发成功。

作品就如自己的孩子，既不能包庇他，但也不能妄自菲薄，不要抢在评论者之前把瞌睡定论为一种批评，这恰恰有违自己听取别人意见的习惯，应该打破砂锅问到底，问清楚茹科夫斯基本人对作品的褒贬看法，或让他带回去好好读完再给出书面的深刻评价，要求茹科夫斯基当场评价本就强人所难，评价一个剧本远没有评价一篇作文那么简单，就算不睡，一时也很难像作品的“父母”那样了解这个孩子。而就算听取了茹科夫斯基的看法也应该再找其他读者评价一下，用审慎的态度对待自己的心血，也是对自己劳动成果的尊重和负责。见过根据自己的臆断（还不是别人的）就把孩子往“火坑”里推的父母吗？

除了这些主要辩题之外，还可以在下面的辩题上闲扯一番，未必有意义，却未必没有意思。

辩题四：吃午饭和听意见，孰先孰后？

正方：请提意见的人到家里吃午饭，表现出了果戈理的诚意和对提意见人的重视。重视你的意见从重视你开始，因为外国人请人到家里吃饭和中国人请人出去吃大餐一样，都是表达一种诚意和亲近。

反方：先吃饭再听意见是本末倒置，应该先请茹科夫斯基来给作品提意见，然后再请他吃饭表示感谢也不迟，这样也就不会与茹科夫斯基饭后睡午觉的习惯冲突了。饭后血液在胃中，大脑供血不足，当然犯困，这个习惯是普遍的本能。

辩题五：何谓尊重对方的习惯？

正方：考虑到诗人年迈而亲自朗读给他听，等茹科夫斯基睁开眼睛醒来而不中途叫醒，是尊重别人的习惯、换位思考的表现，可见其风度。就像“三顾茅庐”时的刘备站着等孔明睡午觉醒来一样虔诚。

反方：等茹科夫斯基睁开眼睛，只是因尴尬而强颜，故作姿态罢了。应该先了解并协调好自己和对方的习惯，而果戈理恰恰没有征询对方对午饭后朗读的意见就开始。这不是尊重对方的习惯，而是让双方都尴尬。

辩题六：朗读新作是否合理？

正方：照顾年迈的诗人，为他朗读自己的作品而不是让诗人费力去看，是懂得换位思考的表现，剧本以台词对话为主要表现形式，也必须读出来才能出效果。

反方：给茹科夫斯基朗读新作的所谓换位思考未必合理。剧本中的台词固然需要朗读出来才有效果，但是新作不给别人看一遍、熟悉一下就朗读显得十分突兀，未必能让读者一下子领受其中的内涵。另外，剧本中角色不止一个，要感受其中的优劣，重在参与，最好是让茹科夫斯基熟悉剧本后和果戈理分角色朗读，这样可以让茹科夫斯基身临其境，更不至于睡着了。

冷暖洋流交汇处养分丰富，可以孕育丰富的鱼类资源。非常议论是辩论，正反双方在大脑中交锋也就像冷暖洋流在对流，可以迸发出许多值得深究的话题，比如：他人评价和自我认知、尊重他人和尊重自己、习惯、反省、直面失败、善待作品、等待、批评、学会聆听、读、完善自我、追求完美、谦虚与自卑、他山之石可以攻玉、宽容、换位思考、否定自我、重新开始。

2. 纵观其“变”：立场、角度的“变与不变”

立场或角度不仅多，而且多变。辨别它们的变与不变，是个值得研究的问题，尤其是在人物相同，言行不同的情况下。

案例 17 两者皆变——从宝玉的母亲到王夫人

有时，两者皆变。比如《红楼梦》的王夫人，在宝玉挨打时，站在母亲的立场上，当然是以身挡住贾政的板子。“苦命的儿吓！”这声哭喊是从保护儿子的角度发出的。但读到她“因哭出‘苦命儿’来，忽又想起贾珠来”，又听她哭喊：“若有你活着，便死一百个我也不管了。”

这声哭喊则是视贾宝玉为长子贾珠的替代品，站在了正室夫人的立场，维护的是自身的地位。母性的闪光，又如昙花一现，可悲可叹。

案例 18　变了一个——懒晴雯，勇晴雯，皆是“心比天高”

有时，两者有变有不变。例如《红楼梦》中的晴雯，平时懒懒的，从自身立场出发，觉得粗活是其他丫鬟干的，可谓“心比天高”；而为了宝玉着装不难堪，却抱病勇补雀金裘，完全站在了宝玉的立场，奋不顾身。

其实，无论晴雯是“懒”是“勇”，立场怎么变，处世待人所持的角度却是一贯的。“瓷器活”才能彰显“金刚钻”的价值，活不精细不配让我做——这是她处世的观念；与宝玉之间没有尊卑，只有平等，既然平等相待，就不是主仆是朋友，是朋友当然要两肋插刀讲义气——这是她待人的观念。

案例 19　其实没变——善解人意的袭人，终究是最忠于自己

当然，要判断立场和角度到底有没有变，并不是件容易的事。也有看似换位思考，其实一直站在本位的。例如《红楼梦》中的大丫鬟袭人，宝玉挨打前，多替宝玉考虑，要求他做出读书的样子，不要吃女孩的胭脂，免得挨贾政的板子；宝玉挨打后，又替王夫人考虑，建议她找机会把儿子宝玉搬出大观园，防患于未然，以免毁了母子名誉。但是袭人思考的角度，其实从来没变。在被宝玉误踢的时候，作者写她要强的心灰了一半。这要强的心便是从丫鬟成为宝玉偏房的梦。原来，她只是看上去站在哪个主子的立场，确保和提升自身的地位，才是她的出发点。

第二讲　闻！搜集字里行间的情报，就像蝙蝠那样

超声波从蝙蝠的喉头发出，碰到物体就会返回，被耳朵接收，这就是“回声定位”。其实，面对文本中有待解读的对象，读者也可以像蝙蝠一样去“定位”。字词语句往往是解读对象的常见语言单位，要解读它们，

绝对不只是解读对象本身的事。要读透它们，必须结合文本，联系语境。如果蝙蝠是读者的话，它一定会向着解读对象的文本内外发出“超声波”，然后就很可能碰到信息，或与解读对象相关，或只是看似不相关，最后通过分析返回的信息，更全面、更准确、更深刻地解读特定的字词语句。如果把这往返的“超声波”呈现为视觉，就类似于“连连看”——在解读对象和帮助解读的字里行间连线，这些线条代表着它们之间的某种联系。

往解读对象外发出“超声波”，到底什么范围？可以分成文本内和文本外。文本内又可以分为解读对象所在的语句内、段落内、全文内；文本外又可以分为其他相关文本的阅读经验和生活阅历（生活也是一本书）。

一、立足文本：先把文本这块锦缎织好

如果你极端厌恶背字典，那么你就应该感谢文本。如果造字的仓颉是字词形状的上帝，那么文本就是字词意义的父母，是文本给了字词第二次生命。如果说供奉在词典的神坛上，字词只是一成不变的标本，那么穿梭在文本的丛林中，字词才是敏感善变的精灵。

“这个字词，我觉得……”解读字词，最忌讳的就是脱离文本，只靠“我觉得”。生活的经验和常识，固然会对字词的解读起到作用，但对于文本阅读而言，那也是锦上添花——而“锦”才是根本。所以生活这朵花固然要添，不过首先应该把文本这块锦缎织好——围绕解读字词，在文本中寻找抓手，一寸一寸，一层一层，穿针引线，交织纵横。但是在许多课堂中，文本阅读的形势却很严峻，其中情景可谓“乱花渐欲迷人眼”。文本这块锦缎还未开始织，就急着“天花乱坠”，抒发所谓的“生活感悟”，美其名曰“个性解读”，殊不知只是“任性误读”而已。

案例 20 私人订制——每个文本都有一滴个性的“泪”

一说“泪”，脱口而出的就是“悲”，除此就想不出其他，怪罪于想象力贫乏。其实闭眼想象，不如先睁眼看文本。

> 伽西莫多的独眼闪了一下，原来就是他昨晚曾经想抢走的那个波希米亚姑娘呀。他模糊地意识到正是因为那件事他此刻才在这里受惩罚的呢。他十分相信她也是来向他报复的，也是像别人一样来打他的。看见她真的迅速走上了石级，愤怒和轻视使他透不过气。
>
> ……
>
> 只见爱斯梅拉达一言不发地走近那犯人，从胸前取出一只葫芦，温柔地举到那可怜人干裂的嘴边。这时，人们看见他那一直干燥如焚的独眼里，滚出了一大颗眼泪，沿着那长时间被失望弄皱了的难看的脸颊慢慢流下来。这也许是那不幸的人生平第一次流出的眼泪。
>
> ——雨果《巴黎圣母院》

泪就没有“喜极而泣”的可能吗？就算超越悲喜也不是没有可能！爱斯梅拉达并没有报复，她眼中只有一个“可怜人”而已。她温柔地给伽西莫多喝水，哪怕他外形丑陋，恶念未消，态度很差。这“一大颗眼泪”已经超越了喜怒哀乐，充满着感激。感激什么？不仅是为人宽容、理解、怜悯、关爱，而且是第一次获得了为人的希望——这颗眼泪不是伤心，恰恰代表着人性的复苏和心灵的康复。

黯然神伤、喜极而泣、超越悲喜，都是“泪”。一谈到“泪”，许多人文气十足的读者又难免往高大上的方向去感悟。可是落到文本，还有的泪连悲喜都未必有，比如：

> 洋葱也会让我们流泪，不过这种泪只是一些成分简单的水

分。而人们因为悲伤流出的泪，含有大量的激素。

——毕淑敏《切开忧郁的洋葱》

洋葱引发的泪只是毫无感情的生理反应。除非悲伤的你赶在切洋葱的时候流泪，那洋葱就成了流泪的道具，悲伤的掩护。此外，在作者看来，因悲伤流的泪，比洋葱引发的泪多含“激素”，那如果不看这句话之外的文本，“激素”一词也不能只按照生活经验、个人好恶去定义，这些激素可能让人由悲伤升腾为悲愤，也可能让人的悲伤沉淀为悲悯……所以这种“泪”，对悲伤的人到底起到何种影响，还要看上下文；而就算没有上下文，只锁定一种可能，也是不够辩证的。

从以上的例子，也可以发现，贴着文本不等于不讲情理、脱离生活。可以这样说，文本虽高于生活，但终究是源于生活的。没有喜怒哀乐、饱含喜怒哀乐、超越喜怒哀乐，各种“泪”无一不在生活中出现，成为不同的经验。而作者只是应文本的需要，特别强调了某种经验，并与读者分享。所以，贴着文本，定义字词，看似意料之外，实则情理之中。

1. 语句之内：紧贴着解读对象的地方，往往是“灯下黑”

一想到联系文本，第二句冒出来的话，就是联系上下文，或者联系全文。但是，“拔剑四顾心茫然”，就成了读者的写照。其实，在全文搜索之前，至少可以先搜一下字词所在语段。而有些帮助理解的抓手，远在天边，近在眼前——紧贴着解读对象的字词、其所在的语句。因为“灯下黑”的缘故，这些地方最容易被忽视。

案例 21 字词之间——“品味”限定了“时尚”的内涵

“时尚”，该如何解读？短语“品味时尚”中的“时尚”，该如何解读？是否有所特指呢？这就要先联系“时尚”之“时”——这种崇尚发生在一时间，而非一段时间，相对来讲，是短暂的。

再联系“品味”一词，“品味”是慢功夫，而“时尚”是“一时间崇尚”，来得快，去得也快。因此，慢慢品味，很难捕捉眼前的时尚，所能捕捉的，往往是一些曾经的时尚。

不过，品味不只是慢而已，还要求对象有格调、有韵味。这就对曾经的时尚提出了很高的要求——它们中的很多都只是“过眼云烟”，并没有留下来，成为值得品味的遗产。那么，值得品味的时尚，真的存在吗？是的，当然存在，只不过它不再是过眼的云烟了，而是沉淀为了长存的湖海。也就是说，不再时尚，却更经典，才是值得品味的时尚。

案例 22　句号之内——“公瑾当年”该当“何年”？

苏轼《念奴娇·赤壁怀古》有这样一句：

遥想公瑾当年，小乔初嫁了，雄姿英发。

其中的“当年”怎么解释？在一个句号之内，作者从正侧两面做了解释。侧面是“小乔初嫁了”，为什么是“初嫁”而非“出嫁”呢？可见作者想强调他“恰同学少年”。“当年”只是年纪轻轻吗？应该还有更内在的东西。除了侧面写周瑜的年龄，作者还从正面描写周瑜的形象——“雄姿英发”，这四个字透出了一股“当打之年”的威武雄壮，强调的不是生命的刻度——年轻，而是生命的状态——旺盛。所以，不仅“年少”，而且“气盛”，才是“公瑾当年”。

2. 语段之内：在上下句间穿针引线

读透字词，首先要联系所邻的字词和所在的语句，作为依据。不过，这往往只是第一个台阶。走出所在的语句，便是第二个台阶——语段。语段意味着什么？首先意味着要联系上下句去找依据，这就好比在解读对象和上下句之间穿针引线。

案例 23 揣摩词性——“此地”代山水，“别”与“横”、“绕”皆动词

青山横北郭，白水绕东城。此地一为别，孤蓬万里征。
浮云游子意，落日故人情。挥手自兹去，萧萧班马鸣。

——李白《送友人》

其中“此地一为别”的“一”是什么意思？

首先，根据所在语句可以判断“一”的词性为副词。要感受“一”背后的意味，就要看看“一”的前后，即“此地”和“别”。不过，要感受“此地”和“别”就要走出这句话了。

“此”是指示代词。“此地”指代什么？“青山”、“白水”，可见是风景优美之地。“别”可以联系同是动词的“横”、“绕”。它们与“别”是一个意思吗？应该是相反的——横亘北郭，环绕东城，山水有情，挽留友人。综合这些理解，可以在“此地一为别”前添加出一句潜台词：“风景本留人。”那么，“一”就应该表示转折了，可以翻作“竟然”，这么一个风景优美的地方竟然成了你我告别之地！连山水都要留住你，我竟然要送别你了。这个“竟然”的背后，惊叹与无奈交织。

可见，虽然李白的意识是在送友人，但是他的潜意识却很“固执”，一直没有接受别友的现实。他似乎在不断地欺骗自己，这次送友启程，只不过又是一次携友出城、游山玩水而已。直到“此地”——“送友人”的终点和“孤蓬万里征”的起点，直到“落日”，他才不得不如梦初醒。

案例 24 辨析关系——“未完成”是表象，“放下”是本质

南先生告诉我，他年轻时代曾随民初的高僧虚云老和尚修行，虚云常常同时在各地盖大庙，却没有一座庙盖完成的，往往明墙屋瓦粗具，他就放下，又去盖新的庙了。

——林清玄《未完成之美》

“没有一座庙盖完成的”，让人不解，不过，文中有一语能道破禅机——“他就放下”。“放下”是对“未完成”的文本解释，这种解释不仅另类，而且深刻。可以这样说，“未完成”是“放下”的外在表现，“放下”是“未完成”的内在原因。抓住了这一点，再联系上下句的其他信息，也就有了以下的感悟：

“未完成之美”是彼岸之美，但是凡人望不见彼岸，太执着于完成之美。一个完美的结果，是他们给自己的一个交代。他们甚至为了“专利”，力求全部由自己完成，生怕别人抢了自己所谓的“功德”。殊不知，这样放不下，功德早就成了功利。这样的结果，固然意味着世俗的完整，却很难兼顾审美的意义。“未完成之美”需要一种大悟——放下执着，立地成佛。

另外，凡人也会感叹，如果不“同时在各地盖庙”，兴许虚云可以依次完成其中的许多庙宇吧。那虚云为什么不求完成呢？我想，他定是将自己定位成了一位播种者，将“未完成之美”看作一种大善——播下种子，让别人去收获！

他想让别人去收获什么呢？仅仅是收获“重在参与”的意义吗？“明墙屋瓦粗具”告诉我们，世上没有一座真正完成的庙，每一座庙宇有形的部分是“明墙屋瓦”，但这只代表完成了一半——“粗具”而已。也就是说，“明墙屋瓦”借代的是一座有形的庙宇。高僧盖起眼前有形的庙宇之所以被称为“未完成之美”，是为了启示每个人接着盖起心中无形的庙宇，正所谓“师父领进门修行在个人”。可见，“未完成之美”是一种大智——眼前未完成的庙，引导人们去完成心中的庙。

我一直在猜想李商隐为什么写了那么多“无题”的诗歌，但是看到这个标题“未完成之美”时，似乎又多了一种猜想。如果将这些“无题”的诗歌连起来，会不会是一首用一生抒写的“未完成”的长诗呢？我又会猜想，“无题”是对“未完成”

的一声叹息，还是对“未完成”的一份释然？

总之，未完成，美在放下。

当然，依据与解读对象的关系不止表里、因果。依据不仅能揭示解读对象的本质、原因等，还能起到补充、衬托、反衬等作用。

案例25 分区搜索——丰富而不混乱地解读大海的“女性”特征

不过，语段之中未必只有上下两句。读者难免会碰到结构复杂、层次丰富的语段。这时候，读者容易到处乱抓，或只从一处找依据，或不知道哪几个依据应该归为一个层面。这反而不利于理解有待解读的对象。不如先理清层次，分出各个搜索区间，在各层之内去寻找依据，这也常常使得解读各有侧重。

> 他总觉得大海是女性，说西班牙语的人会用女性的她来指他们热爱的大海。那些热爱她的人有时也会说她的坏话，但他们总是把她当作女性。有些年轻的渔夫，那些把救生圈绑在钓索上当浮子、因卖鲨鱼肝而发财买了汽船的年轻渔夫，则把大海当作男性。他们把她视为竞争对手或某个地方，甚至是敌人。但老人总是把她当作女性，某个有时肯帮大忙有时不肯的女人，就算她做了某些粗暴或者邪恶的事，那也是因为她身不由己。她就像女人那样受月亮的影响，他想。
>
> ——海明威《老人与海》

在这段话的开头，老人将“大海”比作“女性”，那又该如何结合语段理解“女性”一词呢？

开头的总起之后，一个“但”字将下面的文字分成了对比鲜明的两个搜索区间：第一个区间说的是“年轻的渔夫”眼中的“大海”，第二个区间说的是“老人”眼中的“大海”。

在“年轻的渔夫”的区间中，大海被看作“男性”。这似乎没阐释“女性”这个概念。不过这两个概念是相对的，只要从“男性”反向推理，就可以定位“女性”了。不是“竞争对手”、“某个地方”、“敌人”，那可以是“合伙人”、“某个生命”、“情人”——这是“女性”的形象层面。

“老人”这个区间又可以根据两个句号分为两个小区间。联系第一个小区间中的“有时肯帮大忙有时不肯”，可以将“女性”理解成“任性”、“非理性”；联系这一个小区间中的“身不由己”，可以将“女性”理解成“柔弱”、“无奈”：这些是“女性”的性格、心理层面。第二小层则是“女性”的生理层面——受到月亮的影响。

3. 全文之内：没有好切口，联系也盲目

全文比语段的范围更广，整体阅读的难度也更大。这就必须找到一个好的切入口，就像是盘活全局的一招棋。否则，联系全文就会变得盲目，像在一团乱麻中乱抓一样。

案例 26　标题有眼——说不尽的《老王》，说不尽的“老”

杨绛散文《老王》，标题十分简单，但绝不简陋。一个“老”字散而有致地表现在了各段。对于作者来说，“老”这个“称谓”是与老王长期相处、交情深厚的反映，充满关爱尊重；对于时代和社会而言，“老”也是老王为人老实、观念落伍的注解；对于老王自身而言，“老”反映了老病缠身、老境凄凉的生存困境。可以说，把握了“老”字，也就初步产生了对本文的整体印象。

案例 27　重复有致——“粗笨”反复出现，却各有侧重

意贯全文或反复出现的字词语句，很值得分层面、分角度去读。鲁迅的小说《明天》多处反复用一个词评价单四嫂子——“粗笨”。不过，“粗笨”所包含的意蕴，随着情节的推进，是各有侧重、逐渐丰富的。

> ……但宝儿也许是日轻夜重，到了明天，太阳一出，热也会退，气喘也会平的：这实在是病人常有的事。

单四嫂子是一个粗笨女人，不明白这“但”字的可怕：许多坏事固然幸亏有了他才变好，许多好事却也因为有了他都弄糟。……

为了逃避病儿不愈的长夜，无助的单四嫂子幻想出了这样的“明天”，而“白日梦”是注定要幻灭的。回避现实、一厢情愿，这便是第一处的“粗笨”。作者写这个“粗笨”时，情感还比较客观冷静。

何小仙说了半句话，便闭上眼睛；单四嫂子也不好意思再问。在何小仙对面坐着的一个三十多岁的人，此时已经开好一张药方，指着纸角上的几个字说道：

“这第一味保婴活命丸，须是贾家济世老店才有！”

单四嫂子接过药方，一面走，一面想。他虽是粗笨女人，却知道何家与济世老店与自己的家，正是一个三角点；自然是买了药回去便宜了。……

这句“粗笨”与后一句形成的是转折关系，那么后一句就应该是说“细心”、“聪明”吧。照常理，比起“虽”后面的，“却”后面的才是重心。但是，读着“却”后面的内容，却让我们有点不解——单四嫂子心中有一张“三角点”的地图，然后制定了先抓药再回家的路线，这点“细心”、“聪明”值得强调吗？这里的“虽……却……”颇有春秋笔法的味道。作者要强调的，一般会放在“却”后面，可是春秋笔法却不露声色地将其放在“虽”的后面，先放读者路过。待到他们扑空回头，才发现作者的意图“埋伏”在“虽”后面。

在这里，只剩下的这点所谓的“细心”、“聪明”，倒是更反衬出了她的“粗笨”——知道地图上的“三角点”，却不知道利益链上的“三角点”。何小仙本人对治疗敷衍冷漠，只有“半句话”，还未好好诊疗，对面就“已经开好一张药方”，可见根本未对症下药，“保婴活命丸”这个名称也看不出药丸是治什么病的。也就是说，谁家的孩子来看病，可能都是这个药方——看似“包治百病”，其实“谋财害命”！“须是贾家济世老店才有”，更可见诊所和药店两方的利益勾结。他们设的局，就等着单四嫂子这样的第三方，而一个“须是”将她锁在了这条利益链上。医、药两个牟利者等来牟利的对象，“三角点”也就形成了。而“粗笨”的单四嫂子置身局中，不仅浑然不知，而且还准备先去抓药再回家——这是自己被卖还帮人数钱。从牟利者的立场出发，若是单四嫂子先回家，万一孩子死了，落空的才不是单四嫂子的“明天”，而是他们今天的利益。因此，第二处的“粗笨”不仅表现了单四嫂子的可怜、无知，而且反映了谋财害命者的可恶、无耻。

> ……现在的事，单四嫂子却实在没有想到什么。——我早经说过：他是粗笨女人。他能想出什么呢？他单觉得这屋子太静，太大，太空罢了。
>
> 但单四嫂子虽然粗笨，却知道还魂是不能有的事，他的宝儿也的确不能再见了。叹一口气，自言自语的说，“宝儿，你该还在这里，你给我梦里见见罢。”于是合上眼，想赶快睡去，会他的宝儿，苦苦的呼吸通过了静和大和空虚，自己听得明白。

第三、四处的“粗笨”，出现在幻灭后，与第一、二处照应，并且有所深化。单四嫂子“单觉得这屋子太静”，却意识不到“这时的鲁镇，便完全落在寂静里”，丧子的她只能意识到自家屋子的冷寂，却意识不到社会这间屋子的冷漠。“粗笨”背后是对社会认识的缺失。“我早经说过”——作者已经从客观转而悲观。她明知夭折的宝儿“的确不能再见”，却寄希望在梦里再见。比起之前的未知、无知，这是明知却装不知——这是在“装睡”！而你无法叫醒一个装睡的人。

或许有人会说，她作为母亲，不能面对失去爱子的现实，非常正常，怎么能提这么高的要求！不过，作者更担心的不是“宝儿妈妈”而是“单四嫂子”。如果继续装睡的她不能赶快醒来，那么等待她的“明天”会是什么样？一个寡妇，本应得到众人的帮助，但是从看病到送葬，却成了众人牟利、揩油、蹭饭的狂欢。失去了爱子、家资，她将要失去的是她自己。寡妇门前是非多，老拱和蓝皮阿五就一直在打这个寡妇的主意。所以，“粗笨”一词看似是冷峻，背后却含着作者的焦急——正所谓“眼光极冷，心肠极热”。总之，反复出现的“粗笨”中，有对弱小羔羊的同情、悲观、焦急，也有对冷漠社会的出离愤怒。

案例 28 对照互见——从“争辩”到“不十分分辩”

还有些字词语句，可以对照着读，互见其意，尤其是在相互照应的段落之间。特别是有些字词，如果不对照着读，往往会觉得很平常，没有什么读的意义。

例如在小说《孔乙己》中，鲁迅就写了相互对照的两段，一段靠近开头，一段靠近结尾，分别描述了孔乙己平常和最后一次来酒店喝酒的情景和状态。

面对偷东西的嘲笑，孔乙己前一次是“争辩”，后一次是“不十分分辩”，这两种“辩”放在一起，更能读出孔乙己的心态变化。后一次的“分辩”不等于“不分辩”，只是分辩得很勉强、很无力，回头看前一次的“争辩”，顿觉理直气壮；“争辩”和“分辩”放在一起，显然前者主动强调，后者被动应对。

为什么孔乙己由“争辩”变成了“不十分分辩”？因为自我定位被无情的社会逐渐剥夺。孔乙己虽也和短衣帮一样“站着喝酒”，却还“穿长衫”。“窃书不能算偷……窃书！……读书人的事，能算偷么？”虽然因偷何家的书被吊着打，但是他依旧认为自己属于读书人的圈子。但是后来他不仅因偷窃被打折了腿，而且还是被另一个读书人“丁举人”打的。于是，读书人的身份幻灭了。“没有进学”的孔乙己只是读书失败者，读书人的圈子则属于丁举人这样的读书成功者。“丁举人”们对“窃书”的孔乙己连同情都没有，更谈不上认同。“长衫”没了，只剩“破夹袄”，落魄读书人那残存的自尊被剥夺了；被打折了腿，连“站着喝酒”都不能，连短衣帮都不如，抑或连“人”的身份和尊严都被剥夺了。

“读书人”乃至“人”的身份被剥夺，这是自我认同被无情剥夺的过程。在这个过程中，孔乙己虽然思想迂腐，但是灵魂并不麻木。两种“辩”虽有强弱之分，却都说明了一个生命正在挣扎。“争辩”是为了死守读书人最后的颜面。“不十分分辩”中该有几分的“不分辩”，即默认了“长衫”（读书人身份）的剥去；更有着几分的“分辩”，这是对“人”这个最后“尊称”的死守。

不过，无论是“争辩”还是“不十分分辩”，虽然有强弱之别，但是充其量都只是在“辩”——被动辩护而已。退守，退守，退守到死，这毕竟只是可怜的挣扎；进攻，进攻，进攻到死，这才是可敬的抗争：孔乙己的悲剧不在于死，而在于怎么死。

二、出乎其外：文本外找“参照物”，作为“假想敌”辨析

感悟文本，需要求之于内，也需要求助于外。人生阅历、生活经验本可以成为文本阅读的帮手，但是这些阅历和经验，却很容易形成惯性思维。惯性思维下的阅读，容易抹杀字词语句在文本中的个性内涵、独特意蕴等。

成为文本之敌，难道是人生阅历、生活经验的唯一角色吗？我觉得，它们之于文本，应是亦敌亦友的关系，就看读者能否化敌为友。如何化敌为友？不如防患于未然，“将错就错”。在解读文本时，与其被动地受惯性思维的误导，不如主动地从文本外寻找导致误读的“假想敌”，并作为“参照物”，辨析文本中特定的字词语句。

1.“假想敌”的类型：貌似差不多，其实差很多

（1）内涵接近的字词：与解读对象存在交集、包含（或被包含）的关系

案例 29 一字之差——“放下”、“放弃”皆“放手”，只有“放下”才是爱

林清玄在《未完成之美》（选段参看“案例 14”）中提到的“放下”，可以找参照物“放弃”来辨析。虽然两个词都有“放手”的意味，但是文中的“放下”应该是“放而不弃”。这不是毫无意义的弃，而是更有意义的传递；不是毫无意义的扔，而是更有意义的继承。

有形庙宇粗具轮廓就被虚云和尚丢弃了吗？显然不是，这是有意义的“行为艺术”——这里有对信徒们的爱。这庙宇的轮廓像什么？很像是虚云和尚递给信徒的作业本——老师发了物质形态的作业本，精神形态的作业还要学生来完成。也就是说，在有形的庙宇之上，建一座无形的精神殿堂，唯有靠信徒自己，师父包办不来。

总之，有一种爱叫放手，不过能叫作爱的放手，绝对不是放弃。

案例 30 不拘字形——内涵相似才是根本

当然，部分相同终究是内涵部分相同，不可拘泥于字形，也就是说，不是非要彼此有一个字一样。关键要看内涵上有没有“交集”或“包含”的关系。比如梭罗的这句话：

> 不紧跟队列行进的人，大抵是听见了另一种鼓点。
>
> ——梭罗

“另一种鼓点”很容易被宽泛地理解成“另一种鼓声”。比较两者关系，“鼓声”可以包括音量、音质、音频等方面，而“鼓点”也在其中，

特指“鼓声”的节奏快慢，一个“紧”字与之呼应。用“鼓声”替换“鼓点”，就失去了特指性。

“另一种鼓点”也很容易被狭隘地理解成“自我的鼓点”。因为“另一种鼓点”既可能是“自我”发出的，也可能只是“另一个队列”发出的。“队列”不只是“人群”，是整齐划一的人群。如果只是从一个队列转投至另一个队列，那说明依旧没有找到自己的个性节奏。这就像打扮另类未必就是真个性，可能只是哈韩哈日一族。

案例 31　还原推敲——辨析一串与“钱”有关的动作

为了达到最佳效果，作者往往推敲不止，比如“春风又绿江南岸”中的“绿”字就是十多次修改的结果，之前王安石分别用了“到”、“过”、“入”、“满”等字。因此，在品读字词时，可以假设自己就是作者，推测、还原出其炼字推敲过程：先列出丰富的“参照物”作为备选项，然后试着用它们替代文本中的品读对象，最后再结合语境，辨析效果的差异。

> 船将拢岸了，管理这渡船的（老人），一面口中嚷着“慢点慢点”，自己霍的跃上了岸，拉着铁环，于是人货牛马全上了岸，翻过小山不见了。渡头为公家所有，故过渡人不必出钱。有人心中不安，抓了一把钱掷到船板上时，管渡船的（老人）必为一一拾起，依然塞到那人手心里去，俨然吵嘴时的认真神气：“我有了口量，三斗米，七百钱，够了。谁要这个！”
>
> ——沈从文《边城》

为什么是“抓了一把钱”而不是“点了一把钱”？因为“抓”既可以表现出过渡客商豪爽慷慨的性格又可以表现过渡客商急于赶路的情绪。

为什么是“掷”而不是“扔”或“抛”？投掷说明对象明确，心意坚决。“扔”显得不尊重，而“抛”出的轨迹是弧线，没有“掷”的直线轨迹有力。

为什么是“塞”而不是“还”？因为“塞”一方面说明管渡船的老

人归还额外报酬的坚决有力；另一方面也说明了过渡客商拒绝收回小费的决心和力度。这就写出了两个隐藏的动作：客商是坚决地把手攥紧，老人则更坚决地把钱还到被手紧紧裹着的手心。

> 屋里极暗，不辨大小。慢慢就看出有两张粗木桌子，三四把长凳，墙里一条木柜。木柜后面一个肥脸汉子，两眼陷进肉里，渗不出光，双肘支在柜上，似在瞌睡。骑手走近柜台，也不说话，只伸手从胸口掏进去，捉出几张纸币，撒在柜上。肥汉也不瞧那钱，转身进了里屋。少顷拿出一大木碗干肉，一副筷，放在骑手面前的木桌上，又回去舀来一碗酒，顺手把钱划到柜里。
>
> ——阿城《峡谷》

为什么不是直接掏出几张纸币，而要加上“捉”这个细节动作？抑或为什么用“捉”而不用“摸”？从适用对象来看，“捉”的往往是活物，作者将“几张纸币”写活了，因为“屋里极暗”，给人一种纸币似乎有意藏在里面的错觉，“几张”也说明掏出的钱看不清是多少。此外，“捉”比“摸”动作更大，更能显出骑手豪爽粗犷的做派。后面的“撒”也是这个感觉，说明骑手对身上有几张钱、这顿酒肉要多少钱都不在乎。

为什么骑手可以这么任性？因为肥汉和骑手拥有同样的价值观，同样不在乎这些。原来这不是一个人的任性，而是两个人的随意——且看一个“顺手把钱划到柜里”。如果说之前写骑手“掏”钱非要加上“捉”这个细节，那么写这个“划”前却特意省略了诸多常规动作，如将撒开的钱整理数清。此处的省略正好呼应了上文“肥汉也不瞧那钱”。“划到柜里”意味着将手“盖”住钱“移”到柜里，这是低调的动作，给人一种从没发生过给钱这件事的感觉。

肥汉不在乎钱，但也不会矫情地退钱，以致侮辱到骑手。因为骑手“捉出几张纸币”，这在一般商家看来，或许只是一点不成敬意的小意思——完全购买不了那点酒肉，但在肥汉看来或许心意已经到了，退钱就没意思了。而从一个“顺手”也能看出肥汉并不把收钱当作正事，那正事是什么？就是“顺手”前的事：不需要骑手点单，肥汉就自动给他拿肉舀酒。可见，买卖已经不在，只有情义在。

这种粗犷加默契，颇有水浒的气息，也能表现出两个男人的极致交情——不是闺密那种无话不谈，恰恰是“一切尽在不言中”。

> 孔乙己是站着喝酒而穿长衫的唯一的人。他身材很高大；青白脸色，皱纹间时常夹些伤痕；一部乱蓬蓬的花白的胡子。穿的虽然是长衫，可是又脏又破，似乎十多年没有补，也没有洗。他对人说话，总是满口之乎者也，教人半懂不懂的。因为他姓孔，别人便从描红纸上的“上大人孔乙己”这半懂不懂的话里，替他取下一个绰号，叫作孔乙己。孔乙己一到店，所有喝酒的人便都看着他笑，有的叫道，“孔乙己，你脸上又添上新伤疤了！”他不回答，对柜里说，“温两碗酒，要一碟茴香豆。”便排出九文大钱。他们又故意的高声嚷道，“你一定又偷了人家的东西了！”孔乙己睁大眼睛说，“你怎么这样凭空污人清白……”“什么清白？我前天亲眼见你偷了何家的书，吊着打。”孔乙己便涨红了脸，额上的青筋条条绽出，争辩道，“窃书不能算偷……窃书！”
>
> ——鲁迅《孔乙己》

“便排出九文大钱”，这句话中的“排”历来是讲解的焦点。通常将其理解成炫耀。可要是找些可供推敲的字词，再结合上下文辨析理解，就另有意味了。

要是和“掏”比，“排”似乎是更生动地写出了一文一文点出来的过程，而排出的钱也更讲究整齐。要是联系上下文会发现，长衫破旧和偷东西，说明孔乙己是贫困潦倒的，所以“九文”无疑是他眼中的“大钱”，当然要对着柜台点清楚；已经等同于“站着喝酒”的短衣帮却依旧要“穿长衫”，说明他依旧死撑着读书人的脸面，言是“之乎者也”，行是排列整齐，都依旧表现出旧派读书人的讲究，哪怕有时瞎讲究到了迂腐程度——茴香豆的“茴”还要讲究有几种写法。

要是和“甩”或“奔”比一下，“排”就“低调”多了，“甩出一串大钱”、“奔出一堆大钱”或许才更有炫耀的排场。此外，根据上下文可知，孔乙己的钱来路不正（酒客亲眼所见以及“窃书”这种变相的承认），这样的钱当然还是低调使用的好，所以进门对喝酒的人是回避的（“不回答”），只有戳到痛处他才会狡辩；相对于短衣帮这些低消费者，“九文”或许是可以炫耀一把的“大钱”，但是笑他的是“所有喝酒的人”，而非特指比他消费水平低的人，况且他只“对柜里”排钱，并没有当众排钱。因此，炫耀一说真的值得商榷。

（2）惯性搭配的短语：与思维定式做不懈的斗争

误读者往往思维僵化，他们会用字典上的固定教条，去覆盖阅读对象的鲜活意义；误读者又容易惯性思维，他们习惯于用生活中的“套话”，去抹杀阅读对象的独特意味。这是两种常见的误读者，而后者比查字典的前者更不费心思，只要“想当然”就“搞定”了——把阅读对象归入“套话”。在这些套话中，许多都是惯性思维形成的“固定搭配”。

案例 32　固定搭配——看的是“怀想天空”，想的却还是“仰望天空”

说到天空，我们脱口而出的往往是“仰望天空”，以至于看着“怀想天空”，依旧想着“仰望天空”。但要是拿“仰望天空”去辨析“怀想天空”，那就从审题误读变成了深刻解读：

> “怀”让天空有了时间限制，“想”让天空摆脱了空间限制。仰望天空，仰望到的只是头顶的天空，却不是心里的那片梦中的天空。要怀想天空，未必是那一抬头的仰望，最是那一低头的温柔，梦中的天空是柔软的，不求看到清晰的美，但求感到朦胧的美。“手把青秧插满田，低头便见水中天。”农夫虽被剥

夺了仰望天空的机会，却也会拥有一个在天上插秧的梦境。

案例 33 对称关系——“忧与爱”、“爱与罚”，辨以“忧与乐”、“爱与恨”

并列短语中的两个字词，往往是对称关系，比如“忧与乐”。不过，并列短语并不是对称关系的代名词。“忧”与“乐”可以搭配，“忧”与“爱”也可以搭配啊。因此，“忧与爱”，不能被误读成“忧与乐”。

但是，假想敌“忧与乐”却可以成为“忧与爱”的参照物。

> 安得广厦千万间，大庇天下寒士俱欢颜，风雨不动安如山！呜呼！何时眼前突兀见此屋，吾庐独破受冻死亦足！
>
> ——杜甫《茅屋为秋风所破歌》

杜甫的悲天悯人之中，自有一份人间大爱：这是大爱生大忧。当然，大爱既催生了一份大忧，也催生了大乐。“俱欢颜”——杜甫也是以天下寒士之乐为乐的。这份大乐与大忧比肩，让杜甫全然不顾自己堪忧的处境：这是大乐忘小忧。

对杜甫这首诗进行解读，可以发现，通过在“爱”与“乐”之间架设桥梁，我们辨明了忧之大小。

> 上帝对人说道：“我医治你，所以要伤害你；我爱你，所以要惩罚你。”
>
> ——泰戈尔

这里的“爱与罚”也非对称关系，因为与“爱”相对的常常是“恨”。用“恨”倒是可以进一步辨析“罚”。惩罚，有时只是一种报复，为了宣泄自己的恨意和快感；而出于爱而痛下惩罚，则比前者更有责任感，也是一种教育。

案例 34 双管齐下——“品味时尚”、“追求时尚”与“品味经典”的混搭

辨析短语的“固定搭配”未必只有一个，比如在辨析“品味时尚”的时候，就可以借助“追求时尚”、“品味经典”这两组“固定搭配”。因为与“时尚”更常见的搭配是“追求”，快是两个词的共性；与“品味”更常见的搭配是“经典”，慢是两个词的共性。原来，“品味”（慢）与“时尚”（快）是一种错位的混搭。于是便有这段感悟：

> 时尚是快的，追求还差不多；品味是慢的，经典还差不多。原来品味和时尚是混搭错位。这注定了品味的时尚不是正在追求的时尚，特指的是曾经的时尚、现在的经典。追求时尚的潮人未必来得及驻足、回首、品味时尚。时尚尚在一时，太快、太香、太烫、太亮、太辣。只是烟花易冷，回味太慢，感觉时尚似乎就时尚，时尚只给了我们感觉的时间，等到有时间去感受时尚，早已明日黄花。回味的往往只是经典，抑或是昨天的时尚。追求时尚的美人也未必能与品味时尚的美学家谈到一块去，因为他们的时尚常常不在一个时空，一个是前世，一个是今生。品味和时尚，一对多么有缘无分的组合啊。追求时尚，靠眼、靠闲、靠钱、靠给力，品味时尚，也靠眼、靠闲、靠钱，但更靠用心。

案例 35 结构变异——“阅读经典”是动宾结构，“经典阅读”是偏正结构

两个短语的构成字词相同，容易让人忽视两者的其他差异，比如语法结构。比如，“阅读经典”就是“经典阅读”吗？未必。前者是动宾结构，后者是偏正结构（定中或状中）。“经典阅读”可以指“对经典的阅读”（偏正结构中的定中短语），这一层意思与“阅读经典”相同，强调的是阅读的对象是经典。但是“经典阅读”还可以是“用经典的方式去阅读”，强调的是阅读的方式很经典。通过拿“经典阅读”来帮助辨析“阅读经

典”，就有了这样的感言：就算阅读的作品是经典，也必须配以经典的阅读方法。否则，就像把茶当水大口喝了，虽解了渴，却糟蹋了茶。

（3）拷贝走样的语句：“换句话说”要当心

话最怕传，传得多了也就走样了。“换句话说”，往往表达类似，语意偏差。

案例 36 各有侧重——“无人赏识”强调别人，“一无是处”强调自身

齐白石五十七岁时，画作依旧无人赏识。

这句话中的“无人赏识”与“一无是处”似乎表述类似，其实却效果各异。“一无是处”强调的是齐白石本身没有值得赏识之处，“无人赏识”强调的是默默无闻，未必没有本事，可能是没有赏识之人。

案例 37 句式变化——“看见的是什么”不等于“看见什么”

一个孩子每天往前走，他看见的是什么，那么它就会成为他的一部分。

这句话化用自惠特曼的诗歌《有一个孩子向前走去》，其中“他看见的是什么”似乎也可以译成“他看见什么”。不过，“是”却使得两句话有了区别。“是”是判断句的标志，它更强调主观性。也就是说，他看见的是他想看见的。这并不是一种客观呈现，他对所看见的内容，并非无条件地接受，而是经过了主观地筛选、加工。

案例 38 有所增删——“增一分则肥，减一分则瘦。”

“增一分则肥，减一分则瘦。”（宋玉《登徒子好色赋》）就像这句话所言，优质文本中的字词常常也是不可随意增删的。于是，增删中也能产生“假想敌”。

先说“增”，要是在“活着”之前加上“感觉”，就有了变化，因为“活着”很客观，是一种生理状态；“感觉活着”很主观，是一种心理状态。

这种“感觉”是一种生命意识，而生命意识的觉醒，往往是在这些时候：生命受到威胁、目睹别的生命受到威胁等。

再说“删”，偷一点工，减一点料，往往不易被发现。

梭罗的那句话（参照“案例30”）中，“不紧跟”不能等同于“不跟”，而是介于“跟”和“不跟”之间。“不紧跟”可能是在犹豫，或在质疑“跟”的盲目，或在思考“不跟”之后的出路，这是“跟”与“不跟”之间的过渡状态。但也可能是肯定“跟”的方向，但却与“队列”保持着一段距离，保持着自我的节奏，这就是一种固定状态了。

> 既然灵魂失去了做人的尊严，何必还在人的躯壳里滞留？！灵魂不滞留于躯壳即死亡，亦有一类“失心疯”，而这些带着灵魂出走的人多半无奈。坚守尊严的是其中的一部分，古人有云“不受嗟来之食”便是对尊严的初步阐释。
>
> ——史铁生《没有太阳的角落》

“不受嗟来之食”不等于“不受食”，“嗟来”二字是对受食者尊严的践踏。受食者的躯壳照样可以安放灵魂和尊严，只要受的不是嗟来之食。如果只是为了死要面子而不受食，这只是赌气不是争气。

> 飞蛾扑火时，一定是极快乐幸福的。
>
> ——三毛《撒哈拉的故事》

为什么不是“快乐幸福”而是“极快乐幸福”呢？我们可以试想删去程度词后这句话会变成什么样，那顶多就是“飞蛾扑火（取暖）时，一定是快乐幸福的”，抑或是“蝴蝶扑花时，一定是快乐幸福的”。通过这些潜台词中一般的幸福观，就可以比照出这句话中的极致幸福观，即超于生死的幸福而非安于本分的幸福。原来终极的幸福感是不能与世俗的安全感兼容的。

从上面与“删”有关的三例来看，“不紧跟”中的“紧”是副词充当的状语，“不受嗟来之食”中的“嗟来”，“极快乐幸福”中的“极”，都是定语。可见，靠“删”形成参照物往往和修饰字词的成分有关。

2.“聚焦点”的用途：让辨析聚焦在具体的对象、话题、事件下

如果面对的字词语句缺乏语境、相对独立，除了从文本外找“参照物”，还可以再找一个“第三者”，也就是让辨析对象与参照物围绕一点、聚焦一处，比如特定的对象、话题、事件等。这就使分析更具体，不会沦为泛泛而谈。

如拿“发育”和“发酵”相互参照，聚焦于对象“孩子”：

发育出来的是成人，发酵出来的是诗人。

又如拿“焦虑”和“焦躁”相互参照，聚焦于话题“成长”：

焦虑往往有助于人的成长，而焦躁只会拔苗助长：前者至少还有思虑，后者只剩下情绪。

再如拿“生活”和“生命”相互参照，聚焦于桥梁坍塌事件：

一直以为，桥承载的是生活，直到坍塌，才意识到，桥承载的是生命。

3.“参照物”的意义：定位对象与激活文本，联系彼此与反观彼此

（1）定位目标：咬文嚼字，要先找准有嚼头的对象

精读文本离不开“咬文嚼字”。不过，“咬文嚼字”的前提是，发现可咬可嚼的文字。很值得揣摩的文字，往往并不起眼，这就可以多用“参照物”去试读，或许别是一番滋味，或许回味无穷。

案例 39　别有滋味——赞美避重就轻，回避敏感话题

王后：好花是应当散在美人身上的；永别了！我本来希望你做我的哈姆雷特的妻子；这些鲜花本来要铺在你的新床上，亲爱

的女郎，谁想得到我要把它们散在你的坟上！

——莎士比亚《哈姆雷特》

在奥菲利亚的葬礼上，王后乔德鲁伊从“鲜花”这个由头，开始了对奥菲利亚的赞美，这当然是善意的。但是，如果联系奥菲利亚的死因，就会发现王后的“点赞”并没有点对地方。

为了不让克劳狄斯察觉他的复仇心理，哈姆雷特开始装疯。他装出的绝情，却使得奥菲利亚信以为真。她无法接受哈姆雷特的绝情，更无法放下对哈姆雷特的爱情，变得精神恍惚，最后失足溺水而亡。因此，奥菲利亚的溺水可以解读成一种间接的殉情——溺水的偶然性背后，是殉情的必然性。可见，对爱情的忠贞，比起美丽的容貌，更值得赞美。

这就容易理解了，王后一个劲地称赞奥菲利亚的“美人”形象，除了奥菲利亚美丽的客观事实外，很可能只是为了回避自己不是“节妇”的事实——对于先王也是亡夫，乔德鲁伊既是不忠的后，又是不忠的妻。懦弱的她，屈从欲望，背叛爱情。她背叛了与先王的爱情，嫁给了杀死王兄的篡位者克劳狄斯。

案例 40 回味无穷——“拒绝”和“平庸”拥有许多参照物

艺术家，拒绝平庸！ ——《先结婚后恋爱》台词

在字典上，“平凡”可以解释成“平庸”，但是在这句话中，两者却“反目成仇”。而如果通过辨析“平凡”与“平庸”，将“拒绝平凡”作为“参照物”进行辨析，可以得出以下感悟：

平庸不等于没用，只是不如平凡有内涵：艺术给平凡机遇，却不给平庸任何机会。就像平凡和平庸都是人生的一张草稿，“平凡牌”的草稿可以为“作业”打平凡的手稿，也可以为“作

品”打不平凡的手稿；而“平庸牌”的草稿直接就是潦草的作业，你批到这样的作业可能会不禁感叹：平庸的人生真是一张草纸啊！可是你错了，平庸的人生连草纸都不如。毕竟，生活可以拒绝平庸，却不能拒绝草纸啊。

不仅可以拿“平凡”与“平庸”辨析——因为两者都有“平”的成分，还可以拿“恶俗”与“平庸”辨析——因为两者都有“俗”的成分。不仅可以拿“拒绝”与“远离”辨析，因为“远离”是“拒绝”的方式之一；还可以拿“拒绝”与“消灭”辨析，因为“拒绝平庸”必须“消灭”自己身上的平庸。于是就有了下面这段感悟：

拒绝平庸首先要从“消灭”自己身上的平庸做起。但是平庸如尘，无孔不入，必须“时时轻拂拭”，才能“莫使惹尘埃”。所以拒绝平庸永远只是正在“消灭”的状态。至于将拒绝平庸首先理解成“消灭”眼前的一切平庸，那造物主都会替你担忧。

其实，拒绝平庸是一种独善其身、以身示范的内在追求，拒绝平庸的艺术家不该有洁癖，应该大隐隐于市，充其量只是“随风潜入夜，润物细无声”，绝不能强人所难。他们正视并熟悉身边平庸的环境，也从不“远离”这些平庸的人间烟火，他们理解“人在江湖、身不由己”的庸人，只是不敢苟同。他们和身边庸人的区别，大抵在于他们熟悉了平庸的环境，却不曾习惯平庸地苟活。

他们甘于平凡，却从不自命不凡，就算成为不凡，也必经平凡。他们就像攀岩者，深知平庸的上面一层是平凡，平凡的上面一层才是不凡；而平庸其实还不是底部，下面至少还有一层，那就是“恶俗”。而在拒绝平庸的时候，不凡的峰巅容易让自命不凡的人癫狂。这些人曲解了“出名要趁早”（张爱玲语）的真意，不屑于先爬上平凡，而是直接向不凡跳去……结果呢？非但没抓住不凡的峰巅，反而堕落到了平庸之下——“恶俗”的深渊。在现实中，有许多这样的“娱乐家”。他们自命不凡，自称“艺术家”，为了一夜成名，不惜无下限地恶搞。可是，跳跃力终究敌不过“地心引力”。

总之，所试多多益善，所读回味无穷。

（2）由点及面：穴上一点，盘活文本，打开局面

参照物的意义，当然不止于解读字词。值得解读的字词，往往是进入文本的钥匙，盘活文本的穴位。而利用参照物辨析这些字词，往往要调动文本中的信息来佐证。等辨析完毕，不仅理解了字词在文本中的内涵、意义，而且也理解了字词所在的周边文本。

案例 41　读透一段——“僵尸”是心愿未了的“死尸”

……可是过些时老王病了，不知什么病，花钱吃了不知什么药，总不见好。开始几个月他还能扶病到我家来，以后只好托他同院的老李来代他传话了。

有一天，我在家听到打门，开门看见老王直僵僵地镶嵌在门框里。往常他坐在蹬三轮的座上，或抱着冰伛着身子进我家来，不显得那么高。也许他平时不那么瘦，也不那么直僵僵的。他面如死灰，两只眼上都结着一层翳，分不清哪一只瞎，哪一只不瞎。说得可笑些，他简直像棺材里倒出来的，就像我想象里的僵尸，骷髅上绷着一层枯黄的干皮，打上一棍就会散成一堆白骨。我吃惊地说：“啊呀，老王，你好些了吗？”

——杨绛《老王》

为什么用“僵尸”来形容？因为老王临终时散发出的死亡气息。老王一只眼是“田螺眼”瞎的，但是这时“两只眼上都结着一层翳”——

只有死人的眼睛分不清生前的瞎与不瞎。与“镶嵌”搭配的，本该是“画框”吧，门框里直僵僵的老王真的犹如遗像。

但这还不够，充其量只是解释了“死尸”。在这里，“死尸”与“僵尸”值得辨析。死尸现实中有，不需要“想象”。“僵尸”也是死了一段时间的尸体，“枯黄的干皮”、“一堆白骨”，老王给作者一种“死”了很久的错觉——风干的皮和失血的白骨之间已经没有了肉。这种错觉可能来自上文的情况：上文的“总不见好”已经有了不祥的预兆，“开始几个月”、“以后”到“有一天”（记不清以后的第几天）说明有一段时间没看见老王来拜访了，再加上这次突然到访时的样子，也就产生了这种错觉。

僵尸是已经“死”过的尸体重新动起来，僵尸的动作是僵硬的，所以是“打门”而非“敲门”。僵尸也是不甘心死去的尸体，往往还有未了的心愿。老王临终前想把最珍贵的东西托付给最亲的人，而他视杨绛一家为世间唯一的老友——正是老王还未了的心愿又把他从“棺材里倒出来”。因此此时此刻，老王这具“死尸”身上依旧活着的是一颗执着心——将鸡蛋和香油这唯一的遗产送给最珍视的老友。所以“像棺材里倒出来的”这句话特别形象到位地呼应了这一点，似乎是有什么使命把这具死尸唤醒。这就像秦可卿死时魂魄还放心不下闺密王熙凤，与之梦中相见，告知后事一样。

此外，会动的“僵尸”比起不动的“死尸”更可怕，这就可以解释为什么“我害怕得糊涂了”，“没请他坐坐喝口茶水”。于是，通过辨析“僵尸”与“死尸”，不仅感受了老王的用心，而且理解了“我”的失态。于是对理解作者的“愧怍”，就更全面了。

（3）重建关系：分清彼此，是为了更好地联系彼此

用参照物来辨析阅读对象，是为了分清彼此的内涵，但绝不是为了撇清关系。分清是必要的，不然就可能混淆彼此的内涵的界限，就算在彼此间建立关系，也是不明不白的。辨析清楚为重建彼此关系提供了逻辑基础。

案例 42 系列组词——“安全感”的下面有“存在感”，上面有“幸福感”

> 一个丧失了安全感的人，是无法从容地爱自己和爱世界的。
>
> ——毕淑敏《有关爱的一些奇谈怪论》

要理解句中的“安全感”，可以试着围绕“感”组词，于是产生了相关、相近的“幸福感”、“存在感”。

变换这句话的句式，可得：

> 一个拥有安全感的人，才能从容地爱自己和爱世界。

而对自己和世界的那份从容的爱，就会产生“幸福感”，可见“幸福感”是比“安全感”更高级的心态。

“无法从容地爱自己和爱世界”不等于“不爱自己和世界”。这种不从容的爱，往往有些紧张、有些敏感——因为没有安全感。可不从容的爱毕竟还是爱，这就与存在感有关了。人的存在感有两个坐标：主观的自己和客观的世界，这是一种双重定位。“爱自己和爱世界”，说明人对存在感的热爱。人就算丧失安全感，也会退守更低一级的存在感。如果连爱的底线——存在感都失守，人就会产生幻灭感，于是也就感觉不到自己和世界的意义了。到了这个地步，爱才会泯灭。

因此，安全感的得失，直接影响到爱的品质：得则孕育幸福感，这是健康的爱；失则只剩存在感，这也是爱，但不太健康。

（4）反观彼此：彼此相互参照下，彼竟变成了此，此竟变成了彼

参照物的意义还在于反省。在词与词相互参照后，有时可以发现彼此早已易位，或变质，或升华。

比如拿“上学”和“上班”相互参照：

> 有时，上学却成了上班，我们的娃在为学校打工，把老师

叫老板，因为学生只是缺乏创造力的操作工；有时，上班倒像上学，像乔布斯这样的老板更是员工们的老师，就算斯人已逝，员工们也与“上帝”同在，因为创意无限。

又如拿“作业”和“作品”相互参照：

分娩的阵痛，有助于使作业升华为作品；便秘的阵痛，只会让作品堕落成作业。

再如拿“活动”和“运动”相互参照：

就算是娱乐的活动，“文革”都能搞成严肃的运动，借此喊口号；就算是严肃的运动，当代也能搞成娱乐活动，借此拉广告。

第三讲　问！一路上有你——接生婆

苏格拉底说：“问题是接生婆，它能帮助新思想的诞生。”这句话也适用于深度阅读。感悟沦为复述，分析没有入口，是深度阅读之敌。诚然，阅读要贴着文本。不过，贴着文本的字面意思，充其量只是精确的复述，远远不是文本阅读的终点。如果你贴着精彩的文本细读，就会感受到其体表下的“胎动”，孕育其中的往往是深刻的人性、厚重的积淀、复杂的心理、丰富的原因等。这些都是作者思考的结晶，必须通过读者的再思考去获取、去升华。这就需要读者探入文本去“接生”。如果说精彩的文本是孕妇，那么精致的阅读显然需要一位位手艺精湛的接生婆来相助，她们叫“问”。

“问”是思考的开始，但是人往往最怕被问，更别说还要自问自答了，所以万事开头难，“问”这个开头更是难上加难，非要有探险家的觉悟不可。王安石在游褒禅山之后，遗憾自己没有到达华山洞的尽头，于是在《游褒禅山记》中感叹道：“世之奇伟、瑰怪，非常之观，常在于险远，而人之所罕至焉，故非有志者不能至也。”余音未了，我似乎已经感受到了王安石只能以“游”字入题的遗憾——游而未至，回味不足啊。其实阅读也是如此，许多读者都是游而未至：他们游走于文本的表层，而文本的深层秘境，他们却不敢或不能至。而要在文本中探幽揽胜，非要有自问自答、远征探险的觉悟。而真正的阅读探险家，只会反感毫无滋味的浅层复述——他们拒绝做一只学舌的鹦鹉。当深度阅读让许多人叫“苦”不迭的时候，他们却执着于“苦尽”——打破砂锅问到底。而苦尽甘来，才是深度阅读的完整滋味。

我只是一介读者，而非阅读探险家，不过却也是“虽不能至，然心向往之”。当我带着“问”行走在下面这首诗的字里行间时，我只想说：“一路上有你，苦一点也愿意。”

总之，在问中读，在读中问……循环往复，乐此不疲，才能读至深处。

一、问得其所：处处有问，未必处处得其问

用设问来“接生”，必须找准设问的部位，也就是贴着文本，找到精读的入口。这个入口往往是文本中关键的字、词、语、句。就像好的穴位，一针下去，往往打通关节，盘活经脉，好的入口，一问下去，往往也是文本激活，理解加深。

1. 从强调处：反复和修饰

反复出现、添加修饰成分（比如定状补）等，都是强调字词常用的

做法。而这些被强调的字词，又常常是设问的好地方。

案例 43　反复修饰——“特别特别小心”、“更加小心”

> 母亲年近八十，独住村野。没人说话，时或同阿年念叨，赢得摇几下尾巴。门外只两丈平地，然后就斜下去直到水边。有苇茬处扎脚，没苇茬处滑溜。虽有石板台阶，日久生苔，仍很难走。每天，她颤巍巍拄着藤杖，下到水边淘米、洗菜、唤鸭，都特别特别小心。最是黑夜里起夜，更加小心，生怕摔倒了，起不来，没人扶。
>
> 小时候，母亲常笑说，父亲是书呆子。我相信她必然认为，我也是书呆子。
>
> 在母亲艰难的一生中，心甘情愿地，吃够了父亲和我，两个书呆子的苦。但她从不抱怨，也从不说苦。仅仅是为了，让我们安心。
>
> ——高尔泰《草色连云·田园诗的境界》

在这段话中，“小心”一词出现了两次，都用了“特别特别”、“更加”这类强调性的副词，可以考虑作为设问的部位。于是可以设问：为什么母亲“特别特别小心”、“更加小心”？借这个问可以盘活上下文，理解整段内容。

从“颤巍巍拄着藤杖”可知，是因为母亲年迈行走不便的身体状况。从“独住村野”、“没人扶”可知，是因为荒村独居的生活状态；从“滑溜”、“水边”可知，是因为对老人有潜在危险的自然环境；“淘米、洗菜、唤鸭”这种语言表述，给人很强的节奏感，给人应接不暇的错觉，再结合上述几点可知，是因为兼顾这些事对于年迈的母亲不是易事；而从最后一句可知，终究是因为保重自己，才能“让我们安心”，因“我们”都是“书呆子”，也就是在生活上不仅无法帮助母亲，而且还会牵累母亲。

案例 44 修饰丰富——“不特别”的月亮却被形容得很特别

> 五万人涌进了台中的露天剧场；有风，天上的云在游走，使得月光忽隐忽现，你注意到，当晚的月亮，不特别明亮，不特别油黄，也不特别圆满，像一个用手掰开的大半边葡萄柚，随意被搁在一张桌子上，仿佛寻常家用品的一部分。一走进剧场，却突然扑面而来密密麻麻一片人海，令人屏息震撼：五万人同时坐下，即使无声也是一个隆重的宣示。
>
> ——龙应台《山路》

在上面的选段中，作者形容当晚的月亮，用了三个“不特别”，为什么要反复强调这一点？结合上下文，可知有两个原因：一个是客观的天气状况——“有风，天上的云在游走，使得月光忽隐忽现”，另一个是主观感受，置身人海中，现场的震撼、隆重，让月亮成了陪衬——虽是“露天剧场”，但是“剧场”的意义胜过了“露天”的意义。

用葡萄柚比喻月亮时，为什么要在前面加上不止一个的定语？“用手掰开”，更可见主观上的“随意”，为什么如此随意？因为在当晚露天剧场的精神盛宴面前，月亮这个葡萄柚只是当晚的“零食”而已。这就像在非常期待的电影即将开始时，很难看见低头专心吃爆米花的观众，更多的是胡乱地抓一把塞进嘴里。当然“用手掰开”也显出了月亮的边缘并不光滑，是“毛边”，呼应了“不特别油黄”。而“大半边”既可见当晚月亮的客观形状，不圆，不过比起钩，更接近圆，呼应了“不特别圆满”；也可见这份“零食”并没被观众吃几口——“露天”的诱惑终究不敌“剧场”的诱惑。

2. 从结果处：由果溯因，梳理文本

强调处多见于描述性的文字，若碰到叙述性的文字，则不妨从结果

处问，由果溯因，梳理文本。

案例45 结果分类——阶段结果和最终结果

> 有时候她跌进一片森林，也许不是森林只是灌木丛，但对小女孩来说却是森林，有时她跌跌撞撞滚到池边，静静的池塘边一个人也没有，她发现了一种“好大好大蓝色的花”，她说给家人听，大家都笑笑，不予相信，那秘密因此封缄了十几年。直到她上了师大，有一次到阳明山写生，忽然在池边又看到那种花，像重逢了前世的友人，她急忙跑去问林玉山教授，教授回答说是“鸢尾花”，可是就在那一刹那，一个持续了十几年的幻象忽然消灭了。那种花从梦里走到现实里来。它从此只是一个有名有姓有谱可查的规规矩矩的花，而不再是小女孩记忆里好大好大几乎用仰角才能去看的蓝花了。
>
> ——席慕蓉《好大好大的蓝花》

结果未必只有一个。这段文字既然有阶段结果（如发现蓝花并产生幻想）和最终结果（如问得学名幻想消失），于是就可以设两问：为什么幻想会产生？又为什么会消失？

首先，发现优先于查询造就了大蓝花的“奇观”，幻想消失是因为发现力被现实束缚。这要比较“好大好大的蓝花”和“鸢尾花”这两个名字——说实话，鸢尾花比大蓝花更形象生动，但关键不在于鸢尾花的形象生动胜过了大蓝花，而在于鸢尾花已经在大蓝花之前“注册”，成了“有名有姓有谱可查”的规矩，而规矩虽统一了称谓，却也限制了后人对这朵花的“重新发现”。虽然这个世界上的许多事物早就被人类的祖先发现，但是人类的后代并没有越来越无聊，因为每代人、每个人的人生都是独特的过程，即用自己的方式重新发现世界的过程。而站在个体的立场上，旁观者眼中的“重新发现”都只是当局者眼中的“新发现”。如果凡事都在发现前先查询，那么人的发现力和创造力将会退化——百度一下，你就知道？百度一下，你就知道你再也发现不了了。

其次，儿童的视角造就了大蓝花的奇观，幻想消失因为视角的成人化。只有把灌木丛当森林的小孩，才会认为鸢尾花“好大好大”，才会“几乎用仰角”去发现一朵花，这便是童心发现世界的角度。在梦中，大人依旧可以用儿童的视角，而当现实取代梦境，大人便只剩下千篇一律的标准视角了。

其实，要是辩证地看待整件事的因果，我们还会发现，大蓝花的梦境和幻想的产生、消失，不仅和个性发现、童心视角有关，还都源于一颗好奇心。正所谓成也好奇，败也好奇。因为好奇才会发现大蓝花，又因为好奇心不减当年才会继续好学好问，结果却自讨没趣。可见好奇心也是把双刃剑。

此外，在论述类文字中，可从结论处设问，与从结果处设问同理，这里就不赘述。

3. 从动情处：问心情与问表情

流露出情感的文字也往往是设问的下针处。

案例 46 步步生情——不乐、自得、伤感，为丫鬟，也为自己

情感是流动的，往往充满变化、曲折，未必一步走完。因此，对情感设问，往往要步步设问。

例如《红楼梦》第四十四回中写了王熙凤的生日，其中可以先后找到宝玉的三个动情处：“一日不乐”、“心内怡然自得”、“又伤感起来，不觉洒然泪下”。这三个动情处全不在主角王熙凤身上，却在两个丫鬟身上，但却都和王熙凤有关，不妨分别问一个“为什么”。

为什么“一日不乐”？因为在宝玉看来，初二不仅是王熙凤的生日，而且也是金钏儿的生日，更是金钏儿投井自杀后的第一个冥寿。金钏儿的死，根本原因是无意间说的那句“金簪子掉在井里头，有你的只是有你的”。金钏儿这句话本来的意思可能是说自己迟早是宝玉的人，叫宝玉

不要急着问王夫人讨要。不过言者无心，听者有意，闭目养神的王夫人将这句话理解成薛宝钗（金簪子借指）没戏，属于贾宝玉的终究还是林黛玉，于是对金钏儿痛下狠手——打嘴巴、赶出府、配小子。但是在宝玉看来，责任却在自己。进屋后，是自己去“拉”金钏儿的手，急着讨要，才使得金钏儿祸从口出，自己是这件事的引子。在王夫人打骂金钏儿时，自己“早一溜烟去了”，当时自顾自的害怕情有可原，但是出于一个男孩子的本能，也会让宝玉在事后更加愧怍。作者把对金钏儿的发落放在宝玉跑了之后，使得这一次成为永诀，这种遗恨也加深了这种愧怍。但是宝玉留下来又能如何？在森严的体制下，宝玉根本无法为金钏儿做主，连脾气都不能公开发作。所以这种“不乐”里有同情，有自责，更有无奈。

“怡然自得”，“又伤感起来”，对象都是平儿。为什么“怡然自得”？因为宝玉眼中的平儿是“极聪明极清俊”的，但是平儿是王熙凤的助理，平时繁忙，无缘尽心。无辜的平儿惨遭王熙凤掌掴，来到怡红院平复心情，无意间给了宝玉尽心的机会，为她抹粉、涂脂、簪花。为什么“又伤感起来”？也是触景生情。平儿举目无亲，夹在贾琏之俗和凤姐之威之间，尽管周全妥帖，还是遭到了眼下的荼毒，不禁悲叹其薄命。总之，“怡然自得”是为自己，“洒然泪下”是为对方。

案例 47 表似情异——滴泪是审美者的感动，含泪是痴情者的执着

情感又是怎么显露的呢？可以直接通过心理活动的描写，也可以间接从表情中加以体现。而类似的表情也未必是出于一个原因、一种心情。

在《红楼梦》第四十三回中，宝玉秘密出城，在水仙庵祭奠金钏儿。其中有两个表情十分类似，一个是“宝玉不觉滴下泪来”，一个是“含泪施了半礼”。这两个表情类似，但是原因和心情却未必相同。

第一个表情的前文是：

宝玉进去，也不拜洛神之像，却只管赏鉴。虽是泥塑的，却真有“翩若惊鸿，婉若游龙”之态，“荷出绿波，日映朝霞”

之姿。

可见，这滴泪与“洛神像”有关，与“洛神”无关。为什么这么说？首先要联系上文：

> 我素日因恨俗人不知原故，混供神混盖庙，这都是当日有钱的老公们和那些有钱的愚妇们听见有个神，就盖起庙来供着，也不知那神是何人，因听些野史小说，便信真了。比如这水仙庵里面因供的是洛神，故名水仙庵，殊不知古来并没有个洛神，那原是曹子建的谎话，谁知这起愚人就塑了像供着。今儿却合我的心事，故借他一用。

这段话说出了宝玉的好恶：俗世愚人不知洛神是文学形象，当作真神，盲目盖庙膜拜，所以最厌；但洛神的形象却暗合宝玉心事，正好借用过来，作为祭奠金钏儿的念想，所以喜欢。接下来更要注意细节。“不拜”说明滴泪并不是因为宗教，即对神灵的敬畏。“只管赏鉴”说明滴泪是因为艺术，即对泥像的赞美。所以这滴泪是审美者的泪。泥像逼真传神地表现了洛神之美，化腐朽为神奇，审美者为此而感动得不能自已。

第二个表情是在“宝玉掏出香来焚上”之后。宝玉在井台上焚香，是为了祭拜投井而死的金钏儿。含泪，其实是含着悲。这泪含而未滴，正是应了这一回的题——“不了情暂撮土为香”。说明对金钏儿的这份情，宝玉依旧不能放下，也因此才“施了半礼”。为了让宝玉暂时放下这份执着心，赶回城参加凤姐的生日宴，这才有了后文茗烟的磕头和代祝：

> 茗烟答应，且不收，忙爬下磕了几个头，口内祝道：“我茗烟跟二爷这几年，二爷的心事，我没有不知道的，只有今儿这一祭祀没有告诉我，我也不敢问。只是这受祭的阴魂虽不知名姓，想来自然是那人间有一、天上无双，极聪明极俊雅的一位

姐姐妹妹了。二爷心事不能出口，让我代祝：若芳魂有感，香魄多情，虽然阴阳间隔，既是知己之间，时常来望候二爷，未尝不可。你在阴间保佑二爷来生也变个女孩儿，和你们一处相伴，再不可又托生这须眉浊物了。”说毕，又磕几个头，才爬起来。

综上所述，滴下的泪是审美者的泪，感动于美；含着的泪是痴情者的泪，执着于情。

二、问得其法：好好找问，更要好好设问

当然，设问本身也必须精细，在关键字词语句之前加个设问词，就太粗糙了。须知文本的入口是有门的，粗糙低劣的滥问，只会让读者找到入口，却难以入门。在精彩的文本中，每一个入口都是独一无二的，每一扇门也都是独一无二的。开门的钥匙，须是做工最精细的那一把——只有问得精细，才能读出惊喜。

1. 问“这”问“那”：只问“这处”，只是问了一半

深度阅读往往离不开问“为什么”。不过不能像小沈阳那样只问一个“这是为什么哈”。有的时候，钥匙进去了，死命往“这边”转，门却始终不开，这就要想想是不是也要往“那边”转一转。我们不仅要问“这处”，而且也要问“那处”，正所谓“问这问那”。“那”的范围很广，可以存在于文本内外。

（1）为什么是“这”而不是“那”？

“那”可以用来辨析“这”，“为什么是这样而非那样？”“为什么偏偏是这个字词而非那个字词？”“为什么是用这个说法而非那个说法？”这一类设问中，“那”往往是“这”的参照物，与“这”比较，往往浅读

看似“同”，深读“异”才出。

案例 48 喻体准确——为什么用这个来比喻而非那个?

> 曲曲折折的荷塘上面，弥望的是田田的叶子。叶子出水很高，像亭亭的舞女的裙。层层的叶子中间，零星地点缀着些白花，有袅娜地开着的，有羞涩地打着朵儿的；正如一粒粒的明珠，又如碧天里的星星，又如刚出浴的美人。
>
> ——朱自清《荷塘月色》

这一段描写中有好多比喻，但是经常被认为比喻得很一般。其实，比喻首先要做到的未必是喻体新奇、语出惊人，倒是一定要与语境相匹配，更准确地形容置于特定语境下的本体。

> 叶子出水很高，像亭亭的舞女的裙。

荷叶为什么偏偏用“舞女的裙”而非“少女的遮阳伞”来形容？因为遮阳伞就算撑开，伞面也不是平的，多少有点往下弯。可见这里的裙摆不仅向上撑起而且在同一个平面上形成了一个圆盘，类似于芭蕾舞的裙。那为什么不用“圆盘”来形容而偏偏用“裙”呢？因为圆盘没有裙摆边缘的褶皱和起伏，而荷叶的边缘却有这样的褶皱和起伏。如果穿着芭蕾舞的裙，腿就显得更修长，舞女就显得亭亭玉立了，这又和“叶子出水很高”相照应，说明荷叶下的茎干长得很高。用“出水很高”而非“离水很高”，给人一种荷叶从水中升起的动态想象，这个动态动作“出”对应着“舞”，就像看见一个芭蕾舞女从跪坐慢慢站起，直到只有脚尖触地一样。

> 正如一粒粒的明珠，又如碧天里的星星，又如刚出浴的美人。

这三个比喻，也常常让读者感到极其普通，但是却准确地形容出了文中的荷花，与语境十分契合。为什么是“一粒粒”而非“一颗颗”呢？因为“粒”比“颗”小，而“点缀”正说明其小。用“星星”比喻白花，说明了“零星”，因为这是满月之夜，星星也是零星的，而为什么星星是在“碧天里”而非“黑夜中”呢？这就要联系“弥望的是田田的叶子”，这个比喻里不仅用星星比喻白花的零星，而且用碧天比喻堆满视野的碧绿荷叶——“春水碧于天”（韦庄《忆江南》）在这里要改成“塘荷碧于天”了。为什么要用“刚出浴的美人”而非“刚出浴的贵妃”来比喻荷花呢？浴池肯定对应荷塘，花瓣犹如美人浴袍，出浴之美则体现在两种姿态——“袅娜地开着的”和“羞涩地打着朵儿的”。由这两句就可以联想出荷花出水如美人出浴的样子：荷花或柔美地敞开浴袍，显出熟女之美；或羞涩地裹着浴袍，显出少女之美。

总之，这段描写在动静虚实间充满了女性之美，舞女、浴女呈现出的是荷叶和花如同女性一般美妙的身材、姿态。

案例 49　称呼错位——为什么先称“翠翠”而非“碧溪岨撑渡船的孙女”？

称呼对方或者称呼自己，不仅与对方的亲疏、贵贱、美丑、善恶、强弱等情况有关，而且也与自己本身的生活环境、心理活动等有关。

在初见傩送自我介绍时，翠翠为什么先以“翠翠”而非“碧溪岨撑渡船的孙女”自称？按照正常情况，前者应该是对熟人说的，后者应该是对外人说的，可翠翠眼前是初见的傩送，还是个陌生人。可以从环境和心理两方面去看。

自称“翠翠”的习惯正说明了翠翠长期生活在封闭的语言环境中。渡口在边城外，日常对话的固定对象也就只有祖父，摆渡的又都是匆匆过客，根本没有以后者自称的必要。因此就算进了城，自称“翠翠”的惯性仍在。直到傩送再问，翠翠才被动地说出自己是“碧溪岨撑渡船的孙女”，这才纠正了错位的称呼。

另外，怕生的翠翠正焦急地等着祖父来接自己回家，所以虽然是回答眼前的傩送，心里却在对祖父说话，所以脱口而出的是“翠翠”。

（2）为什么先“这”而非先“那”？

“那”也可以是与“这”存在先后顺序的言行。与其只问“为什么这么做（说）”，不如看看能不能问“为什么先这么做（说）而非那么做（说）”。

案例 50　排序颠倒——为什么老头先“他信”而非先“自信”呢?

走到街的尽端，折回来再看看，终于发现了一个表铺的招牌。我仿佛到了圣地似的快活，一步跨进去。但立刻觉得有点不对，昨天进表铺时，那位修理表的老头正伏在窗子前工作，背后有一架放满了表的小玻璃橱，但今天那橱子移到哪儿去了呢？主人出来了，也是一位老头。我只好把纸条给他，他立刻去找表。看他的神气，想到刚才自己的怀疑，我笑了。但找了半天，表没找到。他搔着发亮的头皮，告诉我他太太或者知道表放在什么地方，让我第二天再去。他把地址写在那张纸条的后面。我心里充满了疑惑和不安定。踏着暮色回去时，对着这海似的柏林，我叹了一口气。

……

要近黄昏，我又走了去。看到是我，老头显得惊惶，老太婆露出不安定的神气。两个人把每一个可能的地方全找了，但终于没找到。老头更用力地搔着发亮的头皮；老太婆的头发在灯影里更颤动得厉害。最后老头终于忍不住问，是不是我自己送来的。我昨天的怀疑立刻又活跃起来，于是解释说，我到柏林还不到四天，街道弄不清楚。他恍然大悟似的噢了一声，赶忙从抽屉里拿出一沓纸条，同我给他的比着：两者显然有极大的区别。我完全明白了，我走错了铺子。我向他道歉，把我脑筋里所有的在这情形下用得着的德文单字全搜寻出来，老人脸上浮起一片诚挚而会意的微笑。

——季羡林《表的喜剧》

为什么在“我”递给纸条后，他立刻去找表？这个问似乎很好回答，如果只盯着一个“立刻”不放，很可能会觉得是为了表现他动作的麻利。不过联系语境，尤其是“一片诚挚而会意的微笑”，就会觉得文本未必想要表现老头高效的一面。联系下文的画线句才发现，老头一开始漏掉了一个“常规程序”——比对纸条，直到最后才补上了这个手续。

于是可以设出一个更精细的问：为什么老头先找表而不是先比对纸条呢？这是一种“他信”，对“我”这个陌生人的无条件相信。找不到表，他首先怀疑的是自己，而非“我”，而且不止一次地“搔着发亮的头皮”怀疑自己。就算到了“最后终于忍不住问”的时候，老头依旧只是问“是不是我自己送来的”而非“我有没有送来”，他依旧相信就算“我”本人没来，表也是的确送来的，这种“他信”真是到了“固执”的地步。作者这篇文章的开头说：“自己是乡下人，没见过世面；乡下人的固执与畏怯还保留了一部分。”反观人生地不熟的“我”，虽然始终没停止过找错铺子的怀疑，但是却始终抱着固执的“自信”一错到底。这份“固执”的“自信”，倒是衬出了老头那份“固执”的“他信”来。

（3）为什么既这样又那样？

“那”与“这”也可以是矛盾的关系，换成设问就是“为什么既这样又那样”。而矛盾所触，往往是灵魂深处。不过，我们往往有一种误解：矛盾一定会在激烈中爆发、凸显，根本不用去找“这”和“那”。其实就像基因一样，矛盾有显性也有隐性。有时，在一片其乐融融、风平浪静之下也会暗流涌动。潜伏的矛盾，往往直逼人性的深处。

案例51 虚实真假——找出言行中的矛盾，也就勾勒出了贾雨村的虚伪

雨村此时已有七八分酒意，狂兴不禁，乃对月寓怀，口号一绝云：“时逢三五便团圆，满把晴光护玉栏。天上一轮才捧出，人间万姓仰头看。”士隐听了，大叫：“妙哉！吾每谓兄必非久居

人下者，今所吟之句，飞腾之兆已见，不日可接履于云霓之上矣。可贺，可贺！”乃亲斟一斗为贺。雨村因干过，叹道：“非晚生酒后狂言，若论时尚之学，晚生也或可去充数沽名，只是目今行囊路费一概无措，神京路远，非赖卖字撰文即能到者。”士隐不待说完，便道：“兄何不早言。愚每有此心，但每遇兄时，兄并未谈及，愚故未敢唐突。今既及此，愚虽不才，‘义利’二字却还识得。且喜明岁正当大比，兄宜作速入都，春闱一战，方不负兄之所学也。其盘费馀事，弟自代为处置，亦不枉兄之谬识矣！”当下即命小童进去，速封五十两白银，并两套冬衣。又云：“十九日乃黄道之期，兄可即买舟西上，待雄飞高举，明冬再晤，岂非大快之事耶！”雨村收了银衣，不过略谢一语，并不介意，仍是吃酒谈笑。那天已交了三更，二人方散。士隐送雨村去后，回房一觉，直至红日三竿方醒。因思昨夜之事，意欲再写两封荐书与雨村带至神都，使雨村投谒个仕宦之家为寄足之地。因使人过去请时，那家人去了回来说：“和尚说，贾爷今日五鼓已进京去了，也曾留下话与和尚转达老爷，说‘读书人不在黄道黑道，总以事理为要，不及面辞了’。”士隐听了，也只得罢了。

——曹雪芹《红楼梦·第一回》

这段文字中的贾雨村还未发迹，但是他的言行中不乏矛盾，其心性已经显出了踪迹。

绝句的内容可见贾雨村自比高高在上的明月，内心对博取高爵显位充满了自信和渴望，但是又说“以事理为要”，为什么渴望高位却又故作清高？显然是为了掩饰自己读书赶考就是为了汲汲功名的本心。

贾雨村不屑于功名，称科举为“时尚之学”，又在无意中道出赶考路费的困难，这又是为什么？显然不屑和无意都是“故作”的，因为他既想让别人知道自己的需求又不想让别人知道自己的意图。

在甄士隐面前，贾雨村谈笑自若，对银衣不以为意，可回家后却不辞而别，连夜赶考，这又是为什么？显然性情中人只是贾雨村扮演的角色，重义轻利、意气相投都是为了迎合甄士隐，取得资助。

这些矛盾的言行，虚虚实实，真真假假，都直指人性的虚伪，可谓“矛盾层层，城府深深”。既想利用别人成事，又不想让别人了解自己，贾雨村的虚伪真可与曹操比肩。

2. 追问到底：答“问”之后再问“答”（对回答继续设问）

还有的时候，钥匙伸进去，门还是不开，千万别只怀疑是钥匙错了，可能是伸得还不够深。问一个“为什么”未必够，还可以对“为什么”的回答再问一个“为什么”……就这样抽丝剥茧，问到根本。

案例 52 逆流溯源——从结尾上一路追问到开头

莫言在瑞典学院发表的文学演讲中，讲述了这样一个故事：

> 一个中秋节的中午，我们家难得包了一顿饺子，每人只有一碗。正当我们吃饺子时，一个乞讨的老人来到了我们家门口，我端起半碗红薯干打发他，他却愤愤不平地说：“我是一个老人，你们吃饺子，却让我吃红薯干。你们的心是怎么长的？”我气急败坏地说：“我们一年也吃不了几次饺子，一人一小碗，连半饱都吃不了！给你红薯干就不错了，你要就要，不要就滚！”母亲训斥了我，然后端起她那半碗饺子，倒进了老人碗里。

从这一段的结尾设问，可以由果溯因：为什么母亲把半碗饺子倒给老人？儿子（“我”）对老人爆粗（“滚”）是直接原因，身教重于言传，母亲以此教育儿子，但这不是根本原因。从结尾接着往上追问，才能把由果溯因进行到底，这些内容涉及的大多是儿子（“我”）的戏份。

为什么儿子（“我”）会对一个老人“气急败坏”地说“滚”？或许

有人会觉得“我”的“气急败坏”情有可原，认为是老人“愤愤不平”的言辞先激怒“我”的，是老人不知感恩。

这就又可以追问：那又是谁使得老人“愤愤不平”的呢？终究还是“我”——“半碗红薯干”后面紧跟着“打发”一词，老人的愤愤不平未必只为“半碗红薯干”，正是在“半碗红薯干”里掺杂了“打发”的作料，才让“半碗红薯干”变了质。

接着还可以追问：为什么儿子（“我”）会产生“打发”的态度？上文有一个词语——“乞讨的老人”，这里可以使用参照物来辨析，为什么是“乞讨的老人”而不是“老乞丐”呢？原来，儿子目中无“人”，就算能剩下“老”，也不意味着能得到人格的平等和尊重，因为这个“老”只是与“乞丐”相连。而母亲的眼睛，不见“乞讨”只见“老人”——“倒进了老人碗里”而非“倒进了乞丐碗里”。另外，“老人”一词可以拿“年轻人”作为参照物，如果是年轻人乞讨的话，给半碗红薯干足矣，甚至可以不给，唤醒其内心的自尊才是最大的救助。可见人格尊重的方式因对象而异。所以这就从根本上回答了最开始的问题——为什么母亲把半碗饺子倒给老人？“半碗饺子”体现的不仅是物质上的优待，而且是人格上的平等。母亲不仅将“乞讨的老人”当“人”来看，而且也给予其“准家人”的待遇。

如果再追问文段开头的“中秋节”——为什么要把这个故事安排在“中秋节”？就会发现母亲的“半碗饺子”显然已经突破了“中秋节”的传统意义——家人团圆，更接近于“人”的团圆——走过路过，同吃一碗。这种尊重和平等背后，离不开的是博爱与慈悲。

三、矛盾解法：如何解析矛盾双方的关系

有问必有答。最难答的问题往往是矛盾的。所以许多读者往往本能地回避文中出现的矛盾。这直接影响到了深度阅读的质量。下面就从矛

盾双方的关系入手，列举一些案例，提供一些思路。

1. 相反相成：彼此的联系，可以化解对立

矛盾双方，也往往是彼此依存、相得益彰的。

希望和绝望看似彼此势不两立，不过两者必须互为前提。只有在希望为前提下，才知这事有多么绝望，而没有绝望一刻这个前提，你也未必知道自己紧握的是奢望还是希望。

生与死就是一组内涵丰富的矛盾，它们往往也是互为前提的。如：脑细胞不死，大脑不活。又如：纠结于死后到底是下地狱还是上天堂的时候，说明你还有幸在人间待着，不知死焉知生，是死增加了生的分量。而生命的重量又往往是在灵魂卸下肉体的时候才能真切地感觉到。

2. 各有侧重：省略了各自的侧重点，也就产生了矛盾的错觉

许多看似矛盾的字词语句，只是省略了各自的侧重点而已。因此，如何补出侧重点和侧重点有哪些类型，就成了值得思考的问题。

案例 53 内涵不同——对“远虑”的两种理解，褒贬不一

> 人无远虑，必有近忧。 ——孔子
>
> 人有远虑，必有近忧。 ——李敖

这两个人的话矛盾吗？未必，关键是怎么理解“远虑”。对未来有理想和规划，就会发现现实处处有为实现它们而亟待解决的问题和步骤；对未来的想法太多、太乱、太虚幻，就会对现实生活造成困扰。可见，两句话中的“远虑”各有所指，一褒一贬。

案例54 前提不同——“坚持”的难易，要看相对什么而言

世间最容易的事是坚持，最难的事也是坚持。

这前后两句话似乎很矛盾。其实，“坚持”的难易，要看相对什么而言：是相对开头还是结果。前者的前提可以是“万事开头难”。而“坚持”已经是开始之后的过程了，相对于开头，便容易了。后者的前提可以是“路漫漫其修远兮”，在过程中“坚持”就难在看不见终点。

案例55 对象不同——是“荒芜”还是“衰败”？就看你是谁

园子荒芜但并不衰败。——史铁生《我与地坛》

还记得《我与地坛》中这句矛盾的话吗？“四百多年里，它一面剥蚀了古殿檐头浮夸的琉璃，淡褪了门壁上炫耀的朱红，坍圮了一段段高墙又散落了玉砌雕栏，祭坛四周的老柏树愈见苍幽，到处的野草荒藤也都茂盛得自在坦荡。”上文的这段描写启示我们解开这组矛盾：“荒芜”是对人类而言的，指的是人类建筑的易朽；“不衰败”是对自然而言的，指的是自然万物的不息。因此，是“荒芜”还是“衰败”？就看你是人类，还是造物主。

案例56 角度不同——追求荒漠的自由，还是追求监狱的安全

一个自由的人，在追赶监狱。——高尔泰《沙枣》

这句话是这篇散文的结语。其中蕴含着矛盾的人生命题。置身荒漠，一方面脱离集体、充实自我；另一方面也因迷路、寒冷、恐惧而面临死亡的威胁。到底是选择个体还是集体的存在方式呢？这是精神自由与生命安全两个角度之间的矛盾。

案例 57 双重定位——张爱玲笔下的癞蛤蟆，既是环境的产物又是叛逆者

> 灰色的癞蛤蟆，在湿烂发霉的泥地里跳跃着；在秋雨的沉闷的网底，只有它是唯一的充满愉快的生气的东西。它背上灰黄斑驳的花纹，跟沉闷的天空遥遥相应，造成和谐的色调。它扑通扑通地跳着，从草窠里，跳到泥里，溅出深绿的水花。
>
> ——张爱玲《秋雨》

癞蛤蟆也是一个矛盾体，跳跃很愉悦，花纹很沉闷。这是为什么？沉闷的秋雨为它提供了“湿烂发霉的泥地”，这在我们看来会感到“这是一沟绝望的死水”，但是站在癞蛤蟆的立场来看，就会发现这是最佳的生活环境，所以它是充满愉快和生气的。

这种愉快和生气，无疑是对沉闷的反戈。其实，对癞蛤蟆的形象定位不止一种，既是环境的产物又是环境的叛逆。这与《一代人》的思维逻辑相似。“黑夜给了我黑色的眼睛，我却用它寻找光明。”由此可以仿写出这样的诗句：沉闷的天空给了我灰黄斑驳的花纹，我却披着它在泥地里跳跃。

案例 58 距离变化——远看是“鲜艳的袈裟”，近闻是“刺激性的猪血”

> 雨静悄悄地下着，只有一点细细的淅沥沥的声音。橘红色的房屋，像披着鲜艳的袈裟的老僧，垂头合目，受着雨的洗礼。那潮湿的红砖，发出有刺激性的猪血的颜色，和墙下绿油油的桂叶成为强烈的对照。
>
> ——张爱玲《秋雨》

为什么房屋的“橘红色”用“鲜艳的袈裟”来形容，而砖的红却用“刺

激性的猪血”来形容？这就要先想想距离的问题了——为什么先写房屋再写砖呢？因为写景的顺序是由远至近（由视觉到嗅觉），由整体到局部。从房屋到砖的观察过程，如果用镜头表现，就像一个由远景全景到近景特写的长镜头。

这种矛盾的产生源于距离的变化。这就像我们看月亮，在地球上赏月觉得如嫦娥的玉面，在绕着月球运行的人造卫星上观测，就觉如老妇的脸一样坑坑洼洼。所以，距离是把双刃剑，产生的未必只有美。

案例 59 心态变化——初见傩送的翠翠，处在幼童和少女之间

在沈从文《边城》中写端午翠翠与傩送初见一章中有两个相反的回答——“是翠翠”和“不是翠翠，不是翠翠”。这两个回答并不矛盾，而解读这两个回答却可以盘活上下文，走进人物的内心。

为什么回答“是翠翠”？因为码头无人，又不习惯身边水手的粗鄙言行，这是对祖父的急切呼唤，这终究还是一个依赖祖父、尚未独立的女童。

为什么回答“不是翠翠”？联系上一句“翠翠不理会祖父”可知，“不是翠翠”是因为祖父没按照约定来接翠翠而赌气，这依旧是一个女童的脾气。不过，联系下一句“翠翠早被大河中鲤鱼吃去了”，说明傩送的形象已经随着傩送的话（“回头水里大鱼来咬了你，可不要叫喊”）走进了翠翠的内心世界。“不是翠翠”也是因为翠翠情窦初开，有了心事，正在向着少女的阶段成长，不完全是原来那个叫“翠翠”的、心里只装着祖父一人的、无忧无虑的稚嫩女童了。

3. 有主有次：矛盾双方的地位未必对等

矛盾双方，地位有差；彼此之间，有主有次。主次之间，往往此消彼长；次之于主，往往以此注彼。

案例 60　互为消长——好奇心和安全感的比例

烫痛过的孩子仍然爱火。——王尔德

为什么仍然爱火？因为主语仍然是“孩子”——“爱”字之中好奇心依旧在。可谓“不怕伤害才是真爱”。与“孩子”相对的是“成人”，这就形成了这句话的“参照物”——“烫痛过的成人往往怕火”，一个“怕”字里藏着一种安全感。原来这是好奇心和安全感之间的矛盾。

作为矛盾，双方可以有主次，但应是并存的。只有好奇心，说明还未降生危机四伏的人间。只有安全感呢？死了最安全，不再怕被烫痛——死猪不怕开水烫。所以，在孩子身上，不是只有好奇心，而是好奇心高于安全感。

这就引出了更深的思索，烫痛过的孩子仍然爱火，但是其好奇心和安全感的比例还和烫痛前一样吗？那么烫痛前是 9 : 1，烫痛后会不会变成 8 : 2，第二次烫痛后会不会变成 7 : 3……有一天变成 1 : 9？如果能窥见这种“仍然”下的量变，那么谁还能放心童心的永驻？当安全感与好奇心五五开时，孩子往往就“质变”为了健全的成人。但当比例为 1:9 的时候，就不再是“质变”，而是“变质”了，这是意义“贫血”的人生。

案例 61　以此注彼——天真烂漫的童心反衬出了明哲保身的机心

刚要寻别的姊妹去，忽见前面一双玉色蝴蝶，大如团扇，一上一下迎风翩跹，十分有趣。宝钗意欲扑了来玩耍，遂向袖中取出扇子来，向草地下来扑。只见那一双蝴蝶忽起忽落，来来往往，穿花度柳，将欲过河去了。倒引的宝钗蹑手蹑脚的，一直跟到池中滴翠亭上，香汗淋漓，娇喘细细。宝钗也无心扑了，刚欲回来，只听滴翠亭里边喊喊喳喳有人说话。原来这亭子四面俱是游廊曲桥，盖造在池中水上，四面雕镂槅子糊着纸。

宝钗在亭外听见说话，便煞住脚往里细听……

宝钗在外面听见这话，心中吃惊，想道："怪道从古至今那些奸淫狗盗的人，心机都不错。这一开了，见我在这里，他们岂不臊了。况才说话的语音，大似宝玉房里的红儿的言语。他素昔眼空心大，是个头等刁钻古怪东西。今儿我听了他的短儿，一时人急造反，狗急跳墙，不但生事，而且我还没趣。如今便赶着躲了，料也躲不及，少不得要使个'金蝉脱壳'的法子。"犹未想完，只听"咯吱"一声，宝钗便故意放重了脚步，笑着叫道："颦儿，我看你往那里藏！"一面说，一面故意往前赶。那亭内的红玉坠儿刚一推窗，只听宝钗如此说着往前赶，两个人都唬怔了。宝钗反向他二人笑道："你们把林姑娘藏在那里了？"坠儿道："何曾见林姑娘了。"宝钗道："我才在河那边看着林姑娘在这里蹲着弄水儿的。我要悄悄的唬他一跳，还没有走到跟前，他倒看见我了，朝东一绕就不见了。别是藏在这里头了。"一面说一面故意进去寻了一寻，抽身就走，口内说道："一定是又钻在山子洞里去了。遇见蛇，咬一口也罢了。"一面说一面走，心中又好笑：这件事算遮过去了，不知他二人是怎样。

谁知红玉听了宝钗的话，便信以为真，让宝钗去远，便拉坠儿道："了不得了！林姑娘蹲在这里，一定听了话去了！"坠儿听说，也半日不言语。红玉又道："这可怎么样呢？"坠儿道："便是听了，管谁筋疼，各人干各人的就完了。"红玉道："若是宝姑娘听见，还倒罢了。林姑娘嘴里又爱刻薄人，心里又细，他一听见了，倘或走露了风声，怎么样呢？"

——曹雪芹《红楼梦·第二十七回》

薛宝钗在滴翠亭的所想所言体现了心思缜密的一面。比如对一个四等丫鬟的性格都如此了解，说明薛宝钗洞悉贾府人心十分全面，非常留意在贾宝玉身边的情报和人际关系。又如编造林黛玉蹲在滴翠亭下的细节，主观上逼真可信，明哲保身，撇清自己；客观上误导人心，嫁祸于人，抬高自己。

可在回来的路上，为什么要安排薛宝钗扑两只玉色大蝴蝶的情节？其实这是“背面敷粉，注此写彼”，用宝钗在此刻自然流露的天真活泼作为陪衬，使得下文中宝钗心思缜密的主要形象特征更加鲜明。在心思缜密中还能偶尔显现未泯灭的天真烂漫，这才是本阶段的薛宝钗。

作者为什么要设计一对玉色大蝴蝶呢？两只玉色蝴蝶让人联想到了名字中都有“玉”又不避嫌的兄妹——宝玉和黛玉，宝钗扑来玩要而不得，既说明其无法插足宝黛二人的感情世界，也说明宝钗的悲剧性：童心被机心压制，只是偶尔泛起；有脱俗如玉的潜意识，但终究为世俗如金的意识所操控。

是的，薛宝钗的这份天真烂漫随着小说情节的发展，终究是变得越来越少。从整个小说来看，作者不仅把薛宝钗写成了有血有肉的矛盾体，而且通过矛盾两面的消长写出了薛宝钗的人格变化过程。的确，有血有肉的人应该是对立的统一，应该是变化的过程。

第四讲　切！最牛的庖丁能解鸡

许多老师，在批改学生的阅读作业时，会检查学生是否留下阅读痕迹，其中就有段与段、句与句，甚至语句字词间的分层符号——“斜杠君”。

显然，分层是解读文本思路的标配。如果把一篇文比作一头牛，那么读者就需要成为一名能解牛的庖丁。如果读者能够“游刃有余”，那么不仅说明了他切层很有效、很出色，而且也说明了他已经透视了这头牛的骨、肉、筋、脉的构造，即文脉。而在面对一头牛的时候，读者也往往会产生庖丁的意识——那是因为牛大。

但是，当面对的不是一篇长文，或是已经给长文分层之后，许多读者就会掉以轻心，囫囵吞枣。他们的潜意识往往在念叨着一句俗话："杀鸡焉用牛刀？"在他们眼中，分层只等于把文分成段，庖丁的任务到解牛为止，而一段话、一句话，乃至一个词语只是一只只鸡，甚至是像麻雀一般大的小鸡。可殊不知还有一句俗话："麻雀虽小，五脏俱全。"而切开这只小鸡，往往能窥见另一番景象，犹如一粒米中的须弥山。

所以，将分层进行到底，还要学会用牛刀杀鸡。

一、分层所向：分层不知有纵横，如何纵横文本间

如何才能将层分得细致准确？这就要考虑分层的取向：横向、纵向，还是纵横交错？

1. 横向分层：当文本各层平行展开的时候

如果各个层次处在同一个平面上，这就是横向，就要考虑各层是从哪些方面平行展开的。归纳出展开的方面很关键。

案例 62 分法多样——上阕按朝、野分，下阕按敌、我分

千古江山，英雄无觅，孙仲谋处。舞榭歌台，风流总被，雨打风吹去。斜阳草树，寻常巷陌，人道寄奴曾住。想当年，金戈铁马，气吞万里如虎。

元嘉草草，封狼居胥，赢得仓皇北顾。四十三年，望中犹记，烽火扬州路。可堪回首，佛狸祠下，一片神鸦社鼓。凭谁问，廉颇老矣，尚能饭否？

——辛弃疾《永遇乐·京口北固亭怀古》

这首词借古喻今、讽今、伤今，可谓怀古诗词中的经典。不过，全词处处用典，举了孙权、刘裕、刘义隆、拓跋焘、廉颇等人的典故，却

为许多读者讥为“掉书袋”。那么，作者用典到底算泛滥还是算丰富呢？要回答这个疑问，不如先从横向分层去看看，是否能归纳出各有侧重的方面。

上阕举了孙权和刘裕来隐喻时事，就是“英雄无觅”。“舞榭歌台”、“寻常巷陌”可以概括成朝、野两方面，辛弃疾其实想说：“现如今，朝堂找不到孙权，民间找不到刘裕：朝野都英雄无觅！”

下阕其实继续在寻觅英雄，扩大到我、敌两方面。“封狼居胥”、“仓皇北顾”，借刘裕之子刘义隆讽喻我方找到的都是好大喜功的竖子——伪英雄；“佛狸祠”、“神鸦社鼓”，借拓跋焘讽喻受人敬畏的真英雄，只能到异族敌方去找。

无论是上阕的朝、野分层，还是下阕的我、敌分层，终究是为作者自己做铺垫，为了借廉颇衬托出比廉颇还悲剧的自己。虽然因郭开的谗言，老英雄廉颇终究未被启用，但是好坏赵王派使者过问过。那自认为是老英雄的自己呢？“凭谁问”——连过问的人都没有。因此，“英雄无觅”，未必是我方朝野皆无英雄，或者英雄都在敌方，实在是竖子当道，英雄空老，无人过问。

综上所述，上阕分朝野上下，下阕分我敌双方，都是不同分类的横向分层。而这两次横向分层并不雷同，而是各有侧重地烘托出作者的心境：寻寻觅觅，冷冷清清，凄凄惨惨戚戚。

案例 63　分分合合——一加一加一加一加一等于五，二加三也等于五

凤姐听说，又急又愧，登时紫涨了面皮，便依炕沿双膝跪下，也含泪诉道：“太太说的固然有理，我也不敢辩我并无这样的东西。但其中还要求太太细详其理：那香袋是外头雇工仿着内工绣的，带子穗子一概是市卖货。我便年轻不尊重些，也不要这劳什子，自然都是好的，此其一。二者这东西也不是常带着的，我纵有，也只好在家里，焉肯带在身上各处去？况且又在园里去，个个姊妹我们都肯拉拉扯扯，倘或露出来，不但在姊

妹前，就是奴才看见，我有什么意思？我虽年轻不尊重，亦不能糊涂至此。三则论主子内我是年轻媳妇，算起奴才来，比我更年轻的又不止一个人了。况且他们也常进园，晚间各人家去，焉知不是他们身上的？四则除我常在园里之外，还有那边太太常带过几个小姨娘来，如嫣红翠云等人，皆系年轻侍妾，他们更该有这个了。还有那边珍大嫂子，他不算甚老外，他也常带过佩凤等人来，焉知又不是他们的？五则园内丫头太多，保的住个个都是正经的不成？也有年纪大些的知道了人事，或者一时半刻人查问不到偷着出去，或借着因由同二门上小幺儿们打牙犯嘴，外头得了来的，也未可知。如今不但我没此事，就连平儿我也可以下保的。太太请细想。”王夫人听了这一席话大近情理……

——《红楼梦·第七十四回》

凤姐受到邢夫人诬陷和王夫人的责难，情急之下却能从容地分辩。为了说明绣春囊非己所有，她从五个方面展开：一是材料做工，绣春囊是外工卖货，不是内工定制，她根本瞧不上；二是放置地点，绣春囊是闺中的情趣用品，出现在户外异常；三是年龄范围，奴才中也有年轻人；四是游园人群，入园的除了荣国府的，还有宁国府的侍妾们；五是进货渠道，园内的丫鬟也有弄到绣春囊的渠道。

不过，五方面不能简单地理解成五层。分层的“分”往往是分中有合，合中有分。前两个方面可以先合为一点——绣春囊本身的特点，然后再横向分为材料做工和放置地点两层；后三个方面可以合成一点——相关的可疑人群，然后再横向分为奴才、侍妾、丫鬟三层。

这也就是说，这五方面不是“一加一加一加一加一”的结构，而是“二加三”结构。而“二”正是为“三”提供了依据：绣春囊的材质说明非“私人订制”，也就将可疑人群转移到了正经主子之下的阶层；出现的地点却不在“私密空间”，说明可疑人群要么是宁国府的外来者（宁国府的风气本就是淫乱的），要么是园内缺乏私人空间的奴才、丫鬟。

2. 纵向分层：当文本各层递进展开的时候

各层的排列往往有先后、表里、主次，这就是纵向分层。而为了能够产生层层深入的效果，纵向分层很讲究各层的排列顺序。

案例 64　层层纵深——貌似先公后私，其实由表及里、由次到主

> 倒只剩了三姑娘一个，心里嘴里都也来的，又是咱家的正人，太太又疼他，虽然面上淡淡的，皆因是赵姨娘那老东西闹的，心里却是和宝玉一样呢。比不得环儿，实在令人难疼，要依我的性早撵出去了。如今他既有这主意，正该和他协同，大家做个膀臂，我也不孤不独了。按正理，天理良心上论，咱们有他这个人帮着，咱们也省些心，于太太的事也有些益。若按私心藏奸上论，我也太行毒了，也该抽头退步。回头看了看，再要穷追苦克，人恨极了，暗地里笑里藏刀，咱们两个才四个眼睛，两个心，一时不防，倒弄坏了。趁着紧溜之中，他出头一料理，众人就把往日咱们的恨暂可解了。
>
> ——《红楼梦·第五十五回》

这段话是王熙凤对平儿说的，主要说了选择探春理家的理由。

一方面是就探春本身的优势来讲，可以分成两小层：先说心思口才、身份资格；再说亲疏方面——受到王夫人疼爱。一言以蔽之，探春是能人、正人，更关键的是自己人。

另一方面是从探春对己方的好处来讲，又可以分成两小层：于公多个臂膀，也让王熙凤、王夫人省心；于私，转移了视线，暂解众人对王熙凤、平儿的怨恨。值得注意的是，王熙凤并没有直接说对自己有益，而是表现出替己方阵营上上下下考虑，不忘扯上王夫人——“于太太的事也有些益”，又拉上平儿——“咱们”。不过一句“我也不孤不独了”，还是暴露了王熙凤的心思——根本上思考的还是对自己有益。

总之，无论哪方面，王熙凤的心、口是相反的：嘴巴上的顺序虽是先公后私，却只是对私心为主的掩饰，透过由公到私的论说，恰恰能读出一个由表及里、去伪存真的过程。

3. 纵横交错：方方面面，循序渐进

横向分层，显得丰富；纵向分层，显得深入：既丰富又深入，那就是纵横交错了。

案例 65　纵横驰骋——且听他从“亡郑”说到“舍郑”，从过去说到未来

> 秦、晋围郑，郑既知亡矣。若亡郑而有益于君，敢以烦执事。越国以鄙远，君知其难也，焉用亡郑以陪邻？邻之厚，君之薄也。若舍郑以为东道主，行李之往来，共其乏困，君亦无所害。且君尝为晋君赐矣，许君焦、瑕，朝济而夕设版焉，君之所知也。夫晋，何厌之有？既东封郑，又欲肆其西封，若不阙秦，将焉取之？阙秦以利晋，唯君图之。
>
> ——《左传·僖公三十年》

靠着这段话，郑国大夫烛之武不仅说服秦穆公单方面退兵，迫使晋文公也只能退兵，而且还让晋国的盟友秦国转而与郑国结盟，改变了国际格局。这段说辞之所以成功说服秦穆公，许多读者认为是烛之武懂得换位思考，站在秦国的立场考虑问题。其实，这只是让对方继续“听下去”的条件，要让对方“听进去”，还要靠丰富而深入的论述。

这段话从秦国立场出发，首先可以分为两大层，第一大层从秦郑关系这个方面分析利害，第二大层从秦晋关系这个方面分析利害。

第一大层又可以分为两小层，从“亡郑”、“舍郑”两方面假想，并晓以利害。从“亡郑”说到“舍郑”，顺序是有讲究的，一言以蔽之，就是从“晋国对你没那么好”说到“楚国对你没那么差”，使得秦远离晋，靠近楚，至少是在晋楚争霸中保持中立。

第一小层说“亡郑”只对晋国有利，对秦国有害无益。“越国以鄙远，君知其难也。”秦国跟晋国一起灭郑分地，得到的只是一块不保险的飞地——远离本土、隔着晋国。烛之武措辞含蓄，没有明说“越”的是哪个“国”，也没明说守住这块飞地“难”在哪，随时都会被哪个国家抢走，只是引导秦穆公去想——你懂的（“君知”）。显然，作为说客的身份，烛之武要是一上来就点明是晋国，只会让秦穆公怀疑烛之武在离间秦晋关系，毕竟这段话还未进入佳境，秦晋关系是绕不开的，但是必须放在后面说。这就叫：你来说，只会越说越可疑；让他想，才会越想越可怕。顺便说一句，烛之武假设“亡郑”的“剧本”，倒是在近代欧洲隆重上演了。普鲁士联合奥地利从丹麦手中夺取了石勒苏益格–荷尔斯泰因，并分别管理，可仅仅在 18 个月后，普鲁士就打败奥地利独自占有了该地，而和秦国一样，奥地利与该地也并不接壤。

第二小层说“舍郑”（放过郑国），郑国可以成为秦国通往东方道路上的主人（“东道主”），对秦国有好处——“行李之往来，共其乏困”。很多读者就看不懂了，就给使者（“行李”借指）歇歇脚算什么好处？这就要联系这篇文字的开头——“晋侯、秦伯围郑，以其无礼于晋，且贰于楚也。”郑国夹在晋楚争霸间，只能“贰”，与双方都保持关系。“东道主”经过郑国往东去哪？“行李之往来”，和谁往来？楚国。也就是说，郑国可以作为秦楚联系的渠道——其实也含蓄地告诫秦穆公，打狗也要看主人，郑国背后有楚国。而秦楚，并不像晋楚那样水火不容，中间是有余地的——秦国有必要把自己绑上晋国的战车，与楚交恶吗？

当然是没必要，接下来，第二大层就回答了这一点。烛之武论秦晋之间的利害关系，又从过去和将来两方面分层：第一小层旧事重提，触及秦伯的恨处，说明晋国过河拆桥、忘恩负义的本性；第二小层着眼于秦晋将来的关系，强调晋国本性贪得无厌，必然“阙秦”（损害秦国利益）。这两层的语序除了从过去说到将来，还有其他方面的讲究。比如“设版”（修筑防御工事）说明晋国“防秦”，并没有盟友间的信任，于是下一小层的“阙秦”就很可信——从“防着你”到“干掉你”，关系进一步恶化。又如“许君焦、瑕”并没有兑现，可见晋文公多么在乎土地，甚至可以失掉诚信，于是，下一小层说晋国对土地的贪婪（“夫晋，何厌之有？”）就顺理成章了——从“地不能少”到“地不嫌多”，胃口越来越大。

总之，纵横交错是文脉的常态，既有方方面面，又有循序渐进。

二、分层所重：以文为本是根本，文体意识要兼顾

分层，就像给文章切脉一样。除了要有文本意识，分层还要注意对象的文体。而不同的文体可以写同一个写作对象（人、事、物、景、情、理等），但是表达方式（记叙、描写、议论、抒情）却各有特色。因此，下面主要按表达方式来举例说明分层。

1. 叙述分层：注意叙述的对象、线索、方式

（1）以人为本：按叙述的对象分层

如果是小说，文本在叙事时就要考虑情节的分层，而给情节分层首先要以“人”为本，考虑文本中叙述的对象——人物形象或者人格化的物象。如果文中重要的对象不止一个，那就要在分层的过程中，弄清之间的关系，以及各自在文本中的地位、意义。

当然，除了小说，叙事散文有时也会有情节，分层也要考虑对象。例如刘志成的散文《怀念红狐》就可以根据人与狐两个对象，将事件的发展分为：沙丘遇狐、红狐偷鸡、捕狐未遂、扒窝取崽、红狐哀嚎（挟崽

归家）、红狐求崽、释崽还狐。

案例 66 分出主次——妻子是主角，丈夫是配角

沃尔夫冈·博歇尔特的小说《面包》的主要情节可以分为四层：妻子发现丈夫凌晨在厨房；妻子仔细观察后发现丈夫偷面包；妻子在对话中没有揭穿丈夫的谎言；第二天妻子找借口把自己的面包匀给丈夫。

其实，小说中间还有丈夫说谎以及关心妻子的情节。当然，这是次要情节。这篇小说虽在妻子和丈夫两个人物间展开，但是是有主次的。这篇文章虽然表现了饥荒年代人们之间的关爱，但是主要表现了妻子这一方对丈夫的理解关爱，以及对丈夫尊严的维护，所以以妻子为主来分层更合理也更清晰。

案例 67 交替出现——女儿代言了父亲一半的形象

不过，也有两个人物交替分层的，比如汪曾祺的《侯银匠》，虽然以“侯银匠”为标题，中间却有很多部分在写女儿侯菊。全文除了开篇两段用来引出情节的介绍之外，可分为婚前和婚后两大部分。婚前又分为：侯银匠选女婿、打陪嫁首饰，女儿要旧花轿并改装一新；婚后又分为：女儿留下并出租花轿、做饭能调众口、成为粮行陆家的当家媳妇，侯银匠喝慢酒消磨孤独的夜晚。

不过，仔细看来，这对相依为命的父女只是分担了“侯银匠”这个人物的两种形象。侯银匠的父爱，主要通过侯银匠“本身”来体现；侯银匠的匠心，却主要通过女儿这个心灵手巧的“分身”来体现，正所谓有其父必有其女。于是，通过“本身”和“分身”的分工协作，人的两面更容易兼顾，同样让人印象深刻。

类似的手段，其他文体中也有体现，李白《送友人》的尾联“挥手自兹去，萧萧班马鸣”便是典型。在送别友人时，其实李白既有旷达之情，又有难舍之意。但是在友人面前，李白作为主人公本身，用外在动作“挥手”表现旷达洒脱，而同时又借“班马”（离群的马）这个分身，含蓄地表现自己依旧依依不舍的内心。那为什么偏偏要让本身表现旷达洒脱这一面呢？还是为了让友人放心离去——“我很好，你走吧”。而这

里的友情便体现在替对方着想，而非为自己想去留住对方。

案例 68 并行交融——华、夏两家的明暗双线

此外，还有两个对象并行交融，形成明暗双线的，比如鲁迅的《药》。小说按照时间分为四层：秋天后半夜、当天早上、当天上午、第二年清明。在这四层中，明暗双方，并行交织。

明线可以将四层概括为：华老栓到刑场买“药”、小栓在茶馆吃“药”、茶客在茶馆谈“药”、华大妈为小栓上坟。暗线又可将四层概括为：夏瑜在刑场就义流的血被交易、夏瑜的血被小栓当药吃、夏瑜被茶客当谈资、夏四奶奶给儿子上坟。从各线各层的主语可知，这不只是华老栓和夏瑜两个人的事，还有华大妈、小栓、夏四奶奶等，这明暗双线是由华、夏两家人构成的。

明线突出群众的愚昧、麻木，暗线揭示革命者不被群众理解的悲哀。两条线在前三层并行，到两个老妇各给儿子上坟相遇，结在一处，突出了革命者最大的悲哀不在于因拯救民众被屠杀，而在于牺牲的意义不被民众理解，甚至是自己的亲人。

（2）找出线路：按叙述的线索分层

其实，无论情节的有无，在小说、散文、诗歌中，都存在着记叙。只要是叙述类文本，分层把脉就必须考虑线索，比如事态发展、时空转移、心情走向等。

案例 69 事态发展——从“汉将”到“征人”，事态在恶化，感情在升华

汉家烟尘在东北，汉将辞家破残贼。男儿本自重横行，天子非常赐颜色。

摐金伐鼓下榆关，旌旆逶迤碣石间。校尉羽书飞瀚海，单于猎火照狼山。

山川萧条极边土，胡骑凭陵杂风雨。战士军前半死生，美人帐下犹歌舞。

大漠穷秋塞草腓，孤城落日斗兵稀。身当恩遇恒轻敌，力尽关山未解围。

铁衣远戍辛勤久，玉箸应啼别离后。少妇城南欲断肠，征人蓟北空回首。

边庭飘飖那可度，绝域苍茫更何有。杀气三时作阵云，寒声一夜传刁斗。

相看白刃血纷纷，死节从来岂顾勋。君不见沙场征战苦，至今犹忆李将军。

——高适《燕歌行》

这首诗除了最后两句是作者抒发感慨外，叙述的部分以战事的发展为转移，可以分成四层。前两层各八句，写的对象是“汉将”：恃宠出征、战败被围。后两层中，第三层为八句，第四层为两句，写的对象是“征人”：相望绝望、死战殉节。从对“汉将”到“征人”的叙述，事态在恶化——当然，感情却在升华。总之，这首诗提醒我们，在情节的发展中，写作对象未必一个到底，也可能是从一个写作对象到另一个写作对象的“接力赛”。

案例 70　时空转移——听雨之时，听雨之处，听雨之悟

少年听雨歌楼上，红烛昏罗帐。壮年听雨客舟中，江阔云低，断雁叫西风。

而今听雨僧庐下，鬓已星星也。悲欢离合总无情，一任阶前点滴到天明。

——蒋捷《虞美人·听雨》

这首词不仅以时间为转移，而且空间也在转移。“少年”（青年）、“壮年”、“白头”（晚年），分出了蒋捷的人生阶段。“歌楼”、“客舟”、“僧庐”，不仅是空间的转移，而且也写出了生活状态是如何随着家国形势变化的。

“歌楼”是大厦将倾前的狂欢处——“红烛昏罗帐”。“客舟”是天下动荡时的颠沛处——“断雁叫西风”。“僧庐”是化外之地，对于前朝老遗民而言，身心早已不堪面对河山为异族统治的现实，这里便是身心的寄存处。

这首诗犹如一出三幕剧，听雨的三个时间和空间，则为听雨之悟提供了三幅背景，而前两幅是第三幅的铺垫。在第一幕中，作者是在歌楼中听雨，最是“红烛”和“罗帐”间的一个“昏”字，写出了醉生梦死的状态和交合欢愉的场景。在第二幕中，作者是在客舟中听雨，一个“断”字写出了悲怆孤苦的心境和流离失所的状态。

可是，在前两幕中，作者听见的何曾是真正的雨声！抑或说是在“听雨不是雨”的阶段。少年时听雨，听到的只是歌楼中、罗帐里的欢声笑语而已；壮年时听雨，听到的只是“断雁”的叫声而已（为什么是“断雁”而非“孤雁”？被迫和谁“断”了联系？很可能是第一幕中的歌楼情人）。“悲欢离合总无情”——客观的雨声中本没有悲欢离合之声！“一任阶前点滴到天明”，一个“任”字背后也许有一颗禅心在萌发，让作者产生放下“悲欢离合”的执着。也只有到了“鬓已星星”的年龄，也只有经历了“悲欢离合”，作者才会如此纯粹地听着雨，达到“听雨是雨”的境界。不过，“僧庐”终究只是作者心灵的寄存处，而非安放处。任凭听雨变得多么纯粹，作者终究没有放下最后，也是最终的执着，那就是听雨“点滴到天明”，这是凡心不灭的真实人性。因此，“听雨僧庐下”是一种半僧半俗的状态，正所谓“禅心初生，凡心不灭”。

案例71 心情走向——无眠、无望、无寄，从哀怨、孤独到怅惘

槛菊愁烟兰泣露，罗幕轻寒，燕子双飞去。明月不谙离恨苦，斜光到晓穿朱户。

昨夜西风凋碧树，独上高楼，望尽天涯路。欲寄彩笺兼尺素，山长水阔知何处？

——晏殊《蝶恋花》

“明月不谙离恨苦，斜光到晓穿朱户”——月光一直照到“我”天亮，“我”怎么睡得着；月亮啊，你不知道离别有多苦，你怎么代表得了“我”的心？显然主人公把月亮当作对话、对视的对象，似乎在埋怨月亮帮了倒忙，非但没有慰藉离恨，成为一粒安眠药，反而使其更无法入眠。

“昨夜西风凋碧树，独上高楼，望尽天涯路。”下阕的前半部分，无眠的主人公在干一件事——“望”。昨夜的西风，使得一树的碧绿（叶子）凋落，这对于“望”而言其实是好事，少了许多遮蔽；“上高楼”，可以“望”得更远。可是这一切都归于徒劳——“望尽天涯路”，“尽”带来的是一种“无望”，望到天边也没有望见那个人。无人可望，这就是孤独。其实，孤独早已注定，“独上高楼”的“独”便暗示了这一点——还是不死心啊。

“欲寄彩笺兼尺素，山长水阔知何处？”“望”是徒劳的，主人公却并未就此放下离恨。下阕的后半部分，无望的主人公在干一件事——“寄”。寄信就要有地址，地址在哪？“山长水阔知何处？”写了信往哪寄？根本无处可寄——这种惆怅中带着迷惘。

因此，眠而不得则望，望而不得则寄，寄而不得则……主人公在“离恨”的苦海中挣扎，或望或寄，一次次归于徒劳，心也从哀怨走入了孤独，又从孤独走入了怅惘。

2. 描述分层：从表层切出一条条通向意蕴的细缝

描写有写景物，有写人物。阅读它们，则不能只流连于这美丽的表层。终究还是要由外而内，透过表层读到更美的意蕴。怎么透过这些表层呢？最直接的手段就是切开。描写的文字是细腻的，所以切分和“品尝”也要细腻才行。细切越是丰富，表层的“缝隙”也就越多，里面的“味道”也就被巧妙地释放了出来。

（1）写景分层：是移“目”换景，还是移“步”换景

如果文本在写景，分层要考虑这些景象是移“目”所见，还是作者移“步”所见。

案例 72 移“目”换景——注意写景的角度与顺序

对潇潇暮雨洒江天，一番洗清秋。渐霜风凄紧，关河冷落，残照当楼。是处红衰翠减，苒苒物华休。唯有长江水，无语东流。

不忍登高临远，望故乡渺邈，归思难收。叹年来踪迹，何事苦淹留？想佳人，妆楼颙望，误几回、天际识归舟。争知我，倚栏杆处，正恁凝愁！

——柳永《八声甘州》

这首词的上阕寓情于景，下阕情景交融。

上阕写景四句可以分为两层：前两句写高处、远处，后两句写低处、近处。因此上阕的写景顺序是由高到低，由远到近。

下阕前两句先从正面自问，后两句再从对面的佳人写来。对面两句又是一句一小层：第一句写“妆楼颙望归舟”的虚景，“误几回”让人感觉这幕虚景不止一次，似乎是真实的，这就是化虚为实了；第二句中的“倚栏杆处，正恁凝愁”本是实景，但是加了个“争知我”，也就成了“我”从对面佳人反观“我”的所做所感，运用了化实为虚的写法。于是，下阕的层次可以概括成：“我”怎么看“我”，“我”怎么看佳人，“我”看佳人怎么看“我”。

总之，在给移“目”换景的文本分层时，特别要注意动静、虚实、远近、高低、点面，以及正面、侧面、对面等写景的角度与顺序，以及它们由此到彼的渐变与彼此之间的转化。

案例 73 移“步”换景——走心观花，美的提纯，试看凤姐独行的奢侈

“一切景语皆情语”，情感的抑扬、趣味的美丑，读者往往要透过层层的外在景象去品读。《红楼梦》第十一回中就有这样一段既赏景又赏心

的文字：

> 黄花满地，白柳横坡。小桥通若耶之溪，曲径接天台之路。石中清流激湍，篱落飘香；树头红叶翩翻，疏林如画。西风乍紧，初罢莺啼；暖日当暄，又添蛩语。遥望东南，建几处依山之榭；纵观西北，结三间临水之轩。笙簧盈耳，别有幽情；罗绮穿林，倍添韵致。

这段景物描写发生在王熙凤一个人的行走时刻，属于移步换景。王熙凤刚刚探望了久病不愈的秦可卿，正在往听戏的地方去。视觉、嗅觉、听觉、触觉交织、参差着，初读这段文字，很容易形成这样的印象，似乎会被文字表层丰富的感官变化所迷，以至于所惑。这段文字何止于此？以景色的变换，写心情的抑扬、意趣的升华，才是这段文字的妙处。

刚离开重病的闺密秦可卿，凤姐伤感的惯性还在，心情是压抑的，体现在视觉上的伤感——“黄花满地，白柳横坡”，真是满目凄凉。而结尾的“笙簧盈耳”，则暗示读者听戏的地方不远了，或者说离秦可卿处远了。“别有幽情”、“倍添韵致”说明凤姐的伤感已经转变成了美感，心情也随之舒畅愉悦。而在首尾之间，则是由伤感向美感的过渡。比如：“篱落”、“疏林”、“西风乍紧”，是凄凉；“飘香”、“如画”、“暖日当暄”，是优美。因此，这段话是由凄开始，经历了凄美交织，最终提纯为美。

不过，这种美不是现成的，而是凤姐调制出的一瓶“鸡尾酒”：凤姐的听觉并没有满足于“笙簧盈耳”，而是在此基础上“倍添”了“罗绮穿林”的声韵。文本中的“罗绮”，简直就是自我意识、审美意趣的试金石。炫耀给别人或镜子看的话，往往满足于“罗绮”的视觉效果；为了自己舒适才穿的话，往往满足于“罗绮”的触觉感受：这两种都是从实际用途上出发的。凤姐的感官却错位了，她竟然在欣赏“罗绮”的听觉效果——这是“无用之用”。因此，较之前两者，“罗绮穿林”更有美学意义。再看凤姐，大部分时间是前呼后拥的公众人物，比起繁华热闹，这一刻的悠然独行才是奢侈。在独处的时候，凤姐才暂时卸下了“公众人物”的脸谱和世俗的价值观，自我和审美意识才得以喘息片刻。

可惜的是，随着剧情的展开，十八岁的凤姐也越来越进入贾府管理者的角色，奢侈的一刻都几乎绝迹了。凤姐是体制的维护者，却更是受害者。排满的日程表，让她再也无缘与体制外的美丽自我相会。

（2）写人分层：出现几种描写有分层的必要，出现一种也有分层的价值

外貌（或神态）、动作、语言、心理，往往是描写人物的常用方法。如果出现几种描写，当然要先分成几层来读出侧重点。不过，要是出现一种描写，也往往值得细分，这样才能读出更丰富的形象、性格、心理等。

案例74 多层多“面”——凤姐到底有多少张面孔？尽在这段对话中

> 凤姐听了这话，便发了兴头，说道：“你是素日知道我的，从来不信什么是阴司地狱报应的，凭是什么事，我说要行就行。你叫他拿三千银子来，我就替他出这口气。”老尼听说，喜不自禁，忙说：“有，有！这个不难。”凤姐又道：“我比不得他们扯篷拉牵的图银子。这三千银子，不过是给打发说去的小厮作盘缠，使他赚几个辛苦钱，我一个钱也不要他的。便是三万两，我此刻也拿的出来。”老尼连忙答应，又说道：“既如此，奶奶明日就开恩也罢了。”凤姐道：“你瞧瞧我忙的，那一处少了我？既应了你，自然快快的了结。”老尼道：“这点子事，在别人的跟前就忙的不知怎么样，若是奶奶的跟前，再添上些也不够奶奶一发挥的。只是俗语说的，‘能者多劳’，太太因大小事见奶奶妥贴，越性都推给奶奶了，奶奶也要保重金体才是。”一路话奉承的凤姐越发受用，也不顾劳乏，更攀谈起来。
>
> ——曹雪芹《红楼梦·第十五回》

这段对话如果细细分层，可以看出凤姐人性中的好多面。这段话主要是由凤姐和老尼三回合的对话构成，其中凤姐的话为主，老尼的话（尤其是奉承的话）起到了映衬或补充作用。所以首先可以将凤姐在对话中的三段话分为三大层。但是每个大层中反映出的面还是很丰富复杂的，必须继续数着句号甚至逗号细分。

> 你是素日知道我的，从来不信什么是阴司地狱报应的，凭是什么事，我说要行就行。你叫他拿三千银子来，我就替他出这口气。

凤姐说的第一段话有两个句号，可以先分成两小层。而第一个句号里还可以分出更小的两层。在第一个句号中，“从来不信什么是阴司地狱报应的”，可见凤姐并没有宗教信仰和道德底线，这样的人往往胆大妄为，心狠手辣；“我说要行就行”，这话的口气似乎很强势、很自信。那不信神的凤姐信的是自己吗？老尼在后面奉承她说：“太太因大小事见奶奶妥贴，越性都推给奶奶了。”显然，凤姐相信的是手上的权力，是权力让她强势。她受用这样的奉承，说明她权欲很强。在第二个句号中，“三千银子”脱口而出，不仅可以看出凤姐的干脆、心直口快，而且可见其贪婪、利欲熏心。

> 比不得他们扯篷拉牵的图银子。这三千银子，不过是给打发说去的小厮作盘缠，使他赚几个辛苦钱，我一个钱也不要他的。便是三万两，我此刻也拿的出来。

凤姐说的第二段话有三个句号。在第一个句号里，心直口快、急着要价的凤姐想要极力挽回自己贪财的形象，可见其虚伪。在第三个句号中，用“三万两”炫富，不仅是在继续掩饰贪财，而且也是虚荣的表现。凤姐急着要“三千银子”，但是又怕“三千银子”的定价反而被人推算出自己的身家（之前冷子兴已经从贾府繁荣的表面看出了衰败的底子，经济状况恶化必然影响到其中的每一个人，管家的凤姐自然特别敏感），被人看破看低——三千银子都这么急着要。因此也就喊出了随身都有“三万两”的零花钱，来撑住自己的面子，遮住贾府的底子。而第二个句号不仅是补充说明第一个句号的内容——自己不贪图这笔钱，而且也为了衬托第三个句号的内容——三千银子还只是手下小厮的盘缠而已，自己的身家对方可想而知。

> 你瞧瞧我忙的，那一处少了我？既应了你，自然快快的了结。

凤姐说的第三段话又可以分为两层。“你瞧瞧我忙的”潜台词是“你瞧瞧我能的”，可见凤姐是个喜欢逞能的人，“那一处少了我”后面也似乎省略了一个“管”字，凤姐是个存在感过于强烈的人，这种存在感往往是通过逞能弄权来实现的。前面的“我说要行就行”也能说明凤姐逞能弄权这一点。所以老尼姑马上奉承凤姐说“再添上些也不够奶奶一发挥的”、“能者多劳”。“自然快快的了结”则说明凤姐办事利索，追求高效。

总之，多分一层，多见一面。凤姐的三段话中又能分出六七小层，终于让读者窥见了她人性中的许多张面孔。

案例 75 多层多“心”——说上几个回合，便看出一个四等丫鬟的城府

> 只听（坠儿）说道：“你瞧瞧这手帕子，果然是你丢的那块，你就拿着，要不是，就还芸二爷（贾芸）去。”又有一人（小红）说话：“可不是我那块！拿来给我罢。”又听（坠儿）道：“你拿什么谢我呢？难道白寻了来不成。”（小红）又答道：“我既许了谢你，自然不哄你。”又听（坠儿）说道：“我寻了来给你，自然谢我，但只是拣的人，你就不拿什么谢他？”（小红）又回道：“你别胡说。他是个爷们家，拣了我的东西，自然该还的。我拿什么谢他呢？”又听（坠儿）说道：“你不谢他，我怎么回他

> 呢？况且他再三再四的和我说了，若没谢的，不许我给你呢。”半晌，又听（小红）答道：“也罢，拿我这个（手帕）给他，算谢他的罢。——你要告诉别人呢？须说个誓来。”又听（坠儿）说道：“我要告诉一个人，就长一个疔，日后不得好死！”又听（小红）说道：“嗳呀！咱们只顾说话，看有人来悄悄在外头听见。不如把这槅子都推开了，便是有人见咱们在这里，他们只当我们说顽话呢。若走到跟前，咱们也看的见，就别说了。”
>
> ——曹雪芹《红楼梦·第二十七回》

这是小红和坠儿之间的对话，通过薛宝钗无意的耳朵写出。可谓对话层层，心机重重。拾到小红手帕的贾芸与小红曾在蜂腰桥眉目传情。小红是贾宝玉怡红院里的四等丫鬟，坠儿更是末等小丫鬟，而贾芸，比起贾宝玉，虽是末流的公子，但是“瘦死的骆驼比马大”，与小红这样的末流丫鬟比，地位依旧悬殊。可见要保住这桩情事，对于小红而言，需要多么低调，多么巧妙。这段对话可以分几层来读出小红的心理过程。

一听到“芸二爷”就赶紧说：“可不是我那块！”说明小红急于抓住与贾芸搭上关系的机会。

接下来的对话围绕一个“谢”字展开三层，第一层主要反映坠儿的心理，她先提出怎么谢自己而非先提出怎么谢贾芸，说明坠儿更关心切身利益，并不愿意友情赞助，免费做红娘。之后的两层主要反映小红的心理。贾芸作为爷们归还失物是应该的，这套说辞想把公子对丫鬟的不正常举动说成正常的绅士风度，说明她虽急于搭上关系但又试图在坠儿面前撇清两人关系，也说明她以退为进，想要从坠儿口中逼出芸二爷的态度以及用情程度（比如“若没谢的，不许我给你呢”），以确认回谢不是一厢情愿；“半晌”说明对回答仔细斟酌过，“算谢他的罢”中的一个“算”字显出很勉强的样子，联系上文坠儿说的“你不谢他，我怎么回他呢”和“若没谢的，不许我给你呢”，说明她试图做出为了避免坠儿回复和违命给手帕的尴尬才回谢的假象，不仅借此掩护两人的异常举动，掩盖两人的异常关系，而且也做出了自己先为坠儿处境着想的样子——光这一点，较之先为自己利益着想的坠儿，更可见小红的城府。从不必谢到勉强谢的说辞，可以看出小红的谨慎，用消极应付的表演伪装对贾芸积极追求的真意，并且对坠儿也并不完全信任——于是，也就有了要坠儿发誓这一层。

之后的一番话更是显出小红的警惕心有多高，不仅防着眼前的坠儿，而且防着周围。为了不引起别人的怀疑，小红采取的是“打开天窗说暗话”，一则比起“密室”，开放的环境不易让人怀疑谈话的内容；二则使得自己视野开阔，掌握四周的动静，不至于兵临城下再被动应付，比起封闭环境，这种防范策略更加积极主动。

综上所述，无论是以退为进的消极表演，还是防患未然的积极策略，都在说明林红玉有掌握命运、掌控局面的意识。这是一个能做演员、想做导演的四等丫鬟，这一点与贾府的“总经理”凤姐类似，难怪凤姐会问宝玉要小红。

3. 论述分层：明晰结构、分出破立、还原问题

（1）总分之间：总句是如何照应各层分句的

论述类文本，根据结构大体可以分成：总分式、对照式、并列式、层进式、补充式等，这是划分层次的依据之一，这些结构往往和分层的纵横取向有关，在这里就不再赘述了，在下文仅以总分式的分层为例。

案例 76　由总到分——人情、义理、私心，史迁为生命意义排序

①夫人情莫不贪生恶死，念父母，顾妻子，至激于义理者不然，乃有所不得已也。②今仆不幸，早失父母，无兄弟之亲，独身孤立，少卿视仆于妻子何如哉？③且勇者不必死节，怯夫慕义，何处不勉焉！④仆虽怯懦，欲苟活，亦颇识去就之分矣，何至自沉溺缧绁之辱哉！⑤且夫臧获婢妾，犹能引决，况若仆

之不得已乎？⑥所以隐忍苟活，幽于粪土之中而不辞者，恨私心有所不尽，鄙陋没世，而文采不表于后也。

——司马迁《报任安书》

①为总起句，可以根据三个“不”（“莫不”、“不然”、“不得已”）分为三小层，而这三小层总摄全段，与下文的三层形成对应关系。

②照应的是“人情莫不贪生恶死，念父母，顾妻子”，表明自己的生死观早已超越了“人情”，了无牵挂。

③④⑤照应的是“至激于义理者不然”。③不仅照应而且进一步阐明了判断“激于义理者”作为“勇者”的“不然”——不仅要不怕死，慷慨赴义（胆怯的人也可以用死来标榜自己的正义），而且要不枉死，死得其所（勇者未必要为了名节白白送死，名节荣辱这种当时士大夫普世的行为准则未必是生命的终极意义）。④⑤两句在③的说理之上联系自身，自己虽然貌似是苟活的怯懦者，却早已拥有“激于义理者”的觉悟——死的底线和死的决心。

⑥照应的是“乃有所不得已也”，解释了“不得已”（“激于义理”却“隐忍苟活”）的原因是“私心”（个人的理想、人生的志愿）未了，尚未给自己乃至后世一个交代——而之前人情、义理的意义都只局限于当世。

结合总起句的三层和下文与之一一照应的三层，可以清楚地提取出司马迁对生命意义由低到高的排序：人情、义理、私心。

由此可见，判断每一层的句子是“总句”还是“分句”，只是分层的开始。如果继续给总句分出小层，更容易分出与总句对应的各层分句。

（2）破立有致：“破”与“立”只是分出大概，“破”的层次更丰富

论述类文本可以分为立论和驳论。尤其是驳论，分层要注意“破”与“立”的顺序：是先破后立，还是边破边立？还要注意“破”与“立”的关系：这一层是破中有立，还是立中有破？更要注意“破”的层次和顺序：对方的观点，作者是分几层各个击“破”的？对方的论点、论据、论证，作者是按什么顺序去“破”的？

案例77 先破后立——先有破的“厚积”，再有立的“薄发”

《中国人失去自信力了吗》是鲁迅的一篇杂文，论述结构属于先破后立。

第一层摆出有待驳斥的三个事实论据——“自夸”、“崇洋”、“拜佛”，以及论点——“中国人失掉自信力了”。

第二层驳斥对方的论证，又可以分为两小层：先针对三个论据，通过仿拟“他信力”、“自欺力”驳“失去自信力”（说明“自信力”从来就没有过，谈不上失去），透过表象，揭露了本质——反动派的虚伪性和欺骗性；再辩证分析对方论点中的“中国人”，正面写“中国人”中的民族英雄，与上文的民族败类区分出来。

在前两层“破”的“厚积”下，第三层是“立”的薄发，摆出了作者的观点，即从古至今，真正的“中国人”都没有失去自信力。

案例78 破立相间——《拿来主义》的每一层都有破立，不过主次不同

当然，每一层未必只有单纯的破或立，也可能以破为主，破中有立；或者以立为主，立中有破。鲁迅的《拿来主义》便是典型，全文可以分成四层，前三层是破中有立，最后一层是立中有破。

第一层着重揭露“送去主义”在学艺上的表现及其鼓吹者的媚外行径，与一味“送去”针锋相对，提出“拿来”。

第二层着重揭露送去者与“送来者”的奴才主子关系，辨明“抛来”与“抛给”的不同，提出“拿来主义”。

第三层着重揭露“送来者”的真面目，划清“拿来”与“送来”的界限，提出“拿来主义”的要旨——运用脑髓，放出眼光，自己来拿。

第四层批判对待文化遗产的三种错误态度，指出“拿来主义”者对待文化遗产应是“占有”、“挑选”和“创造”，最后得出结论。

案例79 破的顺序——破了论点、论据，论证不攻自破

世皆称孟尝君能得士，士以故归之。而卒赖其力，以脱于虎豹之秦。嗟乎！孟尝君特鸡鸣狗盗之雄耳，岂足以言得士？不然，擅齐之强，得一士焉，宜可以南面而制秦，尚何取鸡鸣

狗盗之力哉？夫鸡鸣狗盗之出其门，此士之所以不至也。

——王安石《读〈孟尝君传〉》

王安石仅仅用了90个字就完成这篇驳论。

作者首先摆出的是有待批驳的靶子。其中先摆出“孟尝君能得士”这个有待批驳的论点，然后分别列出“士以故归之”和“而卒赖其力，以脱于虎豹之秦”这两个有待批驳的论据。

接着进入“破”的阶段，也是先破论点后破论据，都带有“破中有立”的性质。批判世人将“鸡鸣狗盗”误读为“士”，这是直接破世俗论点。破论据又分为两层，第一层用反证法，进一步解释“士”的标准不是帮助个人脱险而是帮助国家制敌，呼应“而卒赖其力，以脱于虎豹之秦”；第二层又推理出真正的“士”不会投奔孟尝君的原因，正是“鸡鸣狗盗”都成了孟尝君的门客，而“士”是不屑于与之为伍的，呼应“士以故归之”。从对世俗论点和论据的“破”中，我们能够很清楚地概括出王安石所“立”：

孟尝君不足以言得士。（总论点）所谓“士”，于国制敌而非于私救主。（分论点1）“士”耻与“鸡鸣狗盗”为伍。（分论点2）

其实，这里还有一个问题没有解决，即：摆出和批判论据的顺序并不一致。先摆出“士以故归之”再摆出“卒赖其力，以脱于虎豹之秦”，符合史实，也符合逻辑——“归之”是“赖其力”的前提。先批判“卒赖其力，以脱于虎豹之秦”后批判“士以故归之”，则遵循的是逻辑上的因果顺序——正因为“士”与“鸡鸣狗盗”道不同，所以才不会投奔门上满是“鸡鸣狗盗”的孟尝君。这其实是在破论证，作者用自己更合逻辑的因果论证批驳了“世皆称”的因果论证。

总之，在破世人的论点、论据过程中，世人的论证也就不攻自破了。

（3）还原问题：每层的论述，其实都是对背后某个问题的回答

论述类文本，往往是围绕“问题”展开的——提出问题、分析问题、解决问题——正所谓“不问不议论”，所以还原归纳出每一层解答的不同问题，也是切分层次的依据之一。

案例80 提炼题干——从词性出发，判定问题的性质

还原问题，关键是能提炼出该问题题干中的关键词，这些关键词往往说明了该问题的性质，比如：前提、起源、原因、意义、地位、现象、弊端、定义、本质、特征、对象、观点、种类、方式（途径）、关系、矛盾等。如：

> 要做到能够嘲笑一个人，你首先必须就他的本来面目来看他。财富、地位、学识等一切身外之物，都不过是表面的积累，切不可让它们磨钝喜剧精神的利刃。孩子们往往比成年人更具识人的慧眼，妇女对人的性格则常常具有锐利的洞察力。可见，妇女和儿童是喜剧精神的主要执行官。这是因为，他们的眼睛没有被学识的云翳所遮蔽，他们的大脑也没有因塞满书本理论而僵死，因而人和事依旧保存着原有的清晰轮廓。我们现代生活中所有那些生长过速的丑恶的赘疣，那些华而不实的矫饰，世俗因袭的正统，枯燥乏味的虚套，最害怕的就是笑的闪光，它有如闪电，灼得它们干瘪蜷缩起来，露出了光森森的骨骸。正因为孩子们的笑具有这样的特性，那些自惭虚伪的人才惧怕孩子；或许也正是由于同样的原因，在以学识见长的行当里，妇女们才遭人白眼相待。她们之所以危险，是因为她们会嘲笑，就像安徒生童话中的那个孩子，当长辈们都朝着国王那件并不存在的辉煌袍服顶礼膜拜时，他却直说国王是光着身子的。
>
> ——弗吉尼亚·伍尔夫《笑的价值》

这段话可以分为三层，首先提出就本来面目看人是嘲笑的前提（根据“首先”）；接着阐述妇女和儿童能看清人的本来面目的原因（根据“这是因为”），即保持本心独立，尚未盲目教条；最后阐述孩子和妇女被视为危险的原因（根据“因为”），即嘲笑具有令人惧怕的批判力。

由此可见，判断各层问题的性质，可以从词性出发。常见的有上文出现的副词和关联词，此外还有介词、连词、疑问词、判断动词等。

案例 81　读者有问——从各层还原出的问题，未必都来自作者

> 雕刻的发生源自一种人类的崇拜心理，无论是对神秘力的崇拜，对神的崇拜，或者对英雄的崇拜。把神像放在神盒里，把英雄像放在广场的高伟基座上，都表示这一种瞻仰或膜拜的情操。雕刻家把神与英雄的形象具体化。他的创作是社会交给他的任务。所以雕刻家在工作中，虽然有相当的自由，可以发挥个人才华，但是无论在内容上，在形式上，还要首先服从一个社会群体意识长期约定俗成的要求。有时，我们在庙宇装饰、纪念碑细部也看到日常生活的描写，有趣而抒情，然而那是附带的配曲。
>
> ——熊秉明《罗丹的雕刻》

这一段可以分为三层：第一层提出雕刻的起源（根据“源自”）——“崇拜心理”及其对象（根据三个“对”）——“神秘力”、“神”、“英雄”。第二层提出观点，即雕刻家创作的性质（根据“是”）——社会任务，以及自由创作的前提（根据“首先”）——服从于约定俗成的社会要求。

第三层的主要内容是雕刻家创作中对日常生活的描写只是附带的配曲。这一层回答的是什么问题呢？与其说是问题，不如说是质疑。读了第二层，一定会有读者反问：难道这些创作全部都是社会任务？创作的内容全部都服从于社会要求？这一层针对的就是虚拟读者的问题，是作者为了防患于未然而存在的。这一层的性质是对上文观点的补充（根据“有时”）。

三、分层所止：分层如何分彻底？咬文就要嚼到字

虽然文章、段落是相对完整的文本，但是文本意识却不能止于这些语言单位。将分层进行到底，就不能满足于从文分到段落，从段分到句群。除了这些“大手术”，读者还要学会“微创手术”：语句可以切成词，词语可以切成字。其实，句子之间、句子之内，甚至词语内部都有层可分，有序可循。也就是说，面对优秀的文本，如果咬文不嚼到字，职业的读者的状态应该是——“根本停不下来”。

1. 联系句间：把握语句之间的深层关系，品读也就有了层次

（1）善填关联：关联词背后有作者的思路、心情、观念

从长文、段落再缩小到几句话乃至两句话，还要考虑它们之间的逻辑关系，比如因果、递进、假设、顺承、并列、转折等。这些逻辑关系不是机械的组合，背后有作者的思路、心情、观念。可是，文本中许多句子的关联词是省略的，选择并添加关联词就成了体会作者思路和心情的有效方式。这就要发掘各句中的字词，从而更准确地判断句与句之间的关系。

案例 82 常理假设——转折处，往往是有违常态的另类处

日日花前常病酒，敢辞镜里朱颜瘦。——冯延巳《鹊踏枝》

“病酒”意为饮酒过量引发身体的不适，自然就导致了“朱颜瘦”。可以先用常理假设下句。正常心态可能是回避镜中病容才对，也就是“日日花前常病酒，不顾镜里朱颜瘦。”但是作者用了“敢辞”——怎么敢与镜中的病容辞别呢？这有违常理，这两句就可以判定为转折关系。而且

作者用一种反问语气强调了对这副病态容颜的欣赏，这是一种另类的审美，审的是一种颓废美——这份情、这份愁，真的很闲。

往大的方面讲，这种颓废美也和五代这个特殊时期有关。如果说之前的唐朝是贵族的话，那么五代就是没落贵族。这样看来，这个时代背景下的颓废美又很合情合理。

案例 83 揣摩语气——“莫听”、“何妨”，语气中有心态

> 莫听穿林打叶声，何妨吟啸且徐行。——苏轼《定风波》

在风雨中，“莫听”还有些强制命令的性质。显然，这种反应还不够自然，还很在乎风雨声的存在。但是到了“吟啸”、“徐行”，行为变得更加自然随性，“何妨”凸显了一个无视风雨的自我。此时存在的只有自我没有风雨。因此，从在乎到不在乎，应是递进关系。

（2）警惕并列：句式看似工整，语意未必并列

值得注意的是，有些工整的语句，看似是并列，其实不尽然。如果认识止于形式上的并列，就很难发现作者的写作意识，以及连他自己都未察觉的潜意识。

案例 84 铺排有序——这套程序，是炫酷，还是残酷

> 妃嫔媵嫱，王子皇孙，辞楼下殿，辇来于秦，朝歌夜弦，为秦宫人。明星荧荧，开妆镜也。绿云扰扰，梳晓鬟也。渭流涨腻，弃脂水也。烟斜雾横，焚椒兰也。雷霆乍惊，宫车过也。辘辘远听，杳不知其所之也。一肌一容，尽态极妍，缦立远视，而望幸焉。有不得见者，三十六年。
>
> ——杜牧《阿房宫赋》

不仅“妃嫔媵嫱”，而且还有“王子皇孙”（这里特指女性子孙）：统一意味着通吃，六国国君的妻妾、女儿，甚至孙女，都成了嬴政的女人。

而这一段就夸张地描写了阿房宫中这些女人们的日常“程序”。其中一系列的排比貌似并列，其实却很有序。

开镜、梳头、涂脂是在精心打扮自己，焚香是营造居室的环境，这一切都是为了等待嬴政临幸。但是还未来得及出门迎候，就得到一个“乍惊”，“春恩车”已经过了，一份份期待被腰斩。

除了前面的整句语序很讲究外，散句中作者也是用心设计了顺序：先“远听”后“远视”，而非“远视”到看不见再“远听”。“远听”一句写出了宫车速度之快，可见女人太多，始皇很忙，连走马观花都做不到。从女子要起早梳妆打扮（“明星荧荧”、“梳晓鬟也”）来看，皇上似乎起得也很早，以至于女子冲出门都来不及看见，只能听见余音。其实皇上是刚结束夜场而已，在“隔离天日”的阿房宫里，女子“朝歌夜弦”，皇上也是“夜以继日”。“远视”一句写出了这些女子失望之余也只剩下继续守望的悲剧命运，因为阿房宫里的一切都是为始皇的存在而存在的。这些被嬴政路过的“剩女”，剩下能做的除了等待还是等待，有的甚至三十六年如一日，简直是“等待戈多”。正是嬴政巨大的占有欲，产生了这些夜以继日的徒劳守望，一个“惊”将这种程序分为两大步骤：从大规模的准备到无限期的等待。

和下文阿房宫中的六国宝物一样，她们作为嬴政的玩物，绝大多数都被“弃掷逦迤”了。这样的一套规定动作，是炫酷，还是残酷？

案例 85　程度加深——“收藏”、“经营”、“精英”，不义之财在暴增

> 燕赵之收藏，韩魏之经营，齐楚之精英，几世几年，剽掠其人，倚叠如山。一旦不能有，输来其间。鼎铛玉石，金块珠砾，弃掷逦迤，秦人视之，亦不甚惜。
>
> ——杜牧《阿房宫赋》

看似并列的前三句，若是理解了顺序背后的情理，就不容易记错。“收藏”、“经营”、“精英”，不仅是六国剽掠百姓所得财宝的代称，而且是六国对它们的三种处置方式。

先是征收封藏，然后多了就要规划管理，最后还是太多就要精选英华，宝中选宝，而无论是“收藏”，还是“经营”，还是“精英”，都多得“倚叠如山”。这些对处置方式的排序，也在说明财富快速增长的程度——已经到了来不及做有效安置的地步。

这三种处置方式也为后文秦的处置方式做了铺垫。秦灭六国通吃所有财富后的做法更甚，“鼎铛玉石，金块珠砾，弃掷逦迤”——这简直是糟蹋。秦“亦不甚惜”，说明六国也是“不甚惜”，但“不甚惜”的程度却大大加深，从六国的“倚叠”到秦人的“弃掷”，从闲置慢待民脂到糟蹋虐待民膏，令人痛心疾首的程度大大加深，悲中之愤在剧增。

案例 86　细读“反复”——从三个“我要开花”到一个“我都要开花”

对偶、排比、铺陈会造成并列的错觉，如果再在每一层反复出现相同或类似的句子，就更有迷惑性。

> 百合说：“我要开花，是因为我知道自己有美丽的花；我要开花，是为了完成作为一株花的庄严使命；我要开花，是由于自己喜欢以花来证明自己的存在；不管有没有人欣赏，不管你们怎么看我，我都要开花！”
>
> 在野草和蜂蝶的鄙夷下，野百合努力地积聚内心的能量。有一天，它终于开花了，它那灵醒的白和秀挺的风姿，成为断崖上最美丽的颜色。
>
> ——林清玄《百合花开》

段落中的几个分号告诉我们这里存在排比和铺陈，而且选段中有三个“我要开花”和一个“我都要开花”。这一般会让读者认为前三层与后一层仅仅就是“分总”的关系。其实不然。

第一个“我要开花”强调的是自我欣赏，这建立在自我认知之上。如果说“我知道自己有花”只是自知，那么“我知道自己有美丽的花”

就是自赏。

第二个“我要开花”强调的是对肩负使命的自我觉悟。

第三个“我要开花”强调的不仅是要有存在感，而且是要有存在感的升级版——幸福感，也就是以自己喜欢的形式、形象存在。这是一种自我选择和自我关怀，也就是自由和自爱。

最后一个“我都要开花”则用两个“不管”，强调了一种领悟：开花是自己一个人的事，是为自己而存在。这就是最高境界——自我完成、自我实现。

自我认知，自我觉悟，自我选择、自我关怀，自我完成、自我实现——这四个阶段写出了自我的成长过程。

而在自我的成长过程中，从开花的意义出发，前两个阶段又可以归为一方面，从植物个体上升到物种整体的高度。后两个阶段可以归为一方面，从外在形式深入内在精神。

案例 87 重返文本——在感觉不是并列，却拿不出依据的时候

有的时候，感觉不是并列，却又不能从相关语句之间找到依据。这就不能只盯着这几句，而要重返文本，在这几句与上下文各层之间建立起联系。

凌波不过横塘路，但目送、芳尘去。锦瑟华年谁与度？月桥花院，琐窗朱户，只有春知处。

飞云冉冉蘅皋暮，彩笔新题断肠句。试问闲情都几许？一川烟草，满城风絮，梅子黄时雨。

——贺铸《横塘路》

画线句所用的三个喻体，一直为世人所激赏。草、絮、梅子这些物象也经常让读者玩味不已。不过，如果不抓住“烟”、“风”、“雨”这三个字，并且联系语境揣摩顺序上的讲究，这些玩味往往会沦为臆想。

“烟”、“风”、“雨”与其说是并列的三种气候，不如说是气候的三种变化。联系下阕首句可知，作者的观察点在“蘅皋”（生长香草的水边高地），可见这一带有湿地水面。“飞云冉冉”说明空气缓慢流动，这也就有了水波，造成了上阕首句中女子的“凌波”之状（可见“凌波”不仅仅是化用了典故，而且也非常切合这一带有水的地貌），然后也就腾起了水汽烟雾。这种“波”与“烟”的组合也可见于其他诗词，例如：“日暮乡关何处是？烟波江上使人愁。”（崔颢《黄鹤楼》）又如：“秋色连波，波上寒烟翠。”（范仲淹《苏幕遮·怀旧》）由此也可知道，远处的城里已经起了大风——这就像台风边缘和中心的关系，“不过横塘路”“但目送”的女子，很可能是往进城，也就是起风的方向走，自然就起了“芳尘”。那更远处呢？“山雨欲来风满楼”，作者眼中肯定浮现出了一幅虚拟的雨景。因此，这三个比喻中的“烟”、“风”、“雨”三个字，阐释了写景艺术的精妙，不仅写出了天气的形成过程，而且写出了由近到远，由实到虚的观察顺序。

当然，这三个比喻和提取出的三个字，毕竟是由“试问闲情都几许”这个问领起，借此肯定也能品出作者的几许“闲情”来。

“一川烟草”对应的是“蘅皋”，有直接联系的是“飞云冉冉蘅皋暮”，但紧接在后面的“彩笔新题断肠句”，却告诉我们作者在“一川烟草”的地方干什么。虽然没有谋面的缘分，甚至没有擦肩的机会，但是却让作者产生了雾（烟）里看花的意境。但是雾里看花虽有诗意，却也是难题。虽然“凌波”、“芳尘”这些十分有限的素材使得这位女子变得神秘，几乎成了作者心中的女神，但是也几乎造成了“巧妇难为无米之炊”的写作困境。但是作者满腹的不是牢骚而是风骚，担心的只是这个美丽的瞬间不能用五色笔定格、挽留。他憋到了傍晚才写出“断肠句”，不仅说明赞美女神之词有多难写，更可见为了写出女神的完美，才子对自己的要求有多么苛刻！写出的句子终究只是“断肠”，说明作者能做的也只是写出她、记住她。对女子的记忆本就是残卷，“目送”后连这都要失去，真的让作者很担心。

“满城”都是“风絮”，而作者之前已经用诗意和想象，将目送去的女子安放在了“月桥花院，琐窗朱户”。从这种华美程度，可以推测出很可能安放在芳尘去的方向——城里。这就不由得让人担心，担心为女子设计的诗意栖息地，会不会被现实的风吹得只剩残花败絮。这是在担心女子的处境，也是在担心将要失去“雾里看花”的梦境。

“梅子黄时”和季节物候有关，与之照应的是“只有春知处”的“春”。这首词上下阕各有一问，如果说下阕的“试问闲情都几许”流露的是种种担心，那么上阕的“锦瑟华年谁与度”还只是在关心的程度——问的是“她和谁过”之类。而下文看似答非所问，说的是“她住在哪”。不过，“只有春知处”却巧妙地做出了回答。只有春天知道她住在哪，那她只可能和春天一起过了。“男友是春天”，这是寂寞之语。“梅子黄时雨”意味着春去夏来，可见她将失去春天这个唯一的伴侣，变得更加寂寞；更可见知道她住处的唯一向导——春天——没了，作者担心会永远失去找到她的线索。

因此，联系上下阕，作者对女子由关心加深到担心，而联系全词细读这三个比喻，则会发现：作者不仅有为这位女子担心的闲情，更有为这份诗意担心的闲情——怕失去目送她的记忆（“凌波”、“芳尘”）、怕失去想象她的梦境（“月桥花院，琐窗朱户”）、怕失去找到她的线索（“只有春知处”）。

2. 切入句中：激活句中的成分和字词

把分层的语言单位缩小到语句，就要考虑给语句中的成分和字词分层了。句中有丰富的成分和字词，在切分句子的时候，它们就会被激活。读者更容易感受到它们的个性，以及它们是如何为语句增添魅力的。

（1）字词异位：强调的信号

案例 88 字词提前——“青”、“黄”提前，快得只见颜色

有些被强调的部分，往往被提前独立成一层，比如：

送客苍溪县，山寒雨不开。直愁骑马滑，故作放船回。
青惜峰峦过，黄知橘柚来。江流大自在，坐隐兴游哉！
——杜甫《放船》

其中颈联的出句和对句都可以分为两小层，即“青”与“惜峰峦过”，“黄”与“知橘柚来”。“青”和“黄”似乎本应是“峰峦”和“橘柚”的修饰成分，论正常的语序，似乎也应是“惜青峰峦过，知黄橘柚来”，但是若联系语境就会发现，把“青”、“黄”提前独立成一层，更能说明流速和船速之快：刚看见青色，还来不及看见峰峦的轮廓，可惜峰峦已经经过了；刚看见黄，橘柚的轮廓也就随之而来了。

案例 89 成分倒装——倒装的意义，不仅是为语法，而且是为语境、意境

诗词中常见倒装句，但却未必只是为了符合平仄押韵的语法，许多时候也是为了配合语境，升华意境，才有所强调，比如：

空山新雨后，天气晚来秋。明月松间照，清泉石上流。
竹喧归浣女，莲动下渔舟。随意春芳歇，王孙自可留。
——王维《山居秋暝》

颈联中的两句存在倒装。按照一般语序应该是“浣女归而喧竹，渔舟下而动莲。”

为什么“浣女”和“渔舟”要后置？或者为什么“竹喧”和“莲动”要前置？“空山”未必没有人，只是人被植被遮蔽了。浣女和渔舟要下山归家，就有一个从遮蔽中呈现的过程，而非一下子出现。因此，不是先看到“浣女”，而是先听到“竹喧”；不是先看到“渔舟”，而是先感到“莲动”。

为什么是“归浣女”而非“浣女归”？为什么是“下渔舟”而非“渔舟下”？因为一旦“竹喧”、“莲动”，“空山”也就不能留下“浣女”、“渔舟”了。这里的“空山”就人格化了，“归”、“下”似乎不再只是“浣女”、

“渔舟”发出的动作，背后似乎还有“空山”的神秘力量在请他们离开。因为只有他们走后，竹才会不喧，莲才会不动，“空山”才会恢复“空”的意境。所以，只有不喧竹、不动莲的人，才可以不归家、不下山。这里的不喧和不动已经不再是简单的声音或动作，而是一种空的境界：入空境者才能留空山。这个人便是诗中的“王孙”，他之所以能“随意春芳歇”，是因为不喧；之所以能“自可留”，是因为不动。

（2）字词独立：切出语句中的字词，重审它们对语句的意义

有些句中语序正常，却更让人忽视其中的字词。直到这些字词被切出单独一层之后，才更容易被读者所重视，比如张若虚的诗题“春江花月夜”不应止于“春江 / 花月 / 夜”，而应切成“春 / 江 / 花 / 月 / 夜”，因为全诗是这五个独立意象的互动交融。类似的还有“鸡声茅店月，人迹板桥霜。”（温庭筠《商山早行》）

案例 90　切开成语——从“患得患失”中切出易被忽视的“患得”

> 人总是在接近幸福时倍感幸福，在幸福进行时却患得患失。
>
> ——张爱玲

这段语录由两句话组成，第一句说幸福感，第二句说幸福，阐释了幸福感和幸福的辩证关系。不过，两句话未必只能分出两层为止。如果对第二层继续切分，两句话又可以分出三层意思，依次从即将得到、已经得到、将要失去三个阶段来阐释。

第一句的意思是：接近幸福会使对幸福的预期倍增，让人倍感幸福的其实是希望。而第二句可以分出两层——“患得”一层、“患失”一层。幸福的开始也意味着担忧失去幸福的开始，所以会“患失”。这种不安全感源于永远占有幸福的欲望。如果不细分，我们常常会忽略“患得”，不自觉地将“患得患失”当作“患失”去理解。“患得”可以忽略吗？联系前句的“倍感幸福”可知，“患得”是因为——得到的幸福总没有预期的多，这种不满足感源于占有更多幸福的欲望。可见，“患得患失”的人，往往没有直面一个事实——幸福是定量定时的。他们为占有欲所苦："患得"侧重占有的数量，"患失"侧重占有的时间。

总之，在幸福之路上，若与希望同行，带来的是幸福感；若与欲望做伴，带给的只有失望与不安。

案例 91 注意叠词——"庭院深深"到底深不深

庭院深深深几许，杨柳堆烟，帘幕无重数。玉勒雕鞍游冶处，楼高不见章台路。

雨横风狂三月暮，门掩黄昏，无计留春住。泪眼问花花不语，乱红飞过秋千去。

——欧阳修《蝶恋花》

复句要分成单句，单句要细分到词语，而有时更要细分到字，甚至是两个字都一样的叠词。下面以总领全词的首句"庭院深深深几许"为例。这句话若是分层，则与上下阙的对应关系将更加明显。

首先可以分成两句来看，即"庭院深深"和"深几许"。然后可以在叠词"深深"上下功夫，将"庭院深深"分成两个"庭院深"，这两个"庭院深"如果分别连着"深几许"这个问，那么就形成了两个"庭院深，深几许"的问，分别对应上下阕的内容和感受。

"杨柳堆烟，帘幕无重数"，上阕强调的是女子被庭院遮挡看不见男子，就算上了高楼也看不见。可见，在无情而去的男人身后，庭院到底"深几许"啊！考验着怨妇的视野和心理的极限。"门掩黄昏，无计留春住"，下阕强调的是院门留不住春。可见在无情流逝的时间面前，庭院又能"深几许"呢？除了闺妇，什么都留不住。

（3）设问字词：切词更兼问字，分层意义乃现

光从句中切出字词，分出层次，有时并不能直接产生意义。必须对每一层的字词进行有效设问，然后联系上下文去理解。

案例 92 问“泪”问“花”——细切出音节，细问出意蕴

词（见案例 91）中有一句“泪眼问花花不语”，笼统的感受只有一个粗糙的愁字而已，但是这句话“怎一个愁字了得”啊！不如先细切，根据节奏，在字词间停顿几下，就切成了“泪眼 / 问花 / 花不语”。可是，这更多的只是音韵上的意义，要让这三层字词产生意蕴上的意义，必须细问句中的“泪”与“花”。

第一层是“泪眼”，可问：眼中为什么会有泪？联系上句“门掩黄昏，无计留春住”可知，女主人公既留不住今天也留不住春天，除了流泪什么也做不了，这里有一种年华易逝的无奈。还可问：为什么泪还在眼中没落下？因为还给了自己有花可问的慰藉和幻想，这也是没有办法的办法。

第二层是“问花”，可问：“为什么只能问不是人的花？”联系上阕“玉勒雕鞍游冶处，楼高不见章台路”一句可知，她牵挂的男子（可能是丈夫）去寻花问柳了，所以只能问花，这是一种聊胜于无的孤独，与李白“举杯邀明月，对影成三人”类似。还可以问：“问花什么？”联系“无计留春住”可以虚拟出这个问：“花啊，春天要走，你不会也要走吧？”这个“问”也是对花的挽留，明知不可留而留，这背后是对孤独的恐惧。

第三层是“花不语”，为什么呢？花本无情物。只是女主人公一厢情愿地奢望花有情而已。这种奢望导致的只有失望。要是再联系下一句“乱红飞过秋千去”，又可以进入第四层，花非但不回答，更是离开了女主人公，这就从失望陷入了绝望：此间留不住人，留不住春，留不住花，被深院无情留住的只有自己。如果配以关联词来表示更能很有层次地反映女子的曲折心路：虽然眼中有泪，但是还想问花；虽然问花，但是花终究不语；花不仅不语，而且也离“我”而去。这便是历经无奈、孤独、失望、绝望之后生成的闺怨。

（4）变换句式：“暗切”出潜台词

此外，给语句分层，也未必直接在成分、字词间“明切”，也可以通

过变换句式“暗切”。“暗切”常常能切出潜台词。

案例 93 双重否定——“未老莫还乡”里还有“老了再还乡”这一层意思

> 人人尽说江南好，游人只合江南老。春水碧于天，画船听雨眠。
>
> 垆边人似月，皓腕凝霜雪。未老莫还乡，还乡须断肠。
>
> ——韦庄《忆江南》

这首词写于韦庄为避中原战乱游于蜀地的时候。“未老莫还乡”一句可以看作别人对作者的劝慰——趁年轻受用江南（这里指蜀地）的美景（“春水碧于天，画船听雨眠”）和美人（“垆边人似月，皓腕凝霜雪”），现在回去正逢战乱（“还乡须断肠”）。

可还不能结束解读，这个句子带着“未”和“莫”两个否定词，不妨将其转换成肯定句看看——老了再还乡，从中可以品出作者在有生之年还乡的念想——老了估计中原的战乱也该平息了，还乡就不会断肠了。

3. 分解词语：将词语“打碎”成字词，是对词语的再认识

比句子更小的词语也可以继续分解成语中词、词中字，尤其是在作文审题时。将词语“打碎”成字词，再揣摩字词与字词之间的关系，兴许对这个词语的内涵会有重新发现。

比如“拒绝平庸”就可以分“平庸”和“拒绝”两层，先明白平庸是什么，才能谈怎么拒绝，原来认识“平庸”是“拒绝”的前提。又如“低调”可以分解为“低”和“调”两字。揣摩之间的关系，可以得出“低而有调”——虽是低声却有格调。原来这是一种高贵的低姿态。又如“遇见”，很有必要分解成“遇”和“见”两字，因为许多读者会把“遇见”粗糙地看作“遇到”。其实，比起“遇”的偶然和无意，“见”更能体现

当事人的心态：“遇而未见”，可见其粗心大意或麻木不仁；“遇而不见”，可见其苦衷难言或内心虚弱。对语中词、词中字的揣摩及其案例详见第二讲，这里就不再赘述。

总之，面对文本，读者不仅要有宏观意识，能解大牛；而且也要有微观意识，能解小鸡。分层之于文本阅读，战略上，可以化整为零、各个击破、切入文脉；战术上，必须归纳方面、推敲顺序、理出头绪。

第二辑

读书笔记六套

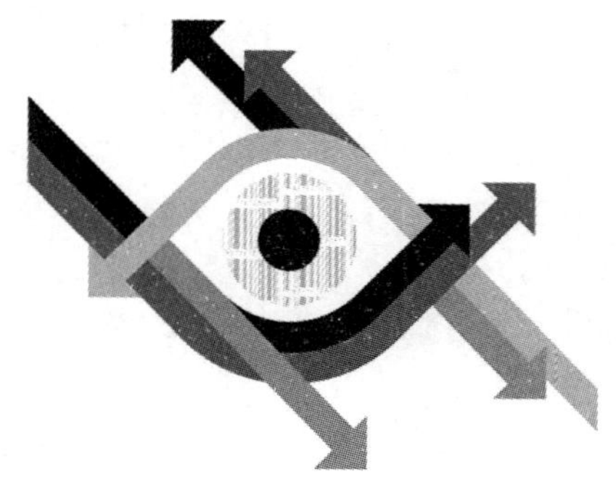

第一套 《世说新语》

——文言文的读法应用

翻译古文不是目的，而是理解古文的前提："古"只是定语，"文"才是中心语。《读法例话四讲》所述的阅读法，当然也皆可运用于文言文的阅读中，下面就以笔记体小说《世说新语》的选读笔记为例。

一、找出前提：敬畏与感恩，树立功德的两大前提

客有问陈季方："足下家君太丘，有何功德而荷天下重名？"季方曰："吾家君譬如桂树生泰山之阿，上有万仞之高，下有不测之深；上为甘露所沾，下为渊泉所润。当斯之时，桂树焉知泰山之高，渊泉之深！不知有功德与无也！"

【注释】陈太丘：名寔，字仲弓，曾任太丘县长，所以称陈太丘。古代常以官名称人。陈季方是陈寔的儿子。

【译文】有位客人问陈季方："令尊太丘有哪些功勋和品德，因而在天下享有崇高的声望？"季方说："我父亲好比生长在泰山一角的桂树。上有万丈高峰，下有深不可测的深渊；上受雨露浇灌，下受深泉滋润。在这种情况下，桂树怎么知道泰山有多高，深泉有多深呢！不知道有没有功德啊！"

用"生泰山之阿（转弯处）"的"桂树"设喻，对理解"功德"之心

很有启示。接下来的两组“上……”、“下……”，则写出了拥有功德心的两个前提。

“上有万仞之高，下有不测之深”，说的是有敬畏心——敬“高”畏“深”，这是前提一。“上有万仞之高”，可见功德无止境。就像对某国有功德，未必对人类有功德，就像对人类社会有功德，未必对自然万物有功德。“下有不测之深”，可见功德也是险境。“战战兢兢，如临深渊，如履薄冰”（《诗经·小雅·小旻》），君子变竖子，功臣变罪臣，往往也是一念之间。

“上为甘露所沾，下为渊泉所润”，说的是有感恩心，这是前提二。记在你名下的功德未必是你一个人办成的事，这离不开上上下下对你的培养。而只有将自我这棵“桂树”，植根定位于“泰山之阿（转弯处）”，才会明白功德的分量。

二、研究对象：观人所言，是为了以言观人

孝武将讲《孝经》，谢公兄弟与诸人私庭讲习。车武子难苦问谢，谓袁羊曰：“不问则德音有遗，多问则重劳二谢。”袁曰：“必无此嫌。”车曰：“何以知尔？”袁曰：“何尝见明镜疲于屡照，清流惮于惠风？”

【注释】孝武：晋孝武帝司马曜，简文帝的儿子，十一岁继简文帝登位。私庭：私邸；王侯大官的府第。袁羊：应为袁虎（袁宏，小名虎）之误。袁羊卒于永和年间，下迄孝武帝讲经，相距二十余年。

【译文】孝武帝将要研讨《孝经》，谢安、谢石兄弟和众人先在家里研讨、学习。车武子提出一些疑难、急迫的问题来问谢安兄弟，并且对袁羊说：“不问，怕漏掉精湛的言论；问得多了，又怕反复劳累二谢。”袁羊说：“一定不会引起这种不满。”车武子说：“怎么知道会是这样呢？”袁羊说：“何曾见过明亮的镜子会因为连续照影而疲劳，清澈的流水会害

怕柔和的微风？”

车武子和袁羊的不同言论，可以看作对老师的不同评价。从这些言论中，读者可以一窥两人是什么样的人。

“德音”和“明镜”、“清流”说明两人都很尊崇二谢的学问和人品。不过，两人对“尊师重道”的认知却是有深浅的。

韩愈说：“道之所存，师之所存也。”可见“师”只是“道”的载体。也就是说，“重道”才是更深刻的“尊师”。这样来看，车武子只是“尊师”而已，更在乎二谢的身份。他可能觉得大师肯定很忙，无暇回答自己的问题，所以少问是尊重。而袁羊呢，显然更“重道”，抑或说是用“重道”的方式在“尊师”。“何尝见明镜疲于屡照”，第一个比喻说的是，疑惑的目光越多，真理的载体“明镜”才会越辩越明。而“师”再忙，也是忙于明道吧——二谢解答车武子的疑难，应该是大师的本分。从本质上看，与其说是老师给了学生问道的机会，不如说是学生给了老师进一步明道的机会。

在对师生关系的感知上，袁羊也比车武子更胜一筹。车武子很在乎二谢的感受，怕老师辛苦，抑或担心自己太好问，会让老师觉得学生很烦。袁羊却觉得师生关系并没有这么森严。他用一个反问，强调“清流”不会“惮于惠风”。“惠风”喻仁爱，“清流”喻高洁，高洁之士远离的肯定不是仁爱之士。凡是能进入谢公“私庭”的，难道不是与谢公志气相投的同道吗？既然是同道，当然是问者“言无不尽”，答者“知无不言”。因此，师生同道，自然关系和谐。

三、抓住立场：前后态度虽有异，立场却是一贯的

华歆、王朗俱乘船避难，有一人欲依附，歆辄难之。朗曰：“幸尚宽，何为不可？”后贼追至，王欲舍所携人。歆曰：“本所以疑，正为此耳。既

已纳其自托，宁可以急相弃邪！”遂携拯如初。世以此定华、王之优劣。

【注释】避难（nàn）：这里指躲避汉魏之交的动乱。

【译文】华歆、王朗一同乘船避难，有一个人想搭他们的船，华歆马上对这一要求表示为难。王朗说：“好在船还宽，为什么不行呢？”后来强盗追来了，王朗就想甩掉那个搭船人。华歆说：“我当初犹豫，就是为的这一点呀。已经答应了他的请求，怎么可以因为情况紧迫就抛弃他呢！”便仍旧带着并帮助他。世人凭这件事来判定华歆和王朗的优劣。

从华歆前后的态度来看，他优于王朗的品质在于对身边的人负责。先前犹豫，是对王朗负责；之后果断，是对依附之人负责，都是对同舟之人负责的表现。可见，华歆看似相反的态度却是站在同一个立场——同舟之人这个团体。而王朗先“纳”后“弃”，也都是一个立场——自身这个个体：之前接纳依附者，是因为舟宽于避难空间无碍；之后丢弃依附者，是因为贼追之下，舟中多了依附者，有碍逃生的速度。

四、分清角度：哪怕是考虑对方利益，也会辱没纯粹情谊

王恭从会稽还，王大看之。见其坐六尺簟，因语恭：“卿东来余，故应有此物，可以一领及我。”恭无言。大去后，即举所坐者送之。既无余席，便坐荐上。后大闻之，甚惊，曰：“吾本谓卿多，故求耳。”对曰：“丈人不悉恭，恭作人无长物。”

【注释】王恭：字孝伯，历任中书令。青州、兖州刺史，为人清廉。晋安帝时起兵反对帝室，被杀。会稽：郡名，郡治在今浙江省绍兴县。王大：王忱，小名佛大，也称阿大，是王恭的同族叔父辈；官至荆州刺史。簟（diàn）：竹席。卿：六朝时，在对称中，尊辈称晚辈，或同辈熟人间的

亲热称呼。荐：草席。

【译文】王恭从会稽回来后，王大去看望他。看见他坐着一张六尺长的竹席子，便对王恭说："你从东边回来，自然会有这种东西，可以拿一张给我。"王恭没有说什么。王大走后，王恭就拿起所坐的那张竹席送给王大。自己既没有多余的竹席，就坐在草席子上。后来王大听说这件事，很吃惊，对王恭说："我原来以为你有多余的，所以问你要呢。"王恭回答说："你不了解我，我为人处世，没有多余的东西。"

王恭送竹席，只考虑熟人长辈的需要，而非考虑自己的多寡得失，可见王恭从纯粹的情谊出发，没有利益的杂质。

王大似乎也在替对方考虑，只不过王大的情谊中有利益杂质。他思考问题的角度，照顾到了对方的利益：觉得只有对方多了余下来的，自己才可以要。但是，王大的这种照顾，恰恰侮辱了王恭对自己的一番纯情。

五、参照辨析："邪径"与"斜径"、"邪道"的差异

南郡庞士元闻司马德操在颍川，故二千里候之。至，遇德操采桑，士元从车中谓曰："吾闻丈夫处世，当带金佩紫，焉有屈洪流之量，而执丝妇之事！"德操曰："子且下车。子适知邪径之速，不虑失道之迷。昔伯成耦耕，不慕诸侯之荣；原宪桑枢，不易有官之宅。何有坐则华屋，行则肥马，侍女数十，然后为奇！此乃许、父所以慷慨，夷、齐所以长叹。虽有窃秦之爵，千驷之富，不足贵也。"士元曰："仆生出边垂，寡见大义。若不一叩洪钟、伐雷鼓，则不识其音响也。"

【注释】带金佩紫：带金印佩紫绶带，指做大官。绶（shòu）带，就是丝带，是用来拴金印的。秦汉时，丞相等大官才有金印紫绶。邪径：斜径，小路。伯成：伯成子高。据说尧做君主时，伯成子高封为诸侯。后来

禹做了君主，伯成认为禹不讲仁德，只讲赏罚，就辞去诸侯，回家种地。耦耕：古代的一种耕作方法，即两人各扶一张犁，并肩而耕。后泛指务农。原宪：孔子弟子，字子思。枢：门上的转轴。有：名词词头。许、父：许由和巢父。巢父是许由的朋友，尧也想把职位让给他，他不肯接受。夷、齐：伯夷、叔齐，商代孤竹君的两个儿子。孤竹君死，兄弟俩互相让位，不肯继承，结果都逃走了。后来周武王统一天下，两人因反对周武王讨伐商纣，不肯吃周朝的粮食，饿死在首阳山。窃秦：战国末年，吕不韦把一个美姬献给秦王子楚，生秦始皇嬴政。嬴政登位后，尊吕不韦为相国，号称仲父，这就是所谓窃秦。千驷之富：古时候用四匹马驾一辆车，同拉一辆车的四匹马叫驷。千驷，指有一千辆车，四千匹马。《论语·季氏》说，齐景公有四千匹马，可是死了以后，人们觉得他没什么德行值得称赞。

【译文】南郡庞士元听说司马德操住在颍川，特意走了两千里路去拜访他。到了那里，遇上德操正在采桑叶，士元就在车里对德操说："我听说大丈夫处世，就应该做大官，办大事，哪有压抑长江大河的流量，去做蚕妇的事！"德操说："您姑且下车来。您只知道走小路快，却不担心迷路。从前伯成宁愿回家种地，也不羡慕做诸侯的荣耀；原宪宁愿住在破屋里，也不愿换住达官的住宅。哪里有住就要住在豪华的宫室里，出门就必须肥马轻车，左右要有几十个婢妾侍候，然后才算是与众不同的呢！这正是隐士许由、巢父感慨的原因，也是清廉之士伯夷、叔齐长叹的来由。就算有吕不韦那样的官爵，有齐景公那样的富有，也是不值得尊敬的。"士元说："我出生在边远偏僻的地方，很少见识到大道理。如果不叩击一下大钟、雷鼓，那就不知道它的音响啊。"

"子适知邪径之速，不虑失道之迷"中的"邪径"和"失道"各有所指。"邪径"是指汲汲于功名利禄的人生观；"失道"是指丧失了本真淡泊的生活态度和仁善正直的道德底线（即孟子所说的"富贵不能淫，贫贱不能移，威武不能屈"）。

其中"邪径"二字可以用参照物辨析一下，为什么是"径"而不是

“失道”的“道”呢？说明选择走了小路，失去的是康庄大道，人生窄化，意义贬值。为什么是“邪”而不是“斜”呢？因为“斜”指的是偏离人生道路，而“邪”说明这种偏离对自己而言，不仅犯错，而且犯罪，人生意义不仅贬值而且变质。

六、立足文本：论“仁德”，是从身外之人，还是身外之物

陈元方年十一时，候袁公。袁公问曰：“贤家君在太丘，远近称之，何所履行？”元方曰：“老父在太丘，强者绥之以德，弱者抚之以仁，恣其所安，久而益敬。”袁公曰：“孤往者尝为邺令，正行此事。不知卿家君法孤，孤法卿父？”元方曰：“周公、孔子，异世而出，周旋动静，万里如一。周公不师孔子，孔子亦不师周公。”

殷仲堪当之荆州，王东亭问曰：“德以居全为称，仁以不害物为名。方今宰牧华夏，处杀戮之职，与本操将不乖乎？”殷答曰：“皋陶造刑辟之制，不为不贤；孔丘居司寇之任，未为不仁。”

【注释】陈元方：陈仲弓的儿子。袁公：一说指袁绍。孤：古代是王侯的自称。殷仲堪：孝武帝时授殷仲堪都督荆、益、宁三州军事，振威将军，荆州刺史，镇江陵。据《晋书·殷仲堪传》载，他主张“王泽广润，爱育苍生”。华夏：这里特指中部地区。皋陶：东夷族首领，偃姓，虞夏时人（约公元前21世纪），生于曲阜，上古时著名的政治家、思想家、法律家，又名皋繇、咎繇、咎陶、大业，与尧、舜、禹并列为上古四圣。舜时“作士理民”，制法作狱，被后世奉为司法鼻祖。司寇：掌管刑狱的官。孔子曾任鲁国司寇。

【译文】陈元方十一岁时，有一次去问候袁公。袁公问他：“令尊在太丘县任职时，远近的人都称颂他，他是怎么治理的呢？”元方说：“老父在太丘时，对强者就用恩德来安抚他，对弱者就用仁爱来抚慰他，放手

让他们安居乐业，时间久了，就更加受到敬重。”袁公说：“我过去曾经做过郧县县令，正是用的这种办法。不知道是你父亲效法我呢，还是我效法你父亲？”元方说：“周公、孔子生在两个不同的时代，他们的礼仪举止，虽然相隔很远也如出一辙；周公没有效法孔子，孔子也没有效法周公。”

殷仲堪正要到荆州去就任刺史之职，东亭侯王珣问他：“德行完备称为德，不害人叫作仁。现在你要去治理中部地区，处在有生杀大权的职位上，这恐怕违背了你原来的操守吧？”殷仲堪回答说：“帝舜时的法官皋陶制订了刑法，不算不贤德；孔子担任了司寇的职责，也不算不仁爱。”

两个段子都列举了孔子的例子，用孔子这位圣贤，来论证仁德具有典型性和说服力。两者都说明了仁德在根本上受内在本心的影响。

不过，前者侧重从身外之人来论“仁德”，即仁德之心未必是效仿得来的。后者侧重从身外之物来论“仁德”，即所处之位未必会影响仁德之心。可见，文本不同，就算是同一个话题也是各有侧重。

七、分析全面：“显处视月”和“牖中窥日”，各有优劣

褚季野语孙安国云：“北人学问，渊综广博。”孙答曰：“南人学问，清通简要。”支道林闻之，曰：“圣贤固所忘言。自中人以还，北人看书，如显处视月；南人学问，如牖中窥日。”

【注释】北人、南人：一说北人指黄河以北的人，南人指黄河以南的人，因为褚季野原籍在黄河以南，孙安国是黄河以北，两人互相推重。

【译文】褚季野对孙安国说：“北方人做学问，深厚广博而且融会贯通。”孙安国回答说：“南方人做学问，清新通达而且简明扼要。”支道林听到后，说：“对圣贤，自然不用说了，从中等才质以下的人来说，北方人读书，像是在敞亮处看月亮；南方人做学问，像是从窗户里看太阳。”

“显处视月”和“牖中窥日”这两个比方，一分为二地论述了“自中人以还”的北人和南人，在做学问上的优缺点：显处视月，一方面是视野开阔，另一方面却是很难专一；牖中窥日，一方面是视野狭窄，另一方面却是容易专一。由此可见，先将每个人、每件事一分为二地辩证分析，再进行彼此的比较，才会更全面更客观。

八、分清层次：前后两层两种“爱”

支公好鹤，住剡东岇山。有人遗其双鹤。少时翅长欲飞，支意惜之，乃铩其翮。鹤轩翥不复能飞，乃反顾翅，垂头，视之如有懊丧意。林曰：“既有凌霄之姿，何肯为人作耳目近玩！”养令翮成，置，使飞去。

【注释】支公：支遁，字道林，晋时和尚。剡（shàn）：剡县，属会稽郡。岇（áng）山：山名。翮（hé）：羽毛中间的硬管，这里用来指翅膀毛。

【译文】支道林喜欢养鹤，住在剡县东面的岇山上。有人送给他一对小鹤。不久，小鹤翅膀长成，将要飞了，支道林心里舍不得它们，就剪短了它们的翅膀。鹤高举翅膀却不能飞了，便回头看看翅膀，低垂着头，看上去好像有懊丧的意思。支道林说：“既然有直冲云霄的资质，又怎么肯给人做就近观赏的玩物呢！”于是喂养到翅膀再长起来，就放了它们，让它们飞走了。

如果围绕对爱的认知，这件事的前后可分为两层。

第一层是惜鹤铩翮。“支意惜之，乃铩其翮”，这种“惜”是自私的爱，满足了自己的占有欲，却害了对方，从肉体上，更从精神上——“垂头，视之如有懊丧意”。

第二层是养翮放飞。这种爱建立在理解、尊重对方的基础上。“既有凌霄之姿，何肯为人作耳目近玩！”这是以物为人，平等对待。“养令翮成，置，使飞去。”一个“置”字，诠释了“有一种爱叫作放手”。只是在这里，这句话不再局限于情歌的狭窄境界，而是不仅超越了爱自己，也超越了爱人类。

九、多元设问：多问几个“人”，每“人”多问几个“为什么”

顾荣在洛阳，尝应人请，觉行炙人有欲炙之色，因辍己施焉。同坐嗤之，荣曰：“岂有终日执之，而不知其味者乎！”后遭乱渡江，每经危急，常有一人左右已。问其所以，乃受炙人也。

【译文】顾荣在洛阳的时候，一次应邀赴宴，发现端烤肉的人有想吃烤肉的神情，就把自己那一份让给了他。同座的人都笑话顾荣，顾荣说：“哪有成天端着烤肉而不知肉味这种道理呢！”后来遇上战乱过江避难，每逢遇到危急，常常有一个人在身边护卫自己。便问他为什么这样做，原来他就是得到烤肉的那个人。

在这件事中，对顾荣的言行至少可以设出两问。

“觉行炙人有欲炙之色”，一个“觉”字，说明顾荣很有洞察力。可是，为什么只有顾荣察觉到了？“同坐嗤之”，可见只有顾荣同情心尚存，别人不仅没有同情，而且觉得可笑。因此，洞察力的前提是同情心。

为什么顾荣能做到“辍己施”？“岂有终日执之，而不知其味者乎！”在同坐嗤笑的包围中，顾荣的一声反问是多么勇敢。也只有具备勇敢的品质，才能让善良付诸行动，让平等不再停留在心里。因此，善良、平等的前提是勇敢。

对顾荣，设问不止一个。其实，设问也未必要止于顾荣一个。对“同坐”和“受炙人”也可以设问。

“同坐”为什么会“嗤”？显然是“行炙人”不“同坐”，这意味着不同位。不在同位，何必同情？这就是这些人的势利。

“受炙人”为什么能与顾荣共渡危难？“受炙”是恩，显然因为感激吧。“每经危急，常有一人左右己。”显然，他是在报恩。

“每经”、“常有”，为什么这份感恩之心能如此持久？感激之外，应该还有一份感动来自灵魂深处。“因辍己施焉”，感受一下“辍己”；“岂有终日执之，而不知其味者乎”，感受一下“岂有”：顾荣的言行，温暖了“受炙人”的不仅是肠胃，而且还有灵魂。因此，这里不仅有感激于物质的分享，而且还有感动于精神的平等。

概括前后两件事，我们会发现：前者侧重分享，后者侧重分担。这样的语序也意味着——别人替你分担苦难的前提，是你发自内心地与别人分享美好。

十、多重矛盾：矛盾的意义也许是引发深刻的思考

晋简文为抚军时，所坐床上，尘不听拂，见鼠行迹，视以为佳。有参军见鼠白日行，以手板批杀之，抚军意色不说。门下起弹，教曰：“鼠被害，尚不能忘怀；今复以鼠损人，无乃不可乎？”

【注释】晋简文：晋简文帝司马昱（yù），即位前封会稽王，任抚军将军，后又进位抚军大将军、丞相。参军：官名，是将军幕府所设的官。手板：即“笏”，下属谒见上司时所拿的狭长板子，上面可以记事。魏晋以来习惯执手板。

【译文】晋简文帝还在任抚军将军的时候，他坐床上的灰尘不让擦去，见到老鼠在上面走过的脚印，认为很好看。有个参军看见老鼠白天走出来，就拿手板把老鼠打死，抚军为这很不高兴。他的门客站起来批评，劝告他说：“老鼠给打死了，尚且不能忘怀；现在又为了一只老鼠去

损伤人，恐怕不行吧？”

简文帝和门客、参军之间存在着矛盾："鼠被害，尚不能忘怀；今复以鼠损人，无乃不可乎？”换句话说就是："你到底在乎已故的鼠，还是眼前的人？”这是珍惜曾经和珍惜眼前的矛盾。

如果联系“意色不说”和“今复以鼠损人”，还可以理解得更深入些。简文帝只是对参军不高兴，这对自以为除害做好事的参军是一种精神上的伤害，而老鼠却是被打死了。这是伤害生命与伤害心情的矛盾。那么，伤害动物的生命和伤害人的心情哪个更严重呢？这个问题就很深刻了，深刻得很难得出异口同声的答案。

为什么简文帝“见鼠行迹，视以为佳”，而参军“见鼠白日行，以手板批杀之”？因为参军看待老鼠，根据的是生活常识；而简文帝却将其视为观赏对象，满怀着的是艺术情趣、审美意识。这是艺术审美和生活常识之间的矛盾。简文帝到底是脱离生活的贵族，还是高于生活的艺术家呢？这个问题也很深刻，也同样深刻得很难得出异口同声的答案。

第二套 《老人与海》①

——从形象与物象解读自我与自然

“老人与海”，即“自我与自然”。小说中最大的形象莫过于“自我”，小说中最大的物象莫过于“自然”，而所有的具体形象和物象都在阐释它们。因此，要理解这则“自我与自然”寓言，必先解读其中的具体形象与物象。

①阅读版本为天津人民出版社的李继宏译本。

一、描写有序：描写外貌的顺序，反映出老人的工作环境和生活状况

老人瘦骨嶙峋，后颈上是深深的皱纹。他上半边脸有些褐色的斑块，那是热带海洋上的日光带来的良性皮肤病。斑块蔓延到两颊下部，双手有深深的伤疤，那是长年用绳索对付沉重的海鱼留下的。不过这些伤疤没有新的。它们古老得像久经侵蚀的无鱼沙漠。

他浑身显得很老，但双眼除外，它们有着海水的颜色，透露出乐观和永不言败的神色。（第 003 页）

男孩回来时，老人在椅子上睡着了，太阳已经下山。男孩从床上拿起破旧的军用毛毯，把它披在椅背上，盖住老人的肩膀。这双肩膀很奇怪，虽然非常苍老，但依旧刚健有力，脖子也依旧强壮，皱纹看上去不是太多了，因为老人睡着了，头垂在胸前。他的衬衣缝补了很多次，像那片船帆，那些补丁被太阳晒得褪色，颜色深浅不等。但老人的头显得非常苍老，因为他的眼睛紧闭着，脸上没有生气。报纸摆在他的膝盖上，他的小臂压着它，所以没被傍晚的海风吹走。他的脚是赤着的。（第 010 页）

这段话（第 003 页）表现出了老人的经历。将伤疤比作无鱼的沙漠，也暗示了老人已经很久（84 天）没捕到鱼了。

——蔡倩玥同学

这段话（第 010 页）首先是对肩膀与脖子的描写，“皱纹”表现了老人的苍老，而“刚健”这个词侧面描写老人不服输的性格，暗示后文老

人不懈捕鱼的样子。而“缝补”则看出老人并不富裕，也看出老人的随性，将之比作船帆，也是把老人与海、船、帆融为一体，老人代表着捕鱼，描写出一副渔夫形象，最后的“赤脚”也可看出老人随性，对生活从容接受，不刻意要求自己。而头的苍老又强调老人老，“没有一丝生气”与前面的“刚健有力”形成对比，人不可貌相，现在的老人看起来苍老无力，而捕鱼时却执着坚持。

——金沁怡同学

【教师共读】

这两段的外貌描写值得借鉴的地方很多。

第一，描写外貌的顺序符合人物特定的状态和姿态。选文的第一段先写后颈再写脸部、双手，很有镜头感，这是老人面朝大海，背对陆地，用力后仰，拖船上岸的过程，用力中身体渐渐后仰，先见后颈缩出了皱纹，然后看见后仰倒挂的头部，当然应是脸的上半部分，最后顺着后仰的脸部向前看去，就是力量的焦点——拖船上岸的双手。选文的第二段描写顺序是肩膀，脖子，头和脸，膝盖和小臂，脚。为什么先肩再脖后头，而非先头再脖后肩呢？“因为老人睡着了，头垂在胸前。”

第二，外貌、穿着、神态描写反映生活环境、经历和理念。比如用海水形容他的眼睛而非只说蓝色（用事物形容颜色的还有用薰衣草和紫罗兰来形容大鱼尾巴和身上横纹的颜色，以此透露出老人的审美意识），比如用船帆形容衬衣，比如用无鱼的沙漠形容双手的老伤疤。海水、船帆、鱼，这些都是和渔夫生活最密切的物象。而赤脚则反映了老人将船上的习惯带到了陆地，这是职业特点。另外，“军用毛毯”则引发了读者对老人过去经历的好奇。

第三，外貌描写中的一部分反衬另一部分。这两段对脸部苍老的描写都是为了反衬出老人的眼睛。人心的衰老是从眼睛开始的，但是老人的眼睛告诉读者他依旧拥有强大的心力。

第四，外貌描写存在错位，却又符合生活真实。皱纹让读者立即想到的是额头，但作者却将它们和后颈结合在一起。后颈的皱纹一则是因为头部后仰挤压后颈；二则是因为后颈经常被过度拉伸，所以收缩后后颈肌肉就容易有皱纹，这意味着老人垂头睡在椅子上是常态。

第五，描写外貌不要一次性写完，应该根据立意和内容的需要，有层次有侧重有变化地写。比如第一段文字重点写双手和眼睛，第二段文字重点写肩膀、脖子、头、脚，这就有了层次；第一段交代老人的经历、现状和精神状态，第二段强调老人苍老和强壮并存的身体状态，这就有了侧重；而两段又写出了睁眼和闭眼、后仰的后颈和垂下的后颈两种状态，这就是有变化。与之类似的还有捕鱼过程中根据各个阶段的需要分别特写了手、头等部位，比如写了抽筋的左手和糊涂的头，而到了“赛点”，又按一定顺序同时“引爆”这些部位——“手啊，你快点拉啊。腿啊，要撑住啊。头啊，为我顶住吧。”

二、发现矛盾：为什么在物产丰富的近海，技术精湛的老人却捕不到鱼

> 他们坐在露台酒吧，许多渔夫拿老人开玩笑，他倒不生气。也有些年纪较大的渔夫看着他，感到很难过。但他们没有表现出来，而是礼貌地聊起海水的流向，他们的钓索放了多深，持续的好天气，以及他们见到的景象。（第 004 页）

> 屋里并没有拖网，男孩记得他们是哪天把它卖掉的。但他们每天都假装它还在。老人没有鱼肉黄米饭，这男孩也知道。（第 008 页）

为什么年纪较大的渔夫没有开他的玩笑，并且和他聊一些捕鱼的话题？首先，年纪较大的渔夫不和他开玩笑，是因为他们知道，随着时间

的过去，总有一天，他们也会和老渔夫一般，捕不到鱼。因此，他们不仅是为老渔夫感到难过，更为自己的将来感到难过。

其次，他们聊的话题是“海水流向”、“钓索深度”、“好天气”、“他们看到的景象”，这显然是像在暗中帮助老渔夫，让他循着他们捕鱼的方法捕些鱼。

——徐星晨同学

【教师共读】

老人假装有鱼肉黄米饭招待男孩，由此可知，老人在面对别人的时候是十分自尊的。我很赞成徐同学的分析，老渔夫们暗中透露信息和经验是为了既帮助到老人又照顾到老人的自尊。

其实，帮助老人并照顾老人自尊的，还有男孩和酒吧老板。

老人说的拖网和鱼肉黄米饭，男孩假装它们真的存在，并带给了老人沙丁鱼作为鱼饵，主动“喂话”——把话题引向老人擅长的非洲往事和棒球新闻。

露台酒吧老板向老人免费提供了饭菜，从老人和男孩的对话中看，酒吧老板雪中送炭已经不止一次。

除此之外还有很多人，所以老人回来才知道，因为老人迟迟不归，以及不能出海的大风，他们曾经担心并去找他，“还出动了海岸卫队和飞机”（第 090 页）。

所以，老人的自尊和自信固然发自硬汉的内核，但是也和这样一个温暖的环境密不可分，正如老人自己所说：“我生活的这个乡镇很友好。”（第 082 页）当然，伟大的自尊从不自欺，在海上独处的时候，老人曾经向自己坦白过想法——“其实是那孩子养活了我，他想，我千万不能太过自欺”（第 076 页）。

从后文看，老人曾捕了一星期的鱼，就在近海的“大井”，但却没有收获，这也是被许多渔夫开玩笑的原因。

是这个地方物产不丰富吗？不，漩涡聚集了许多虾、饵鱼（在老人看来，这只是用来钓大鱼的鱼而已）、乌贼，这里是大部分渔船作业、收获、发财的地方。

是老人技术不行吗？也不是。从后文来看，利用军舰鸟和跃出水面的飞鱼，老人能感觉到在水下追逐飞鱼的鲯鳅；随着海流，老人能保持钓索垂直，并让鱼饵分布在不同层次。这些细节都说明老人并非技不如人，捕不到鱼是不应该的，似乎也只能归结为运气。

为什么在物产丰富的近海，技术精湛的老人却捕不到鱼？

首先，是由近海“大井”的性质决定的。这个七百英寻的深井虽有大量的饵鱼、小虾，还有乌贼，却更像是一个工业社会——产品丰富，却鲜有艺术品。比起钓钩和钓索，可以大量捕捞的拖网更适用于此地。但老人的拖网已经卖掉糊口。是的，他偏偏选择先卖掉拖网，而非钓钩，或精良的加泰罗尼亚钓索。显然，在他眼中，钓鱼是捕鱼艺术，网鱼不是。

其次，可以从老人的捕鱼装备来看。老人为什么不愿卖掉钓钩或钓索？先好好看看它们吧。老人的钓索又比大铅笔粗——“他的钓索很结实，是用来钓大鱼的”（第 030 页），钓钩是手工打造，穿着小金枪鱼头，鱼饵中有两条男孩给他的新鲜小金枪鱼以及很棒的沙丁鱼。从钓索的大小、钓钩的鱼饵大小，可见老人是专门钓中大型鱼类的，在钓小鱼的近海，他没有用武之地。

因此，在近海“大井”发财的是工业时代的捕鱼产业者，而老人依旧是手工业时代的捕鱼事业家，在这个庸碌的地方比赛，老人当然会输。对不凡的渔夫，有两个归宿：一个是在庸碌的近海渔场中，在往日的辉煌回忆里老去；一个是在不凡的远海沙场上，在全新的纪录（第一次“一对一”抓到上千磅重的鱼）中不朽。

显然，在 84 天中，老人尝试过前者——“我在这些深井忙了整个星期，但毫无收获”（第 019 页），这也是人之常情。“不凡”毕竟只是一种状态，但不是人生的常态，这才是真实的人，而非虚构的神。不凡的人之所以成为不凡，只是因为生命中几个孕育不凡的瞬间（比如大鱼出现的九月），别人弃如敝屣，他们如获至宝。但命运制造的“84 天捕鱼荒”又迫使老人重新选择了后者，使其在与大鱼的生死较量中“重拾早已放下的骄傲”（第 67 页）。“这是大鱼出现的月份，”老人说，“要是在五月，谁都可以当渔夫。”（第 010 页）这就是老人拒绝平庸的骄傲宣言。

三、对梦设问：“为什么梦不见”与“为什么没有梦见”

他再也梦不见风暴，梦不见女人，梦不见重大的事件，梦不见大鱼，梦不见打架，梦不见比拼力气，梦不见他的妻子。现在他只梦见各个地方，和沙滩上玩耍的狮子。它们像小猫般在暮色中玩耍，他热爱它们，如同他热爱那男孩。他从来没有梦见男孩。（第 016 页）

自从那鱼遭到撕咬之后，老人再也不忍心去看他。那鱼遇袭时他很心痛，好像受攻击的是他自己。

但我杀了那条袭击我的鱼的鲨鱼，老人想。上帝作证，我见过很多巨大的利齿鲨，但他是我见过的最大的。

好事总是不长久，他想。现在我宁愿这是一场梦，我宁愿从来没有钓到这条鱼，孤独地躺在床上看报纸。（第 073 — 074 页）

“他们咬掉的鱼肉肯定有四分之一，而且都是最好的，”他说，“我真希望这是一场梦，我从来没有钓到他。鱼啊，对不起，这全都怪我。”（第 078 页）

我必须什么都别想，耐心等待更多的鲨鱼。我真希望这是一场梦，他想。（第 080 页）

为什么老人只梦见各个地方和海滩上的狮子？风暴象征困难，女人象征爱情，打架和比拼力气则象征着力量和勇气，妻子象征家庭。老人只梦见狮子，这是他年轻时见过的，将凶猛的狮子比作小猫，象征着男孩一样的青春与活力，是老人在暮年依旧向往的。狮子生活得如玩耍一般表现了老人对困难的蔑视。

——王彦亭同学

【教师共读】

为什么老人只梦见各个地方和海滩上的狮子？这正说明了人生如梦，万事虚无。走在不断延伸的人生地图上，蓦然回首，一切过去的人情事物都如幻想一样消失，人生终究是一场归于孤独的旅行，真正存在的只有充实的自我和空荡的地图，而狮子正是老人对自我的定位，所以在作者看来，注定孤独的人生其实就剩下两个根本问题有意义，即：我在哪？我是谁？

为什么他从来没有梦见过男孩呢？首先要区分“梦不见”和“没有梦见”，“再也梦不见”的都是曾经梦见的，而“从来没有梦见”说明一次也没有。而梦见过的都成了过去，也终将失去，这恰恰说明老人没有失去男孩，也没有失去未来，因为男孩就是老人的未来，即硬汉精神的传承者。

另外，虽然客观上男孩奉父母之命去其他船上谋生被迫离开了老人，主观上老人也需要远征中配备一个助手，但是，老人的可贵之处在于，他克服了这种私心，替男孩的成长考虑，并不希望男孩成为他的梦的附属品，正如老人对男孩所说“你已经是男子汉啦”，是男子汉就应该拥有自己的那片海。

上面的两个与“梦”有关的“为什么”，可以这样理解：风暴、女人、大事、大鱼、打架、比拼力气、妻子……一切都会过去，但只要还能在梦中看见狮子，在眼前看见男孩，一切都不会过去。而三个“这是一场梦”，则可以理解为“一切都没有发生”。大鱼是老人梦寐以求的，但当梦境照进现实后，老人却感到后悔和惭愧。因为捕捉大鱼是巨大的成功，而保护大鱼却是巨大的失败。但是，与其说梦里剩下了狮子，不如说守住了梦里的狮子；与其说梦外剩下了鱼骨，不如说守住了梦外的鱼骨。梦里梦外皆无物，唯有精神满乾坤。

四、角度差异：同一片“大海”的不同形象

他总觉得大海是女性，说西班牙语的人会用女性的她来指他们热爱的大海。那些热爱她的人有时也会说她的坏话，但他们总是把她当作女性。有些年轻的渔夫，那些把救生圈绑在钓索上当浮子、因卖鲨鱼肝而发财买了汽船的年轻渔夫，则把大海当作男性。他们把她视为竞争对手或某个地方，甚至是敌人。但老人总是把她当作女性，某个有时肯帮大忙有时不肯的女人，就算她做了某些粗暴或者邪恶的事，那也是因为她身不由己。她就像女人那样受月亮的影响，他想。（第 019 页）

为什么把大海当作女人？

老人是渔夫，靠大海才能生存，大海是他的粮仓，那是他的精神依靠，抚育他生活，大海像母亲一般。

都说女人善变，所以“有时肯帮大忙有时不肯”，老人有时能捕到鱼，有时却又陷入不能捕到的窘境。而男人对于女人通常有种征服的欲望，这也就是老人出远海捕鱼却不放弃的原因。

——李玥同学

【教师共读】

老人把大海当作女性，是个绝妙的比喻。一个好的比喻必须在本体和喻体之间找到一个共同点或聚焦点。大海的潮起潮落受到月亮的影响，而女性的生理周期也受到月亮的影响，而生理会影响心理，所以有时做出粗暴和邪恶的事，老人可以将其理解成“她身不由己”。

老人不信教却信仰大海。但大海在他心中是怎样的存在呢？首先，大海具有母性的光辉，养育了众生，但绝不是母亲这么简单的角色定位，所以我看重文中说的“女性”一词，因为内涵和外延都很丰富的“女性”

绝不是一个“母性”所能了得的。

大海也是任性的妻子。“有时肯帮大忙”就像为老人提供了一条大鱼;“有时不肯”就像让老人八十四天一无所获:这全看老人敢不敢到达海洋身心的深处(远海)。

大海还是邪性的毒妇。“粗暴”的她无情地让鲨鱼将大鱼啃得只剩一副骨架;“邪恶”的她既将鳍鳅作为性爱对象又无情地将其作为关爱老人的食物——“他们经过一大片岛屿似的马尾藻,它随着微澜起伏摇摆着,仿佛海洋正在黄色的毛毯下和某样东西做爱,这时他的小钓索钓到了一条鳍鳅。”(第051页)当然,顺着老人的视角,其中有“身不由己”的理由:她既要养活老人也要养活鲨鱼;她既要满足老人也要满足自己的生理需求。这种无情实为无奈。

老人对大海的热爱与大海这个女人的好坏无关,因为这好和坏只是从是否满足人类生存和欲望出发的,这不是大海直击灵魂的魅力所在。正如王尔德所说:“把人分成好的与坏的是荒谬的,人要么迷人,或者乏味。”而大海的迷人之处在于让老人在一次次出海中在经历和精神上致富,老人对大海的热爱使得他一次次去远海(远海是最纯粹的海),时而亲昵,像单独约会,时而庄重,像一个人的朝圣。这一次次的约会或朝圣又使得大海在老人眼中越来越迷人,这欲罢不能的热爱中除了敬爱更有宠爱,这又应了王尔德的另一句话:“我想所有迷人的人都是被宠爱着的,这是他们吸引力来源的秘密。”老人对大海的狂爱是大海魅力的来源。

年轻人有欲望和好胜心,所以即使从海中发财,仍把大海当作敌人,受过穷困所以将利字当头。而大海虽给了他们利,却是他们得利途中最大的阻碍。在他们眼中,弊重于利千万倍。韩寒说,小孩才分对错,大人只看利弊,而成熟的大人,如老人,会以包容的态度对待大海,他将大海当作一个人。会站在大海的角度思考,因为他一生与海为伴。于他,海是最熟悉的。阅历丰富,安于贫穷,而精神富有。

——缪嘉祺同学

【教师共读】

大海是愿意帮助人类获得生存必需的，但是生存之上的欲望所求除外。从“因卖鲨鱼肝而发财买了汽船”可知年轻人捕鱼不仅为了生存，而且为了致富——整个大海只是一个渔场而已，这种贪婪超出了大海所能帮助的范围，于是年轻渔夫只能硬抢大海不愿帮助的部分，大海就从友人被迫成为敌人。既然唯利是图，那也就不用在乎捕什么鱼，只要赚钱即可，所以会捕鲨鱼。而捕什么鱼，做什么人。捕大鱼的老人显然是大写的人。从整个小说看，鲨鱼显然不在老人的捕猎和审美范围之内，只是丑恶的敌人。而最丑恶的无外乎鲨鱼那张代表贪婪和欲望的嘴，例如“他是条灰鲭鲨，能追上海里游得最快的鱼，而且除了嘴巴，浑身上下都很漂亮。”（第 071 — 072 页）。如果大鱼利剑一般的长嘴是生死较量的武器，那么鲨鱼利齿遍布的大嘴只是装填欲望的容器。老人觉得和鲨鱼没有伟大的比赛，只有残暴的战斗。老人出远海捕大鱼更像是一种带有审美意识的行为艺术。而有些开着汽船靠鲨鱼肝牟利的年轻人，则没有继承渔夫对大海的审美态度。这就更显出老人对他的粉丝——男孩马诺林的珍视，“它们像小猫般在暮色中玩耍，他热爱它们（狮子），如同他热爱那男孩”，所以作者借老人将狮子和男孩并提，因为硬汉精神和审美意识这些传统至少有他来继承。

另外，缪嘉祺同学的“受过穷困所以将利字当头”这句话我很有感触，确实大部分人拼命致富是因为怕再次陷入曾经的困窘处境，也就是穷怕了。子曰：“君子固穷，小人穷斯滥矣。”大部分人不要说遭遇，哪怕只要想一想老人那种吃了上顿儿没下顿儿的凄凉晚景，就会像那些年轻人一样趁着年轻在大海上逐利，对大海不义——而老人无疑是固穷的君子。“一箪食，一瓢饮，在陋巷，人不堪其忧，回也不改其乐。贤哉回也！”孔子对颜回的评语也适用于老人。可见穷不只给了人一个选择——物质致富（利），还给了另一个选项——精神致富（义）。当然，选择后者的注定寥寥，却也注定不凡。

五、插叙之用：从回忆中的雄鱼到眼前的大鱼

> 我记得那次他钓到一对旗鱼中的一条。雄鱼总是让雌鱼先吃，那条雌鱼疯狂地、慌乱地、绝望地挣扎着，很快就耗尽了气力，而雄鱼从头到尾陪着她，绕着钓索游来游去，陪着她在海面上转圈。他离得很近，老人担心他会用尾巴切断钓索，他的尾巴锋利得像大镰刀，大小和形状也很像。后来老人用鱼钩把她拖近，拿木棒敲打她，抓住她那尖锐锋利的长嘴，不停地猛击她的头顶，打到她的颜色变得几乎像镜子背面那么灰白，然后在男孩的协助下，把她拖到船上，那条雄鱼始终在船边不肯离去。然后当老人清理钓索、准备鱼枪时，那雄鱼在船边高高地跃起，想要看清雌鱼到底怎么样，接着重重地掉下去，他那对紫色的翅膀，也就是他的胸鳍，张得很开，那些很宽的紫色横纹全部露出来了。老人记得他很漂亮，而且徘徊不去。（第034页）

“雄鱼从头到尾陪着她”、“雄鱼始终在船边不肯离去”，这段话首尾两次提到雄鱼对雌鱼的徘徊不去，可以看出雄鱼对雌鱼的不舍。“疯狂地、慌乱地、绝望地挣扎着”写出被钓索钩住的痛苦。文章没有特地停下来描写鱼的形象，但却在叙事过程中将鱼的外形特点写了出来。

——郑家欣同学

【教师共读】

为什么要写这一段插叙？为什么要回忆雌鱼和雄鱼？

在上文中，大鱼咬钩后毫不慌乱，颇具大将之风。雌鱼的疯狂、慌乱、绝望反衬了大鱼的漂亮、镇定、高贵。

雄鱼的跳跃让老人赞美不已，老人把胸鳍认作翅膀。大鱼被捕前最

后的姿态也是这种壮美的鱼跃，这是超越自我和生死的表现。雄鱼之于大鱼，更像是一个引子。如果说雄鱼的跳跃引发的只有赞美，那么大鱼引发的就不只是赞美了。

这种飞跃很可能挣脱钓钩，让老人空手而归，这就让老人既爱又忧了。老人还为此“恳求”大鱼——“鱼啊，别跳”（第 063 页），老人在获胜前的“示弱”，也等于将老人的座右铭与这条大鱼共享——“好汉可以被毁灭，但绝不能被打败”。可见，这里还有担忧、畏惧。

在大鱼死后，老人更将其比作“圣徒雕像”（第 069 页），并认为“他们（老人、和船身绑在一起的大鱼遗体）正在并排前进”（第 071 页）。在和鲨鱼搏斗的时候，老人甚至想用大鱼长嘴当作武器，作为“联手对付他们（鲨鱼）”（第 083 页）的象征。可见，这里还有崇敬、认同。

总之，如果说老人是大写的人，那么大鱼就大写的鱼，他们的确都是值得敬畏的美丽生命。

六、插叙之用：老人确信能战胜黑人，却不确信能战胜大鱼

> 赔率整夜都在变来变去，大家喂那黑人喝朗姆酒，还给他点香烟。黑人喝过朗姆酒后，会拼命地使劲，又一次他把老人——那时并不是老人，而是冠军圣迭戈——的手压低了三英寸。但老人把手扳起来，又回到了相持的状态。当时他确信能打败那黑人，那可是个好汉，也是个运动健将。（第 049 页）

> 鱼啊，你这是在要我的命，老人想。但你有这个权利。老兄啊，我从未见过你那么大、这么漂亮、这么镇定、这么高贵的鱼。来吧，把我干掉吧。不管谁干掉谁都可以。（第 066 页）

老人面对挑战从不畏惧，反而主动迎战，这源于老人的勇气与自信、

乐观，且尊敬对手，不管对象。在年轻时面对黑人，他能与其较量一天一夜，足以证明顽强的意志，这也在追捕大鱼时表现了出来。在他眼里，大鱼是对手，亦是朋友。他的身份也不仅仅是渔夫，更是挑战者。老人乐观却并不盲目，就算失败也要虽败犹荣，他不允许自己做一个逃兵。

——李玥同学

【教师共读】

从老人对黑人和大鱼的想法上看，老人确信能战胜黑人，却不确信能战胜大鱼，可见大鱼这个对手在老人心中的地位。插叙与黑人掰手腕的往事，也是为了衬托出大鱼这个对手超越了一般的人类对手。

在文中，老人甚至希望自己成为那条大鱼，因为人类无法承受的痛苦，那条大鱼却能承受。在头脑变糊涂的时候，老人也要求自己忍受住痛苦，像那鱼一样。大鱼的特点与老人在之前提到的海龟类似，海龟会闭上眼睛吃掉有毒的僧帽水母，这是对痛苦超常的承受力；海龟被大卸八块后心脏还能持续跳动几个小时，这是精神超越生命的象征。但是老人对海龟的态度是怜悯，对大鱼的态度是崇拜，因为海龟只是无辜的猎物，而大鱼则是无畏的对手，更需要惊心动魄的较量。

老人对对手的定位和态度，让我想起了一则新闻：

有一位中国老师带领学生合唱团赴英国莱高伦参加第56届国际音乐节比赛。参赛队都有很强的实力，但只有前三名才能获一等奖。比赛结束，中国队获得第三名，但学生们很失落，哭成一片。而获得第九名的意大利队却在狂欢、祝贺，因为他们感觉今天在台上演出没有出任何差错，大家表现都很出色。没获奖的团队在狂欢，而获奖的团队却沉浸在痛苦之中。

中国学生只看到了自己的实力，却没有看到“参赛队都有很强的实力”，为一等奖第三名而哭泣其实是对对手实力的一种轻视。难道他们只会在不堪一击的对手身上，在一边倒的比赛中找到低层次的快感吗？他们真应该好好读读《老人与海》，老人内心的独白告诉我们：没有伟大的对手，就没有伟大的比赛，更不会有伟大的自我，而精彩的自我超越和幸福的过程体验更是无从谈起。

七、物象有意：壮美背景下，杀死“兄弟”是竞赛而非战争

想想看，要是人每天必须努力去杀死月亮，那会怎么样呢，他想。月亮会逃走的。但想想看人每天必须努力去杀死太阳，那又会怎么样呢？我们真是天生幸运啊，他想。

然后他可怜起那条大鱼来，因为他没有东西可以吃，可是他想杀他的决心却没有因这份怜悯而动摇。他可以供很多人食用，老人想。但那些人配吃他吗？不配，当然不配。谁也不配吃他，他是那么的优雅，那么的出色。

我不明白这些事，他想。但幸好我们不必去尝试杀死太阳、月亮或星星。我们只要依靠大海和杀死我们真正的兄弟就足以谋生了。（第 053 — 054 页）

或许杀死那鱼算是罪过吧。哪怕我是为了谋生和养活许多人而杀了他。但这么说来一切都是罪过。别想什么罪过。现在想已经太迟了，有些人还靠这个赚钱呢。让他们去想吧。你生来就是渔夫，就好比鱼生来就是鱼。……

但他喜欢思考所有跟他有关的事物，由于船上没有书报可以读，他也买不起收音机，所以他想了很多，总是思考着罪过。你杀死鱼，不光是为了谋生和卖给别人当食物，他想。你也出于骄傲而杀他，因为你是个渔夫。他活着时你爱他，他死了你也爱他。如果你爱他，那么杀害他就不是罪过。或者是更严重的罪过？

……他和你相同，也是靠活鱼生存。他不吃腐肉，也不像有些鲨鱼那样，什么都吃。他既漂亮又高贵，而且不知畏惧为

何物。（第 075 页）

“太阳、月亮、星星”代指不可改变的自然和人类赖以生存的环境。三者都照亮人们的世界，是人类不可或缺的能源与生活必需品。杀死它们就等于杀死希望和光明。

然而对老人来说，仅次于失去希望的悲剧就是杀死兄弟。这里的兄弟无关种族，是心灵上的兄弟。这条鱼拥有和他一样的克服逆境的勇气和决心，并且正在奋力拼搏。这使老人想到了杀死与自己相同境遇的鱼，就像毁了他自己。体现了老人的不忍和无奈，增加了全书的悲壮调子。

——承珣同学

这段话（第 075 页）体现了老人对于环境和鱼类的一视同仁、平等对待的人生态度。但同时老人也认为那些欲望无尽捕杀鱼类赚钱的人是要鄙视的。而老人说爱鱼，是因为鱼和他一样有那种顽强、坚持的精神。而老人认为骄傲杀鱼，这是渔夫的天性，是渔夫，而不是捕鱼人，证明他是专业的，与卖鱼赚钱的捕鱼人是不同的。

——吴忆垚同学

【教师共读】

月亮守护着大海，影响着大海的情绪；星星守护着老人，照见了海中的对手；而太阳则给了老人希望。它们共同组成了一幅壮美的背景。

在壮美的背景中，骨肉相残不是生活的惨剧，而是源于生活，高于生活的悲剧。我很同意承同学使用的“悲壮”一词，悲剧之悲也可以分为两种：为生存的本能而杀死兄弟是悲壮的竞赛，为财富的欲望而杀死兄弟是悲凉的战争。

虽然两者都是悲剧的结果，但是前者的过程是伟大的，而后者的过程是虚无的。捕鱼不分对象，一心只为发财的人，虽然可以拥有老人此生不会有的收音机和汽船，但是却不配以大鱼为食物，他们掠夺大海满足私欲，灵魂是卑鄙的。反观老人，虽然自认为出于生存本能杀死大鱼是罪过，但是捕鱼过程中表现出来的职业精神却是高尚的。虽然前者富有，后者赤贫，但是“卑鄙是卑鄙者的通行证，高尚是高尚者的墓志铭”。

八、人物设定：马诺林和狄马乔的角色定位是否重合

“没关系，伟大的狄马乔又找回状态啦。”

“我倒是想带伟大的狄马乔去捕鱼，”老人说，“大家说他父亲是个渔夫。也许他以前也像我们这么穷，能理解我们的想法。”（第013页）

“我的头脑没有那么清楚。但我认为伟大的狄马乔会赞许我今天的表现。我没有长骨刺，但双手和后背真痛啊。”（第069页）

老人取得成就会提到狄马乔赞许自己，原因有三：狄马乔是棒球界中的英雄，老人认为他会赞扬自己是对自己作为的肯定，自己也是英雄；狄马乔的父亲也是渔夫，侧面反映了自己和狄马乔一样拥有坚毅的意志；狄马乔克服骨刺的痛苦重返赛场映衬老人克服手中疼痛捕到大鱼。

——顾昊昱同学

【教师共读】

棒球明星狄马乔找回状态，是处于捕鱼荒的老人给自己的一种心理暗示。父亲是渔夫的狄马乔更让老人感到亲近，老人自然视其为传承硬汉精神和渔夫传统的下一代。向男孩马诺林提起他时，老人用的是“我们”。这说明老人不仅将其视为自己的偶像（第069页），而且将其视为男孩的榜样（第013页）。

另外，作者并没有为老人安排有血缘关系的后代，这有利于将读者的注意力放在精神后代上。狄马乔这个棒球明星和马诺林这个男子汉，都是这种硬汉精神和渔夫传统的继承者，他们不属于迷惘的一代。

既然狄马乔已经传承了这种精神和传统，为什么老人还希望下一代

见证老一代最后的表现呢？因为老兵不死只会慢慢凋零——传承到位是你的事，坚持到底是我的事。

那么马诺林和狄马乔的角色定位是否重合呢？显然各有侧重，已经打拼出一片天地的狄马乔无疑是马诺林的明天。换句话说，狄马乔是完成时，马诺林是进行时。马诺林从小跟着老人去远海学习渔夫的技术和艺术，产生了渔夫的理想，现在又因现实被迫离开老人寄身近海的渔船谋生，还未拥有属于自己的一片帆和一片海，正如男孩在老人拖回巨大的鱼骨架后所说的："我昨天抓到了两条。但我们要一起捕鱼。因为我还有很多要学。"男孩为出发的老人付出了热情，为归来的老人流下了热泪，这种热贯穿小说的首尾，让每一个读者都会去相信，理想终将照进现实，报纸上的"狄马乔"总有一天会来到老人的眼前。就连让老人欢喜（捕到大鱼）更让老人忧（大鱼被鲨鱼啃噬）的运气也这么暗示，接近尾声的一段对话是明证：

"我很想念你，"他（老人圣迭戈）说，"你（男孩马诺林）的收获怎么样？"

"第一天抓到一条，第二天一条，第三天两条。"

"非常好。"

"我们又可以一起捕鱼了。"

"不要。我不走运。我再也没有好运啦。"

"去他妈的好运，"男孩说，"我会带来好运的。"

原来，老人的运气不是凭空没有了，而是和硬汉的基因一起遗传给了这个男孩。

九、反复提及：被老人多次想起的马诺林，形象更丰富

那鱼稳稳地游着，他们在平静的海面缓缓前行。其他鱼饵还在水里，但没有需要处理的情况。

"要是那孩子在就好了，"老人说，"我正在被一条鱼拖着

走，我可成缆桩啦。我可以把钓索绑在船上。但那样他会挣扎的。我必须尽量拖住他，有必要的话就把钓索放给他。谢谢上帝，他是在向前游，而不是往下沉。”（第 030 — 031 页）

这时他们前进的速度变慢了，哈瓦那的灯光变得模糊起来，所以他知道海流肯定推着他们向东而去，他想。因为按照那鱼原来的路线，再过几个小时我也肯定能看到它……

接着他说：“我很希望那孩子在我身边。要是他来帮我忙，看到这种情况就好啦。”（第 032 — 033 页）

那是我捕鱼时遇到最难过的事，老人想。那孩子也很难过，我们心怀不忍，赶紧把她切开。

“要是那孩子在这里就好了。”他说，靠着船头被磨滑的木板，感受着大鱼通过勒在他肩后钓索传来的力量，而大鱼稳稳地前进，不知道要去哪个地方。（第 034 页）

但如果我钓到别的鱼，却被这条鱼跑了。谁来替换他呢？我不知道刚才上钩的是什么鱼。可能是枪鱼、剑鱼或鲨鱼。我没来得及弄清楚。我必须尽快摆脱他。

他说：“要是那孩子在这里就好了。”

但那孩子没有来，他想。你只能靠自己，你最好现在就去最后那根钓索那边，管它天亮没亮，赶紧把它砍断，将那两卷备用索接起来。（第 035 页）

现在我要专心干好我的工作，还得把金枪鱼吃掉，这样才能保证力气不减退。

“那孩子在这里就好了，要是有些盐就好了。”他说。（第 039 页）

要是那孩子在这里，他可以替我揉一揉，从前臂让手指放松下来，他想。但它终究会松开。（第 043 页）

“我跟那孩子说过我是个怪老头，”他说，“现在我必须证明这句话。”

他已经证明过上千次，但这毫无意义。现在他要重新证明它。每次都是从头来过，他重新证明时从不想着过去。（第 046 — 047 页）

要是那孩子在这里，他会把索圈弄湿，他想。是啊。要是那孩子在这里就好啦。要是那孩子在这里就好啦。（第 059 页）

老人在独自出海时多次提到孩子，因为老人用传统简单的方式捕鱼，在碰到大鱼时想要孩子帮助。（第 030 — 031 页）人老了，孤身一人。（第 032 — 033 页）孩子与老人有共同回忆，例如他上次钓到一对旗鱼中的一条。（第 034 页）他需要孩子来帮他砍断钓索接备用索。（第 035 页）老人受伤时，连小鸟也不见了。老人需要孩子这么一个伙伴来理解他，陪伴他。（第 039 页）孩子可以给老人揉左手，甚至给老人心理上安慰。（第 043 页）他要向孩子证明他是个怪老头。（第 046 — 047 页）孩子会把索圈弄湿，他就不会割得很痛。（第 059 页）

——吴香芸同学

【教师共读】

男孩是硬汉的精神继承者。而通过老人的反复提及，他在小说中的定位得到了强化或丰富。在出海过程的各个阶段，男孩分别被定位成：体力帮助者、精神慰藉者、经历共享者、奇迹见证者。总之，虽然男孩未能成行，却是老人的心路同行者。

十、物象比较：当大鱼的脊骨被误读成鲨鱼的尾巴

> “那是什么？”她（女游客）指着大鱼长长的脊骨问服务员。那残骸现在只是垃圾了，等着潮水把它卷走。
>
> “Tiburon，”服务员说，“鲨鱼。”他准备解释事情的经过。
>
> “我以前还不知道鲨鱼的尾巴有这么漂亮好看呢。”（第 091 — 092 页）

被鲨鱼吃剩的鱼骨已经没有价值。除了孩子和与老人交好的朋友外，没人再在乎这些了。老人的努力成了虚空。自然最终会把来自自然的东西带回去。在酒吧，老人的经历成了揽客的工具。服务员想以此吸引顾客，却没有用心领教这个故事，把大西洋蓝枪鱼（旗鱼中体型最大的一种）说成是鲨鱼了，游客更是连故事也不想听，只看鱼骨的形状。

——马梓韵同学

【教师共读】

服务员的误导不仅混淆了物种，而且颠倒是非，混淆美丑。因为在老人的审美世界里，“鲨鱼”是丑恶的敌人，“大鱼”是美丽的对手和战友。或许有人会说，服务员至少还知道故事的经过。是的，不过这只是故事经过，而非悲剧英雄的伟大处——心路历程。因此，服务员象征着现代人对严肃精神的娱乐戏谑，与连故事都不想听的女游客相比，只是五十步与一百步的区别而已。

值得注意的是，服务员的无知往往掩盖了女游客的无聊。其实，在扭曲大鱼形象的作为上，女游客竟然比服务员走得更远。服务员混淆了“大鱼”和“鲨鱼”，而她更是混淆了大鱼的“脊骨”和鲨鱼的“尾巴”。“脊骨”象征的是硬汉的精神内核，而“尾巴”只是“漂亮好看”的外在。显然，来自现代社会的女游客，关心的只是“颜值”。“我以前还不

知道鲨鱼的尾巴有这么漂亮好看呢。”她对鲨鱼的认识，停留在外表的美丑上，这是一种畸形的审美观：不分邪恶还是正义，不论卑鄙和高尚，只要外形漂亮就感兴趣。从这一点上说，不是服务员的误导让她颠倒是非，混淆美丑，因为她本就如此。因此，女游客象征着现代商业社会中畸形的审美价值观。

十一、常中有异：老人的“趴”，未必就是睡姿而已

钓索如今挂在他的肩后，有麻袋垫着，他又找了个姿态趴在船上，自己觉得挺舒服的。（第 032 页）

他把右手提起来晾干，然后用它抓住钓索，尽可能地放松自己，让自己的身体随着钓索向前倾，趴在木板上，这样小船就和他平分了那鱼的拉力，也许还承受了更多。（第 052 页）

他向前趴下，用身体压住了钓索，把全身重量都压在右手上，就这样睡着了。（第 057 页）

路那头，老人在他的茅屋里又睡着了。他仍然是趴着睡的，男孩坐在旁边看着他。老人正在梦见狮子。（第 092 页）

老人从出海回来睡了之后已经醒过一次了，但由于在海上拼搏了很久，老人实在是疲惫不堪，所以“又睡着了”。老人“趴着睡”，从前文可以找到他的动作，“脸趴在报纸上，双臂伸开，掌心朝上”，由此也可以看出老人十分累，而且整个人都是木然的，他承认自己被彻底打败了。“老人正在梦见狮子”，梦见狮子这个情节在整部小说中出现了 5 次，虽然都是一笔带过，但“狮子”是《老人与海》中的一条精神线索，狮子

象征着老人的勇气和决心。结尾的狮子象征老人并没有因为这一次打击而丧失勇气，他必将会继续下去。

——郑家欣同学

【教师共读】

老人在出海归来的第一次睡眠和第二次睡眠都是“趴”着的，这与出海前坐着睡着不同。这个“趴”不仅是累趴下的意思，而且说明老人的状态依旧不在床上而在船上，两个夜晚与大鱼较量的过程刻骨铭心，惯性强大。老人在椅子上睡着时和在船上一样赤脚也是同理。他的睡姿和他的梦境是吻合的。“趴”写出的不仅是休息的姿势，而且是较量的招式，这种姿态更类似于海中的鱼类，再加上都以金枪鱼为食，他的“习性”也和他的兄弟（大鱼）渐渐一致了。

十二、整体印象:《老人与海》，一则“自我与自然”的寓言

迷失自我，重拾自我，悦纳自我，挑战自我，超越自我，证明自我——这是一篇自我在自然中的独白。自然是生存的来源，也是心灵的家园；自然是生命的原点，也是死亡的威胁；自然是本能的猎场，也是本心的牧场——这是一篇自然对自我的教诲。

超越自我，既要信仰自我，又要感恩自然，敬畏生命。

超越自我的人可以有自信的外在，但必须要有自省的内在。超越自我不是占有物质的土豪，而是拥有精神的贵族。超越自我必须摆脱物欲和平庸，找到可以证明自己存在的精神世界。超越自我，是本能的升华，而非欲望的膨胀。超越自我必须先分清自我中的本能和欲望。超越自我必须用真善美的本心驾驭生存的本能，不被欲望劫持异化。超越自我必翻越绝望。不过，超越自我的精神硬汉，能直面残酷的现实，但内心却并不残酷：他们的魅力既源于坚硬的伤痕和坚强的意志，又源于柔软的心灵和深邃的思想。超越自我的人拥有不凡的精神状态，却也不是没有平

凡的生活常态。瞬间孕育伟大，一生归于平凡。

超越自我，不是去徒劳地征服自然，而是在自然中接受考验和奖赏。欣赏对手，悦纳自我往往是战胜对手、超越自我的开始。与善者竞技，与恶者战斗，皆为自我超越之途。和值得敬畏的对手较量是超越自我的途径，没有不凡的对手，何来不凡的自我。超越自我必须承认并战胜内心的恐惧和悲观，与外在世界的较量只是内心斗争的外化。超越自我是超越生死的终极幸福，自由的意志必须超越安全的顾虑。

超越自我也需要机遇，而机遇是为有准备的人提供的，而比起装备，以往超越自我的经历和经验是最好的准备。超越自我是一辈子的事，不断超越才不朽。超越自我是壮美的过程，迷失、无助的自我再美也只是凄美。超越自我往往在与自我的独处中完成，而享受孤独的人恰恰不认为自己是一个人在思考、在生存、在战斗。超越自我也应从回忆中获取力量而非安慰、满足。超越自我执着的是充实的过程而非虚无的结果。超越自我既是一个人（小我）的事，又是整个人类（大我）的事：超越自我终究是不断传承的过程。不断发现自我中值得挑战的地方，才使不断超越自我成为可能。而在超越自我的过程中，自然都在见证着。

最是那“冰山”下的八分之七，让我们好奇不已。

附录：《老人与海》，话题不断的素材

除了“自我与自然”，《老人与海》还可以谈出许多在写作中常见的话题。

物质生活在近海的漩涡，精神生活在远海的两天两夜，捕鲨鱼的汽船到不了绝美的梦境，只有一叶倔强的扁舟才能到达。牟利是欲望，谋生是本能，人与自然、人和内心的和谐关系才是构建绿色生活的关

键……

冠军圣迭戈注定只能拥有冠军的老去方式，老人终究在暮年再一次拒绝了平庸，从近海平庸的漩涡中突围。小鱼、小虾、乌贼成群的“深井”漩涡，只是庸人的财富乐园，却是老人的“无鱼沙漠”……

老人既深爱着大鱼，又为自己即将杀死这位兄弟而忧伤；既迷恋大鱼翅膀一样的胸鳍，又担忧大鱼一个飞跃便甩掉了钓钩。这位硬汉在海上的生活意境让男孩马诺林痴迷，但他在陆上的生存困境又让男孩忧虑……

虽然脖子的皱纹只会在垂头而睡时制造出平复光滑的假象，根本粉饰不了青春易朽的肉体，但是老人的双眼中永存的是青春不朽的真相。

第三套 《流浪人，你若到斯巴……》

——从“悖论”读出心理小说的深刻

人物：身心皆垂死，返校少年郎。眼前消防员，曾经好门房。

情节：重伤下火线，送进手术室。虚实交相映，眼前似回忆。

环境：帝国在崩溃，纳粹在顽抗。城市在燃烧，少年在陪葬。

如果从小说最传统的三要素去细读这篇现代心理小说，似乎只能读出以上三首打油诗，很难深入作者的思想内质。不过，要是你有心去整理对照这篇现代小说中的许多细节，就会发现其中的荒诞之处，而深刻往往就寓于荒诞之中。因此，我们不妨用“悖论”细读法，整理细节，找出荒诞，结合语境，设问探究。而透过这些“悖论”，我们还能感受到小说在“反讽”和“张力”上的细读意义。

在开始之前，先让我们认识一下这些细读术语吧。“悖论”即表面上荒诞无稽、似是而非，却含有深刻意义。“反讽”即绝不是单纯的讽刺，是语境对陈述语的明显歪曲。作者竭力掩饰自己对描述对象的否定、厌恶、敌视，似乎是肯定的、友好的，至少是中性的、客观的，却使得对对象的抨击鞭挞更加深刻有力。“张力”即内涵（文本意义）和外延（字典意义）之间在差异、对抗中形成的力量，前提是必须在对立又相依中形成新的和谐。

一、司机反常：从“灯火管制”去解读

汽车停下来后，马达还响了一会儿，车子外面什么地方有一扇大门被人拉开了。光线透过打破的车窗照进汽车里，这时我才看见，连车顶上的灯泡也碎了，只有螺口还留在灯座上，三两根细钨丝和灯泡残片在颤动着。一会儿发动机的嘟嘟声停止了，只听见车外有人喊道：“把死人抬到这里来。你们那里有死人吗？”——“该死的，”司机大声地回答道，“你们已经解除灯火管制了吗？”

“整个城市烧成一片火海，灯火管制还有什么用！”那个陌生的声音喊道，“我问你们，到底有没有死人？”

“不知道。”

“把死人抬到这里来！你听见了吗？其他人抬上楼，抬到美术教室去！明白吗？”

“好的，好的！”

……

后来我躺着的担架又斜了，从人种脸谱像旁边匆匆而过：这里有北部的船长，他有着鹰一般的眼神和肥厚的嘴唇；有西部的莫泽尔河流域的女人，稍嫌瘦削而严厉；有东部的格林斯人，长着蒜头鼻子；再就是南部山地人的侧面像，长脸盘，大喉结。又

是一条过道，有几步路的工夫，我又躺平在担架上。没等担架拐上第二道楼梯，我就看见了小型阵亡将士纪念碑。碑顶有个很大的金色铁十字架和月桂花环石雕。

……

接着我想到，假如再有一座阵亡将士纪念碑落成，碑顶竖着更大的金色铁十字，并装饰着更大的月桂花环石雕，那么又该有多少人的名字要刻上去啊！我突然想到：倘若我果真是在母校，那么我的名字也将刻到石碑上去；在校史上，我的名字后面将写着："由学校上战场，为……而阵亡。"

……

我躺在手术台上，看见自己的身影清晰地映照在上面那只灯泡的透明玻璃上，但是变得很小，缩成一丁点儿的白团团，就像一个土色纱布襁褓，好似一个格外嫩弱的早产儿。这就是我在玻璃灯泡上的模样。

围绕"灯火管制"，可以形成三个"悖论"：为什么城市烧成一片火海，司机却还惦记着"灯火管制"？为什么车外有人问"你们那里有没有死人"，司机却答非所问，反而问"你们已经解除灯火管制了吗"？为什么车顶灯泡碎了根本无须管制，司机却还在乎"灯火管制"？

首先，要抓住"管制"一词，从司机的言语中，可以发现与管制对应的不是反抗而是服从，服从意识已经成为司机的一种自觉，甚至高于生命意识，所以他并不关心别人对"死人"的询问。

其次，要抓住"灯"的象征意义，这就要联系到下文手术台上的灯泡。这是小说中唯一没被"管制"的灯泡。这就必须引出另一个悖论：以把自己名字刻上阵亡将士纪念碑为荣的"我"为什么会从灯泡的透明玻璃中把自己看作一个"变得很小"、"就像一个土色纱布襁褓"、"格外嫩弱的早产儿"？"变得很小"可以理解成不再为自己是优等种族（过道上有人种脸谱像）而狂妄自大。"土色纱布襁褓"可以理解成回到原点，找回本心。“早产儿”则说明“我”后悔降生在这个时代，晚一点出生避开这个时代该有多好。正是手术台的“灯泡”让长期被军国主义教育的少年反省自己，重拾人性，重建自我，这台手术拯救的不仅是肉体而且是灵魂。而如果“灯泡”代表人性，那么“灯火管制”则象征着当局者对人性的钳制。以此类推，车顶的碎灯，则象征着这个司机人未死，但人性已死，所以对运送伤员的生死感到麻木也就显得不那么荒诞了。因此，作者把疗救人性的希望放在了肢体残损的少年身上，而非肢体健全的司机身上。

综上所述，从如何发现“悖论”上，也能从这三个悖论中得出一条细读的心得：“灯火管制”可以分别和“火海”、“死人”、碎“灯泡”相关的内容形成三个“悖论”，可见与一面相悖的不只有另“一”面——非黑未必白，也可能是黄，也可能是红。

此外，从这段文字中还能得到关于悖论的另一条心得，即文中语序和通常顺序的差异也会产生悖论。比如：为什么先说“死人抬到这里来”，而非“其他人（活着的伤员）抬上楼”？把活人当作其他人是不合常理的，“其他”说明活人是次要的，死人才是主要的，这只能说明死亡才是战争的主旋律，幸存者无论受没受伤都不重要，他们只是厌世的“后死者”或“活死人”。又如：为什么先说“把死人抬到这里来”而不是“你们那里有死人吗”？这可以看出来从前线到城市的三十里地，伤员在中途死去很普遍，抬出死人前问“你们那里有死人吗”似乎是多此一举。但是，既然是多此一举，为什么终究还是多问了这一句？这其实是“你们那里有活人吗”的含蓄表达。这些抬死人的人在死的必然中依旧怀着一线希望，但是这一线希望连他们也不太相信，怯生生地不敢直接问。这就像学生预感考得不好，但是还抱着一线不可信的希望，所以会怯生生地问老师“我错得多吗”而非“我对得多吗”。

二、熟门熟路：从各种布置读出历史的痕迹

不过我还没有死，我是属于“其他人”里面的。他们抬着我上了楼梯。先经过一条长长的灯光昏暗的过道，这里的墙壁刷成绿色，墙上钉着老式的黑色弯形挂衣钩，两扇门上都挂着搪瓷小牌，写着“一年级甲班”和“一年级乙班”。两扇门之间挂着费尔巴哈的《美狄亚》，柔光闪烁，画像在黑色镜框的玻璃后面凝眸远眺；随后，经过挂着“二年级甲班”和“二年级乙班”牌子的门口，这两扇门之间挂着《挑刺的少年》，这张精美的照片镶在棕色的镜框里，映出淡红色的光辉。

……

这一切从我眼前匆匆掠过，因为我并不重，所以抬担架的人走得很快。

……

两扇门之间挂着金黄色镜框，我从中只看得见尼采的小胡子和鼻子尖，因为有人把画像的上半部用纸条贴上了，上面写着：“简易外科手术室”……

……

肯定有必须挂尼采像的明文规定。普鲁士文科中学的环境布置规定为：《美狄亚》挂在一年级甲、乙两班之间；《挑刺的少年》放在二年级甲、乙两班之间；恺撒、马可·奥勒留和西塞罗放在过道里；尼采挂在楼上——楼上的学生已经学习哲学了。

……

我闭着眼睛把这一切又回味了一遍，一个个场面像电影镜头那样掠过脑际：一楼的过道，刷成绿色；上了楼梯，这里漆成黄色，阵亡将士纪念碑，过道；再上楼梯，恺撒、西塞罗、马

可·奥勒留……赫耳墨斯、尼采的小胡子、多哥、宙斯的丑脸……

将这几段文字联系起来，就形成了这三个悖论：为什么在“灯火昏暗”的过道，“我”却能看清各种陈设及其颜色？为什么能认出被纸条贴掉上半部只露出小胡子和鼻子尖的尼采像？为什么“这一切从我眼前匆匆掠过”还能像慢镜头一样细细看来？

“我闭上眼睛把这一切又回味了一遍，一个个场面像电影镜头那样掠过脑际。”“我”失去了外在感觉却未失去内在意识，记忆视觉（内视觉）还在。八年的学校生活使得“我”记忆深刻，刚离校三个月使得“我”记忆犹新，自然就熟门熟路了。

当然，这种“熟门熟路”更是统治者强化的结果。在纳粹的格式化统治下，千校一面，都有统一的环境布置，学校成了扼杀个性，为制造标准零件，灌输统治者意识形态服务的标准车间。就算不能确定是母校，也能按照母校的布局陈设去推想每一座文科中学。而原文中又说“肯定有必须挂尼采像的明文规定”。从“我”对尼采的辨识度和必须挂尼采像的明文规定可见，尼采的哲学是纳粹意识形态的重要理论基础。

总之，文本中人物的意识，脱胎于特定的历史背景与社会思潮，在当时很正常；而文本外读者的常识，则立足于当下完全不同的社会土壤，就会觉得文中人物的意识很不正常，于是，悖论产生了。当然，特定的历史背景与社会思潮，会在文中留下细节——各种布置——作为痕迹，要解开悖论就必须先找到它们。

不过，在这几段文字中，还有一种悖论形成和探究的方式，那就是看似如梦呓一般“啰唆”的重复，然后从这种无意义寻找到深刻的意义，比如：为什么要反复叙述楼梯和过道上的陈设？这种重复说明这些陈设在我心中根深蒂固。这些陈设中罗列了从古至今一系列独裁者，包括希特勒。文中多次提到《挑刺的少年》照片和《美狄亚》画像，这两者可以看作是“我”内心世界的外化。前者源于一个编造的故事：忠诚的牧羊少年担当起了送信者的重任。他将消息送到罗马元老院后，才安顿下来，将脚掌上那根折磨了他一路的刺挑出。后来罗马元老院为了表彰他的忠心，命人制作了这尊铜雕。后者源于古希腊神话：美狄亚以伊阿宋娶她为条件帮助伊阿宋取得金羊毛回国，并用计杀死了篡夺王位的伊阿宋的叔叔，帮助伊阿宋取回王位，伊阿宋取回王位但也开始忌惮美狄亚的法术和残酷。后来伊阿宋移情别恋，美狄亚由爱生恨，将自己亲生的两名稚子杀害，同时也用下了毒的衣服杀死了伊阿宋的新欢，逃离伊阿宋的身边，伊阿宋也抑郁而亡。

由此可见，前者强调的是忠诚，后者强调的是仇恨，这两者构成了“我”这个八年级少年的内心世界，这是“我”长期被纳粹洗脑的结果。

三、排序异常：水、香烟、牛奶，到底先喝什么

我感到一个陌生人的呼吸的热浪，它散发着难闻的烟草和蒜头的气味，一个声音平静地问道：“怎么啦？”

“给点喝的！”我说，“再来支烟，在左上方口袋里。”

有人在我的口袋里摸着，又划了根火柴，把点着的烟塞到我的嘴里。

“我们在哪儿？”我问道。

“本多夫。”

“谢谢！”我说完就吸起烟来。

……

他终于给我拿水来了，我又闻到他呼出的一股蒜头加烟草的混合味儿，我不由自主地睁开眼睛：这是一张疲惫苍老的脸，没有刮胡子，身上穿着消防队的制服。他用衰老的声音轻轻地说：“喝吧，兄弟！”

我喝着，这是水，水有多么甜美。我的嘴唇触到炊具了，

觉得是金属做的。想到还会有好些水要涌进我的喉咙里去，这是一种多么舒服的感觉啊！可是那个消防队员从我嘴边把炊具拿走了。他走开了。我喊叫起来，但他头也不回，只是困倦地耸耸肩膀，径自走开去。躺在我旁边的一个人冷静地说：“吼也没用，他们没有水了；城市在燃烧，你也看得见的。”

透过遮光窗帐，我看见了熊熊大火。黑色的窗帐外，夜空里红光和黑烟交织，就像添上新煤的炉子。我看见了：是的，城市在燃烧。

“这个城叫什么名字？”我问这位躺在我旁边的人。

“本多夫。”他回答道。

“谢谢！”

……

三个月前我还坐在这里，画花瓶，描字，休息时带上我的果酱黄油面包下楼去，经过尼采、赫耳墨斯、恺撒、西塞罗、马可·奥勒留的画像前，再慢慢地走到楼下挂着《美狄亚》的过道里，然后到门房比尔格勒那里去，在他那间昏暗的小屋里喝牛奶，甚至可以冒险地抽支烟，尽管这是被禁止的。

……

他紧紧地按住我的肩膀，我闻到的是一股烟熏火燎的煳味和脏味，这是从他油腻的制服上发散出来的。我看到的只是他那张疲惫忧伤的面孔，现在我终于认出他来了——原来是比尔格勒！

“牛奶，”我喃喃地说……

从排序上看，可以得出悖论：为什么“我”先说“给点喝的”再说“再来支烟”，而“有人”（比尔格勒）却先给“我”烟再给“我”水？

表层的答案来自窗外燃烧的城市，战火使城市断水，比起左上方口袋的香烟，弄水更费工夫。深层的答案来自满身烟草味的比尔格勒，“我”

曾在比尔格勒的小屋里冒险抽烟寻求精神的慰藉，所以他觉得此时“我”更需要香烟减轻灵与肉的痛苦，这说明比尔格勒对“我”的长期了解。在八年的精神禁锢下，只有抽烟才能释放一点自我：带着烟草味的门房比尔格勒，竟是“我”的精神教父。这也可以解释另两个悖论：为什么失去双臂的“我”嘴上被塞上烟之后吸得很自如？为什么仅仅八年级的少年在平时还要冒险抽烟？

除了“水”和“香烟”两个物象可以形成悖论之外，“水”和“牛奶”也能形成重要悖论：为什么奄奄一息的“我”在手术前渴望“水”，而在手术后却对比尔格勒小屋里的“牛奶”念念不忘？

因为喝“水”是生理需求，而在精神压抑的学校中，“我”休息时去小屋喝“热牛奶”，则是心理需求。手术前后诉求由生理转向心理，恰恰说明这台手术是成功的。它不仅使在战火中受重伤的人生命复苏，而且使其人性回暖。作者让笔者深刻地感受到，在战火摧残下容易死去的是人，但在邪说毒害下早已死去的是人性。这台手术意义非凡，救活的不只是残损的肢体，而且是残存的人性。

此外，从反复上看，可以得出悖论：为什么“我”在得知在“本多夫”后又重复向旁边的伤员询问确认？

从原文看，两次提问反复而不雷同，从“我们在哪儿”到“这个城叫什么名字”，第一次确认的是这是城市还是前线，第二问确认的是哪座城，在第一次就得到了“本多夫”的回答，这只能说明“我”不能确认一定是本多夫这座城，为什么？从小说提供的背景——燃烧的城市可以推测，德国所有的城市都在黑夜中燃烧。平时纳粹用格式化达到去个性化的目的，在环境布置上规定千校一面，千校一面成了千人一面的背景。而在这时，“千城一面”成了纳粹覆灭的背景：对德国纳粹，这是一种反讽；对德国公民，这是一种反思。

四、铭文未竟：绝望与潜意识的杰作

我环顾这间宽大的美术教室，可是图画都被人取下来了，角落里堆放着一些凳子，像一般的美术教室那样，为了使室内光线充足，这里有一排窄长的高窗户。从这些凳子和高窗户上能看出什么来呢？我什么也回忆不起来。如果我在这个小天地里待过，我能不回忆起什么来吗？因为这是我八年来学习画花瓶和练习写各种字体的地方，有细长精致的罗马玻璃花瓶出色的复制品，它们由美术教师陈放在教室前面的架子上，还有各种字体：圆体、拉丁印刷体、罗马体、意大利体……在学校所有的课程中，我最讨厌这门课了。我百无聊赖地度过这些时光，没有一次我能把花瓶画得像样，能把字描好。面对这回音沉闷而单调的四壁，我所诅咒的，我所憎恶的又在哪里呢？我回想不起什么来，于是默默地摇摇头。

那时，我用橡皮擦了又擦，把铅笔削了又削，擦呀……削呀……我什么也回想不起来……

……

这怎么可能呢？他们一定把躺在我旁边的那个人抬到楼下放死人的地方去了。也许那些死人就躺在比尔格勒那间灰蒙蒙的小屋里，这间小屋曾散发着热牛奶的香味、尘土味和比尔格勒劣等烟草的气味……

……

就在这上面我看见了什么，自我来到这个停尸间之后，它第一次触动了我的心灵，震撼了我内心某个隐秘的角落，使我惊骇万状，我的心开始剧烈地跳动：黑板上有我的笔迹。在上端第一行。我认出了我的笔迹，这比照镜子还要清晰，还要令人不安，我不用再怀疑了，这是我自己的手迹！其余的一切全都不足为凭，不论是美狄亚还是尼采，也不论是迪那里山地人的侧面照片，或是多哥的香蕉，连门上的十字印痕也不能算数。这些在别的学校里也都是一模一样的，但是我决不相信在别的学校有谁能用我的笔迹在黑板上写字。仅仅在三个月以前，就在那绝望的日子里，我们都必须写下这段铭文。现在这段铭文还依旧赫然在目："流浪人，你若到斯巴……"哦，我现在想起来了，那时因为黑板太短，美术教师还骂过我，说我没有安排好，字体写得太大了。他摇着头，自己却也用同样大的字在下面写了："流浪人，你若到斯巴……"

这里留着我用六种字体写的笔迹：拉丁印刷体、德意志印刷体、斜体、罗马体、意大利体和圆体。清楚而工整地写了六遍："流浪人，你若到斯巴……"

为什么"我"几乎能复原出除了美术教室外学校的一切，却唯独回忆不出从美术教室的凳子和高窗上看到的，和"面对回音沉闷而单调的四壁"所诅咒和憎恶的？为什么"我"将抢救自己的手术室（以前的美术教室）看成停尸间，却在心里把死人安置在"我"休息时常去的温馨小屋？这两个悖论都和美术教室相关，为了尊重文本本身，我们先不从美术和希特勒的渊源入手，而是先从文本去解读这间美术教室。

首先，从美术教室的环境布局看，高窗就算登上凳子也很难看见窗外，所以少年们面对的只有四壁。高窗这个物象意味着只进光而不放出视线，光虽然可以象征思想，但是思想也是有好有坏的。而这光到底是怎样的光，教室里的少年是一无所知的，对于纳粹的教育体系来说，也不需要他们知道，只要狂热地盲从这种光即可。因此这间美术教室既禁锢了人的视野和思维，又给人灌输着唯一的而又不允许看清光源的纳粹之光。纳粹这种有意识的"引导"比只用黑暗禁锢人心确实要"高明"许多。

然后，从美术课的内容看，"八年来学习画花瓶和练习写各种字体"

不禁让人反问，难道要用八年重复这些单一的内容吗？而“我”记忆最深刻的是“用橡皮擦了又擦”，“把铅笔削了又削”，却不是画画写字过程中的细节，这更让人疑问，“我”为什么不断在修改？难道八年都不能画好花瓶写好各种字体吗？要回答这些问题，就需要“走出”美术教室，去看看整个学校的特点了，正所谓有其室必有其校。从上下文看，千校一面，千人一面，服从一个意志，是纳粹的教育规划。“我”为什么修改了八年？我猜想，美术教师的要求可能是全班的字画不仅工整而且完全一样——而这明明是不可能的！作者写的美术教室只是冰山一角。在细读之后，我的眼前自动呈现出这样的画面，在这间教室中，无数个像“我”一样的少年正在努力而又痛苦地去除“顽固”的个性。

最后，还可以从教室中师生的所作所为去解读，尤其是在“最后一课”，海因里希·伯尔笔下的“最后一课”完全是都德笔下“最后一课”的反面教材。从教师来看，可以得出悖论：为什么美术教师骂“我”字体太大，自己却也写得同样大？从学生来看，可以得出悖论：“我”为什么写上六种字体的“流浪人，你若到斯巴……”却都没写完？因为“绝望”，上文“就在那绝望的日子里，我们都必须写下这段铭文”这句话是个抓手。这巨大的字不是决心是绝望。这段铭文原来是斯巴达三百勇士为抵御波斯侵略“捐躯”的证言，是死后所刻，是后人为他们所刻，现在却要用作为穷途末路（盟军攻入德国）的纳粹“殉葬”的誓言，是死前所写，是自己为自己所刻。

“我”和美术教师的无意之举，背后有作者的立意。“流浪人，你若到家乡，请报告斯巴达公民，我们在此地阵亡，至死忠于他们的命令。”对照原文，“流浪人，你若到斯巴……”这段话怎么好意思写下去？斯巴达虽然也是军事化城邦，但是斯巴达反抗波斯入侵是正义的，而德国被盟军攻入是因之前的侵略扩张自食其果，没有正义可言；斯巴达勇士誓死忠于斯巴达公民的命令，而这些末路穷兵誓死忠于的是独裁者的命令，而在独裁统治下，哪有“公民”可言？用六种字体去写都没写完，可见法西斯教育可能控制了人的意识，却未必能控制人的潜意识。因此，这些悖论后面藏着深刻的反讽。

而从以上三方面来看，就不难理解“我”对死人的安排和对自己的定位了，安息在有人性温度的精神小屋，比苟活在禁锢精神的美术教室更幸福。

五、发现悖论：从常理出发，添出读者预期

看来我当真是在本多夫，那么说就是到家了，要不是高烧发得这么厉害，我就可以肯定自己正待在一所文科中学里——肯定是一所学校。在楼下时，不是有人在喊“其他人抬到美术教室去”吗？我属于“其他人”，我还活着；显然，“其他人”就是指这些活着的人。那么，这里就是美术教室。要是我能听得真切，为什么我不好好地看看呢？那样就可以肯定了。我确实认出了恺撒、西塞罗、马可·奥勒留，只有在文科中学里才有这些；我不相信，在别的学校的走廊里也会靠墙摆上这三个家伙。

……

现在，我听见外面重炮在轰鸣。要没有炮声，周围几乎一片沉寂；只听见偶尔传来大火的吞噬声，以及黑暗中什么地方山墙倒坍的巨响。炮声均匀而有节奏。我在想：多出色的炮队啊！我知道，炮声通常都是这样的，但我还是这么想。我的上帝，多么令人宽慰，令人悦意的炮声，深沉而又粗犷，如同柔和而近于优雅的管风琴声。它无论如何也是高雅的。我觉得大炮即使在轰鸣时，也是高雅的。炮声听起来也是那么高雅，确实是图画书里打仗的模样……接着我想到，假如再有一座阵亡将士纪念碑落成，碑顶竖着更大的金色铁十字，并装饰着更大的月桂花环石雕，那么又该有多少人的名字要刻上去啊！我突然想到：倘若我果真是在母校，那么我的名字也将刻到石碑上去；在校史上，我的名字后面将写着：“由学校上战场，为……而阵亡。”

可是我还不知道为什么，也不知道是否当真回到了母校。我现在无论如何要把这一点弄清楚。阵亡将士纪念碑并无特色，也毫不引人注目，到处都一样，都是按一种格式成批生产的，是的，需要时，随便从哪个中心点都可以领到……

……

我把第二个烟头啐了出去，落到干草垫之间的过道里。我试着要活动活动胳膊，可是疼得我禁不住要叫喊起来。我又叫喊开了，喊一喊就舒服多了。另外我也很生气，因为我的胳膊不能动弹了。

文中人物的表现，根据语境做出；读者的预期，根据常理做出：彼此相反往往构成悖论。而这些根据常理做出的预期，往往要在细读时自己添加出来，与原文形成比照。按照这个原理，再根据上面的选文，就至少可以形成这些悖论：被战火夺走了四肢中三肢的我，为什么歌颂炮声而非诅咒？为什么会想象自己的名字被刻在母校的阵亡将士纪念碑上而不是表现出求生的本能？为什么对胳膊不能动弹“很生气”而非“很惧怕”或“很悲伤”？又为什么在意识到“到家了”（本多夫）之后，却一直在确认是否回到的学校是母校而非想念自己的家和家人？

这还要从学校教育说起。“阵亡将士纪念碑”竟然放在了学校——学校本应该教人幸福地去活，而不是教人狂热地去死。军国主义教育将学校异化成了兵工厂，将生命个体异化成了战争机器的标准零件，扭曲了人的荣辱观和生死观。以为帝国元首战死为荣，才会屏蔽生命意识，想象自己被刻在碑上；以对战争机器无用为耻，才会对失去胳膊感到生气，而不是感到痛苦悲伤。被洗脑的少年不会对文科学校中有阵亡将士纪念碑这一点感到奇怪，他们只有战争意识，没有生活常识和生命意识，所以才会歌颂炮声。

这样荒谬的逻辑和狂热的思想是怎样顺利植入这些少年的大脑的？这从一个生命垂危依旧“以校为家”的少年只提母校却只字不提父母，

可窥一斑：只有法西斯领袖（希特勒）替代了家长的位置，将孩子从血缘关系中剥离出来，纳入已经蜕变为法西斯组织的学校，灌输反人类、灭人性的意识形态才易如反掌。小说的写法就妙在作者只一个劲写少年反复确认母校却只字不提少年的父母，不仅荒诞而且深刻。有时写得荒诞只是为了让读者读出没写的深刻。

六、身份有变：消防员、救护员、门房、比尔格勒……

他终于给我拿水来了，我又闻到他呼出的一股蒜头加烟草的混合味儿，我不由自主地睁开眼睛：这是一张疲惫苍老的脸，没有刮胡子，身上穿着消防队的制服。他用衰老的声音轻轻地说："喝吧，兄弟！"

……

医生来到我跟前，摘下眼镜，眯着眼睛注视着我，他一句话也没说。他背后站着那个给过我水喝的消防队员。他和医生耳语了一阵，医生又把眼镜戴上，于是我清楚地看见了他那双在厚眼镜片后面瞳孔微微转动着的大眼睛。他久久地注视着我，看得这么久，使我不得不把视线移到别的地方去，这时他轻声地说："等一会儿，马上就轮到您了……"

……

三个月前我还坐在这里，画花瓶，描字，休息时带上我的果酱黄油面包下楼去，经过尼采、赫耳墨斯、恺撒、西塞罗、马可·奥勒留的画像前，再慢慢地走到楼下挂着《美狄亚》的过道里，然后到门房比尔格勒那里去，在他那间昏暗的小屋里喝牛奶，甚至可以冒险地抽支烟，尽管这是被禁止的。这怎么可能呢？他们一定把躺在我旁边的那个人抬到楼下放死人的地方去了。也许那些死人就躺在比尔格勒那间灰蒙蒙的小屋里，这间小屋曾散发着热牛奶的香味、尘土味和比尔格勒劣等烟草的气味……

抬担架的终于又进来了，这回他们要把我抬到木板后面去。现在又被摇晃着抬过门口了，在这一刹那间，我看到了肯定会看到的东西：当这所学校还叫托马斯中学的时候，门上曾经挂过一个十字架，后来他们把十字架拿走了，墙上却留下了清新的棕色痕迹，十字形，印痕深而清晰，比原来那个旧的、浅色的小十字更为醒目；这个十字印痕干净而美丽地留在褪了色的粉墙上。当时，他们在盛怒之下重新把墙刷了一遍，但无济于事，粉刷匠没有把颜色选对，整面墙刷成了玫瑰色的，而十字呈棕色，依旧清晰可见。他们咒骂了一阵，但也无济于事，棕色的十字仍清晰地留在玫瑰色的墙上。我想，他们准是把涂料的经费都用完了，因此再无计可施。十字还留在这里，假如再仔细地看看，还可以在右边的横梁上看到一道明显的斜痕，这是多年来挂黄杨树枝的地方。那是门房比尔格勒夹上去的，那时还允许在学校里挂十字架……

……

医生小声把消防队员叫到他身边去，这样我才看见了整个铭文，它只差一点就完整无缺了，因为我的字写得太大，占的地方也太多了。

我感到左大腿上挨了一针，全身猛地震颤了一下，我想抬起身子，可是坐不起来；我向自己的身子望去，现在我看到了，因为他们已经把我的包扎解开了，我失去了双臂，右腿也没有了！我猛地仰面躺了下来，因为我不能支撑自己。我失声呼叫，医生和消防队员愕然地望着我。可是医生只耸了耸肩膀，继续推他的注射器，筒心缓缓地、平稳地推到了底。我又想看看黑板，可是现在消防队员就站在我跟前，把黑板挡住了。他紧紧地按住我的肩膀，我闻到的是一股烟熏火燎的煳味和脏味，这是从他油腻的制服上发散出来的。我看到的只是他那张疲惫忧伤的面孔，现在我终于认出他来了——原来是比尔格勒！

“牛奶，”我喃喃地说……

比起原来那个旧的、浅色的小十字，为什么十字架被拿走后留下的棕色痕迹竟然更醒目？

这就要从十字架的象征说起，希特勒中学原来叫托马斯中学，可能是教会学校。比起纳粹的金色铁十字，十字架象征着爱人类的信仰，这个现象说明爱人类的信仰不会被反人类的暴政消灭。

这种十字架的痕迹落实在两个人身上，其中一人是无意的，在他们盛怒之下，粉刷匠竟然没有把颜色选对，反而把整面墙刷成了玫瑰色，这无意之举戏谑、反讽了暴政的淫威。而另一人则是有心的，他就是门房比尔格勒。平时，他为“我”提供了温馨的精神小屋；战时，兼职消防员的他又兼职救护员，给“我”点烟递水（关照“我”的生命），嘱咐医生关照“我”（医生对“我”的话中有一个“您”字，关照了“我”作为生命的尊严），遮住了“我”在黑板上未写完的铭文（象征让“我”从战争意识中觉醒过来，关照“我”的灵魂），他简直是十字架留在学校的“圣迹”！或者说，十字架虽然下了墙，却没有离开学校，而是被他背负着。一句“喝吧，兄弟”反映了人类皆兄弟姐妹的宗教理念，可见比尔格勒不是普通的老人，而是化身门房，继续守护学校的圣徒托马斯。不然，根据辈分，应该说：“喝吧，孩子。”这也是这篇现代小说中神话模式的体现。而最讽刺的是，比起纳粹的金色十字，疲倦的圣徒比尔格勒又脏又老，但假恶丑和真善美的区别却更加明显了。

这就又引出了一个悖论：为什么明明熟知比尔格勒的特征却到最后才认出消防员是“我”熟悉的门房比尔格勒？

首先，这就涉及身份对应关系，比尔格勒作为门房的时候，“我”是孩子；作为消防员的时候，“我”是战士。“我”在手术前从灯泡中还原了自己人的身份，在手术中认出了自己的未完字迹，在手术后因比尔格勒挡住黑板上的绝望字迹而获得人性复苏的希望。只有经历了这些，“我”才会从一个被纳粹绑上战车的战士，变回一个在小屋中喝牛奶的八年级孩子，比尔格勒才会相应地从陌生的消防员变回熟悉的门房。

然后从象征意义来讲也可以说通，一个被纳粹洗脑至少八年的少年，重新认出圣徒托马斯附体的比尔格勒，也就意味着“我”重新皈依爱人类的信仰。如果比尔格勒一出现就被认出，那认出的也只是比尔格勒而已。少年在比尔格勒对灵与肉的双重关照中自我觉醒，人性复苏，说出“牛奶”一词，只有这样，少年才能不仅认出比尔格勒，而且认出能给他热牛奶的“圣徒托马斯”。

第四套 《追风筝的人》

——翻来覆去地看，前后勾连地读

从逃避、背叛，到追悔、救赎，构成了自我发现、成长的过程。读小说，就要读人性和人心。而要解读每个桥段中的人性和人心，除了精读本段、本章外，还必须打通各段、各章，将其置于整个文本，以及自我发现、成长的过程之中。有时，回顾前面，才会理解后面；有时，读到后来，甚至会推翻前面的理解。和同学一起读卡勒德·胡赛尼的《追风筝的人》，正是一个翻来覆去、前后勾连的阅读过程。

一、宿命道具：弹弓，记录了两代人对主人公的无私守护

> 有时在树上我还会怂恿哈桑，让他用弹弓将胡桃射向邻家那独眼的德国牧羊犬。哈桑从无此想法，但若是我要求，真的要求他，他不会拒绝。哈桑从未拒绝我任何事情。弹弓在他手中可是致命的武器。
>
> ——第二章

为什么哈桑从未拒绝“我”任何事情？哈桑对“我”发自内心的真实的爱。在哈桑心中，我们是兄弟，他相信“我”让他做的都是对的。哈桑拼尽一切只为实现“我”的愿望。“我”曾质疑过哈桑对“我”的忠诚，但哈桑对“我”的付出却从未得到回报，哈桑只是为了“我”的梦想牺牲的牺牲者。

——王思悦同学

【教师共读】

“为你，千千万万遍。”

如果“朋友”是有“编制”的话，那编外的朋友哈桑对阿米尔少爷的友谊全在这一句话中。这句话中有真正的爱，因为这种爱不提名分，不提条件，不计前嫌，不计后果，似乎可以包容一切的辜负与伤害。

似乎这是一种宿命，哈桑是爸爸的私生子，虽然至死不知自己身世，但却像知道这一点一样，用一个仆人的童年，在向阿米尔致歉和补偿，只为分享了阿米尔的父亲。这是血缘的共鸣，还是潜意识对宿命的领悟？

弹弓是宿命的道具之一。独眼的德国牧羊犬，就像后文有德国血统的种族主义恶少阿塞夫，而哈桑曾用弹弓勇敢地逼退他，为了不让他威胁到阿米尔。更有戏剧性的是，许多年后，哈桑的儿子索拉博把阿塞夫

射成了独眼，解救了被阿塞夫打成重伤的阿米尔，用的又是弹弓。弹弓，记录了哈桑父子两代人对阿米尔的无私守护。

哈桑父子手中的弹弓可谓忠勇的象征。这种忠勇对于阿米尔的敌人而言，是致命的打击；而对于阿米尔而言，又何尝不是彻骨的鞭笞？这种被阿米尔称为“该死的、毫不动摇的忠心”，让阿米尔无法从自己对哈桑单方面的背叛中解脱。目睹哈桑被阿塞夫施暴却逃走，为了减轻这一幕带来的负罪感，阿米尔多希望哈桑给自己对等的背叛或伤害，借以解脱自己。而这个“以牙还牙”的要求，哈桑拒绝了，那就是写在小说第八章的那一幕，阿米尔朝哈桑扔石榴，要哈桑还击，可最终哈桑只是捡起一个石榴，在自己的额头上磨碎……

总之，在童年，哈桑对友情的执着是一厢情愿的，阿米尔对解脱的执着也是一厢情愿的。

二、埋下伏笔：从隐藏的逃走，到赤裸裸的独自逃走

> “继续走！”……我告诉哈桑继续走，继续走……我在黑暗中听到坐在身边的哈桑低声啜泣，看到眼泪从他脸颊掉下来。我从座位上探过身去，用手臂环住他，把他拉近。他把脸埋在我的肩膀上。“他认错人了，”我低语，“他认错人了。”
>
> ——第二章

这是一段哈桑被士兵嘲笑他妈妈放荡时的情景，最让我印象深刻的便是主人公“我”（阿米尔）的态度和反应。面对士兵不堪入耳的嘲笑，“我”不止一次对哈桑说“继续走”，不希望哈桑伤心难过。在哈桑哭时，“我”环住他，低语是士兵认错了人，虽然有些自欺欺人，却不失为一种好的安慰方式。此间种种透露出“我”对哈桑的关爱。真正的朋友，在朋友陷入悲伤时，无需多做多少，几句安慰人的话语，一个温暖的拥

抱，足矣。

——周桃桃同学

【教师共读】

为什么阿米尔会主动去安慰哈桑？是因为“我”是哈桑真正的朋友吗？小说是这么说的——“奇怪的是，我也从来没有认为我与哈桑是朋友”。可是，阿米尔做出的安慰之举，却好像是对朋友一般，这又是为什么？

我想，是因为两人都在出生后失去了母亲，喝着同一个奶妈的乳汁长大，这是彼此理解的基础。阿米尔的母亲因失血过多死于难产，而哈桑的母亲莎娜芭，则在生下哈桑不满七天时，就和一群江湖艺人跑了。

“这在多数阿富汗人看来，简直比死了老娘还要糟糕。”小说中的这句话告诉我们，抛家弃子的母亲比撒手人寰的母亲更让孩子难过。因此，所谓安慰，是因为看见了和自己悲惨经历相似，却比自己更悲惨的人。在这个瞬间，朋友的错觉便产生了。

但“继续走”终究不同于“一起走”。至于阿米尔重新记起阿里的提醒——“喝过同样的乳汁长大的人就是兄弟，这种亲情时间也无法拆散”，那要用之后更长的时间去唤醒。而在第二章，一切才刚刚开始，还未到阿米尔自我救赎，追认兄弟的时候。

这种温情中更多的是对一个不幸者的可怜。阿米尔听说哈桑出生时是微笑的，而莎娜芭发现刚出生的哈桑是兔唇时，却发出了凄厉的笑声，并嘲笑哈桑名义上的父亲——半边脸先天麻痹失去微笑能力的阿里：“现在你有了这个白痴儿子，他可以替你笑了。”所以士兵嘲笑哈桑是淫妇贱母的儿子，母亲又嘲笑哈桑是畸人丈夫（患小儿麻痹症的阿里）的儿子。背负着双重嘲笑的哈桑让阿米尔怜悯。

不过，这些安慰终究是无力的。“继续走”、“他认错人了”，也暴露了主人公阿米尔的怯懦。他可能只想着快点走过嘲笑的士兵们，带着哈桑，更是带着自己。或许有人会说，这是在保护哈桑和自己。是的，读到第二章，完全可以这么理解。但是，读到后来再回头看这一幕，我们会发现阿米尔终究是为了自保。哈桑对阿米尔的友情，经受住了考验——他挺身而出，用弹弓瞄准阿塞夫，保护了阿米尔。而哈桑被阿塞夫施暴时，目击者阿米尔却悄然逃走了。对怯懦者而言，需要用责任和勇气去守护的友情，乃至亲情，难道不是生命无法承受之重吗？

因此，“你不继续走，我都没办法逃走”，这才是“继续走”的潜台词，也是怯懦者想要抽身逃离的托词。那为什么没有像后来那样一个人逃走呢？因为士兵的嘲笑，比起阿塞夫的狂暴，还不至于吓得他丢下哈桑，只身逃避。

总之，这一幕的逃走，是隐藏在温情外衣之下。它为下文赤裸裸的独自逃走埋下了伏笔。

三、回顾介绍：“你懂吗？”看似对话，其实是独白

> 罪行只有一种，只有一种，那就是盗窃，其他罪行都是盗窃的变种，你明白吗？……当你杀害一个人，你偷走一条性命……你偷走他妻子身为人妇的权利，夺走他子女的父亲。当你说谎，你偷走别人知道真相的权利。当你诈骗，你偷走公平的权利。你懂吗？
>
> ——第三章

在我眼中，偷窃似乎只有一种含义，然而该段中指出了多种偷窃的“分支”。为什么爸爸如此痛恨盗窃？文中说爸爸的父亲（也就是阿米尔的祖父）正是因为夜间发现了窃贼，被窃贼割喉致死的。但是我认为还有一层更讽刺的原因，父亲也是一个贼。哈桑和阿米尔其实是兄弟。对于阿米尔来说，父亲偷走了他得知有兄弟的权利；对哈桑来说，偷走的是他的身份；对阿里来说，父亲偷走了他作为丈夫的荣誉和尊严。所谓贼喊捉贼是否就是这个道理呢？父亲也是贼，因此他痛恨盗窃。

——周桃桃同学

【教师共读】

“你懂吗？”这个“你”似乎并不仅仅是阿米尔，还有父亲自己。这段话从父亲对阿米尔的教导，悄然过渡到了父亲的自责，自责自己与阿里的妻子莎娜芭偷情。“你懂吗？”这句话语气很重、意味很深。要更好地理解这句话，可以回顾一下介绍父亲的非情节性文字。

小说中提到父亲亲自设计并修建恤孤院，这也许是父亲自我救赎的方式之一。哈桑是偷情的产物，生母抛弃了他，作为生父的自己，又无法与眼皮底下的哈桑相认——哈桑就是个“准孤儿”。父亲就把这种恤孤的心情，用在了恤孤院上。

偷情，还剥夺了父亲心理上的优越感。因此，当时的阿富汗，种族等级贵贱分明，而父亲并不觉得比哈扎拉人高贵，这一点并不像大多数普什图人。他甚至向阿米尔强调“我们是他（阿里）的家人”，向执意离开的阿里说“我没有兄弟，你就是我的兄弟”，这不是物质上的怜悯，而是精神上的愧疚——“你偷走他妻子身为人妇的权利”，以及愧疚之后，用以补偿的接纳、认同。

之后阿里执意带着哈桑离开时，一向以硬汉示人的父亲，竟然会号啕大哭——不能补偿哈桑和阿里一生，如何继续救赎自己的一生？而当时的阿米尔是不会明白这一切的，“毕竟，我杀了他深爱着的妻子，他美丽的公主，不是吗？”母亲难产而死，这就是他认为父亲对自己冷漠的原因。而为了逃避父亲的冷漠，他埋首亡母留下的诗书，但却让父亲更加冷漠。

父亲对阿米尔的冷漠至少有三层原因：

一是极度的自责。“夺走他子女的父亲”，这让父亲给了私生子哈桑更多爱，虽然这种父爱没有名分，却让有儿子名分的阿米尔，缺少了实质的父爱。殊不知，丧母的阿米尔同样只剩下了父亲。

二是对儿子的失望。父亲认为阿米尔只读诗书不善运动，不像男子汉。责任感和负罪感强烈的父亲，想把阿米尔打造成另一个道德和行为上毫无瑕疵的自己。这也是自我救赎的一部分，但是阿米尔的懦弱性格让他失望——这只是另一个还不如自己的自己。

三是对亡妻的逃避。亡妻死后一年，哈桑就出生了。在妻子死后与莎娜芭偷情，抑或也是为了逃避对亡妻的思念。而在偷情之后，也许就从思念变成愧疚。而阿米尔阅读亡母遗留的诗书，无意间却让父亲看见了亡妻的影子，这是父亲所不堪的，更别说阿米尔的神态趣味更像母亲了。所以说，儿子觉得父亲冷漠，只是不知道父亲在逃避亡妻的影子，而自己就是那个影子。父亲说："你懂吗？"但是他的逃避，却没有给阿米尔"懂"的机会。"当你说谎，你偷走别人知道真相的权利。"想必说到这句话时，父亲一定会涌出新的自责——他偷走了儿子知道冷漠真相的原因。对父亲冷漠的误读，让阿米尔诅咒父亲对恤孤院里孤儿的付出，嫉妒父亲对哈桑的感情，心理发生了扭曲。

四、语句反思：从"哈桑什么都没干"反观"你都干了些什么"

> 我希望自己身上也有类似的残疾，可以乞换来爸爸的怜悯。太不公平了，哈桑什么都没干，就得到爸爸的爱护，他不就是生了那个愚蠢的兔唇吗？
>
> ——第五章

对父爱的极度渴求让"我"的心理产生了扭曲，连残疾都变成了一种优势，把怜悯都当作了疼惜。可其实"我"深知，哈桑得到父亲的喜爱绝非因为残疾而换来了怜悯。他也不是什么都没干，他做了很多为这个家付出的事，做了很多得父亲欢心、更像父亲儿子的事。是"我"不愿意承认，不愿看见哈桑身上有更多像父亲的品质，所以"我"将一切归罪于那个愚蠢的兔唇，也是为了安慰"我"心中愚蠢的嫉妒。

——周珂言同学

【教师共读】

这句话里的“怜悯”和“爱护”是有区分度的两个词。阿米尔退而求其次，对父亲的爱护失去了信心，而只是渴望父亲的怜悯而已，尤其是在父亲送给哈桑伴随一生的生日礼物前。

父爱的缺失引发对父亲的恨，但父亲再冷漠，却是阿米尔获得父爱唯一的指望——恨他更会失去他。于是，这种恨就自然转嫁到了父亲所偏爱的私生子哈桑和他“愚蠢的兔唇”上。这让我想起来《甄嬛传》中华妃的那句名言——“贱人就是矫情！本宫就是瞧不得她一脸的狐媚样。”失去专宠地位的华妃不敢也不愿恨皇上的薄幸，而是把恨转嫁到皇上所爱的嫔妃身上。

“哈桑什么都没干”，这句话是有情绪的。

比起这一句，父亲眼中的阿米尔恐怕只有这样一句话——“你都干了些什么？”阿米尔所干的写故事的事，在父亲眼中不是一个男子汉应该干的正经事，因此更得不到关注。直到后来，在哈桑的帮助下，阿米尔在斗风筝比赛获胜，这才得到了父亲的表扬。可是好景不长，在与父亲种郁金香时，为了逃避被自己背叛的哈桑，阿米尔建议父亲辞退哈桑、阿里，另雇佣人，结果再次遭到父亲的愤怒和冷遇——开车送阿米尔上学的父亲连一句“再见”都没留下。所以，无论是“干了什么”还是“没干什么”，都不是爱与不爱的前提。

比起这一句，父亲每次看见私生子哈桑估计都会对自己说：“你都干了些什么？”所以哈桑不需要做什么，哈桑是父亲偷情的产物，他的出生就是父亲用爱护救赎罪过的开始。所以，偏爱一个人的前提，未必是因为对方为你做了什么，也可能是因为你之前对对方做了什么。

五、深层原因：在他们身上，父亲看到了该死的自己

不到两个钟头之前，为了一个素昧平生的女子的清白，爸

爸甘愿吃一颗子弹。而如今，若非同一个女子的求情，他会毫不犹豫地将一个汉子（卡林）掐死。

——第十章

父亲崇尚高尚情操，所以他无法忍受俄国士兵企图强奸已婚妇女的行为，这种龌龊下流的事，他不容许在他面前上演，哪怕女子是个素昧平生的人。父亲又是一个直性子的人，面对卡林的欺骗，尤其是以生命为赌注，他同样无法容忍，掐死他不是说笑而已。然而句中说，同一个女子（被俄国士兵看中又被父亲以死相救的年轻妈妈）求情才阻止了他疯狂的行为，那么是否可以说不是这个女人，其他女人求情就没用呢？若真如此，父亲的原则岂不是对他帮助过的人仁慈吗？

——周桃桃同学

【教师共读】

在我看来，父亲不止一次救了这位年轻妈妈：第一次是从俄国士兵的枪口下拯救了她身上的贞操；第二次则是放过将被他掐死的卡林，拯救她心中的善良。在乱世中，最可贵的，莫过于让无辜的人不对善良绝望。因此，就像父亲不会无视一个罪恶的场面，父亲也不会无视一个善良的请求。

和父亲对强暴的无畏形成鲜明对比的是阿米尔。他眼睁睁地看着阿塞夫侵犯哈桑，却因懦弱自私而逃避友谊的义务，然后在哈桑回来时装作不知道。和父亲对底线的坚守相呼应的，恰恰是私生子哈桑。阿塞夫企图对阿米尔少爷不利时，为了守护友谊，哈桑毫不犹豫地用弹弓瞄准。因此，在父亲为拯救妇女贞操而挺身的瞬间，阿米尔回忆起了六年前哈桑被侵犯的场景，并在心中感言："有时我也怀疑自己究竟是不是爸爸的亲生儿子。"什么线才是做人的底线？是高于生命线的那一条——要用生命去捍卫的道德底线。因此，底线，人人都值得拥有，却未必人人都敢于拥有。只有像父亲一样的强者才敢画出一条底线，而弱者是不敢的，因为他不敢用生命去守护它。

除了父亲的性格和品质之外，无视俄国士兵的子弹，差点掐死卡林，直接原因是俄国士兵想要强暴妇女，卡林为了“赚这一程的车费”而说谎。不过，应该不仅仅是这样。在他们身上，父亲看到了该死的自己。“你偷走他妻子身为人妇的权利，夺走他子女的父亲。当你说谎，你偷走别人知道真相的权利。”父亲与阿里的老婆偷情，并生下私生子；父亲一直用冷漠向阿米尔隐瞒着这一切：父亲痛恨他们，就像这样的自己一样。因此，父亲所为，与其说是为了一个女子的遭遇和请求，不如说是为了自己的心情。

六、揣摩字词：往事会爬出来，说明“埋葬”并非“安葬”

> 对我来说，美国是个埋葬往事的地方。对爸爸来说，这是个哀悼过去的地方。
>
> ——第十一章

林徽因说：“爱上一座城，也许是为了城里的一道生动风景，为一段青梅往事，为一座熟悉老宅。或许，仅仅为的是这座城。”于是逃离一座城，可能是为城中一道残垣断壁，为一段辛酸回忆，为一个挥之不去的存在。又也许，是为这座城中的人，或自己。故乡是个有很多可能性的地方，不是每个人对故乡的感情都相似，感情伴随着经历而生，生活中许多事换一个情节发展，结局都会不同。就像周国平在《论读书》中说，对我们影响最大的书往往是年轻时读的某一本，它的力量不缘于本身，而缘于它介入我们生活的时机，那是一个最易受影响的年龄，是我们的精神初恋。天时、地利、人和是自古有的道理，一些事之所以对人有影响，总要与三者皆相关，还好，后来“我”又找到了重回好人的路。

——周珂言同学

【教师共读】

是为了阿米尔的成长，爸爸才去的美国。他本可以留在与阿富汗相邻的巴基斯坦边城白沙瓦，那里是阿富汗难民营造的另一个阿富汗。如果说美国是爸爸哀悼过去的地方，那么白沙瓦至少可以成为爸爸抢救过去的地方。但是，就像得癌症的爸爸放弃放射性治疗一样，爸爸放弃了对过去的治疗。对过去，爸爸只有哀悼而已。虽有不舍，但也证明了爸爸能直面过去地死去，在美国为他和阿米尔的父子关系翻开新的一页。这不是逃避以往的责任，恰恰是对身边儿子（私生子哈桑已经不在身边）的负责。为此，他放下了之前的家世和身份，在加油站工作。这和后来成为阿米尔岳父的塔赫里将军不同，他不愿放弃过去的身份，宁愿领救济金也不去工作，依旧身穿灰色套装，等待君主制的恢复和召唤。

而对阿米尔而言，美国的确是埋葬往事的地方，但埋葬不同于哀悼，父亲对过去的哀悼，是直面过去并对眼前的儿子负责，而阿米尔对往事的埋葬，只是在逃避过去的责任而已——这种埋葬不是“安葬”。而逃避一座记忆之城，身后留下的不只是一座记忆的坟，还有爬出坟头如影随形的魂。而良知也会让人时不时心虚地回头张望：被“活埋”的往事不会安息。

其实，作者在第一章早就定下了基调：“许多年过去了，人们常说陈年旧事可以被埋葬，然而我终于明白这是错的，因为往事会自行爬上来。回首前尘，我意识到在过去的二十六年里，自己始终在窥视着那荒芜的小径。”

七、人物定位：拉辛汗是阿米尔最后的爸爸

> “跟我回家吧。我给你找个好大夫。他们总有各种各样的新疗法，那边有新药，实验性疗法，我们可以让你住进……”我知道自己在信口开河。但这总比哭喊好，我终究可能还是会哭的。
>
> ——第十五章

为了掩盖悲伤，人们会故意欢笑甚至安慰别人。可这往往骗不了真正了解你的人，更骗不过自己。“终究”与“可能”，看似一个确信一个半信半疑，实际上并不矛盾。“终究”是阿米尔尽管一生向爸爸的期盼努力，可骨子里还是个胆小、怯懦、敏感、脆弱的人。也许是真主惩罚阿米尔的背叛，夺走了阿米尔一生渴望的，足以换取父爱的砝码。见证了多年的战争流血、颠沛流离、生离死别，以及年少时那些事，阿米尔认为心灵应该足够坚硬了，然而面对更像父亲的拉辛汗，面对这个知道阿米尔的秘密，更想带阿米尔重回善良之路的男人，心理防线仍然“可能”崩塌。

——周珂言同学

【教师共读】

拉辛汗在小说中的定位，可谓阿米尔的另一个父亲，即心路上的教父。他弥补着父亲对阿米尔教导的缺失，所以看到活不过这个夏天的拉辛汗，阿米尔的心情可想而知。之前，阿米尔已经丧父，因为父亲拒绝接受治疗。因此，这段话告诉我们，阿米尔是多么想拯救拉辛汗这“最后一位爸爸”。“来吧，这儿有再次成为好人的路。”就是拉辛汗这句话，让三十八岁的阿米尔从美国重新回来，回到依旧藏着回忆和秘密的土地，开启了自我救赎的路。

这个选段的意义，可能更在于引出下一段拉辛汗的感悟和启示。在那段话中，他批判了阿富汗人“生活会继续的”的论调，因为这是逃避生活的劣根性，这可以代表他的人生观。而死亡是生活的一部分，阿米尔这种“信口开河”式的安慰，在得到医生确诊的拉辛汗看来，只是在逃避死亡和真相的懦弱行为。

爸爸也曾放弃治疗，这似乎和拉辛汗的直面死亡类似。其实，区别很大。拉辛汗直面死亡，战胜了自己的民族劣根性。他代表着一部分先醒过来的阿富汗人，勇于反省，不断完善自我。而爸爸迎接死亡，只是一种自我解脱。终其一生，他并没有救赎自己的勇气，“爸爸曾经是个贼！还是最坏那种，因为他偷走的东西非常神圣：于我（阿米尔）而言，是得知我有兄弟的权利；对哈桑来说，是他的身份。他还偷走了阿里的荣誉。他的荣誉，他的尊严。”爸爸至死没有对当事人说出这个背叛了很多人的秘密。

正因为两者的本质区别，拉辛汗对于主人公的意义是不可取代的。他是亡父秘密的知情人，让阿米尔有了知道真相的可能。他更是用直面死亡的态度，促使阿米尔直面往事，去阿富汗勇敢地完成自我救赎，救出爸爸的私生子、自己的兄弟哈桑（已故）的儿子索拉博，将延续了三代人的孽缘，转化成了善缘。因此，拉辛汗不仅引导了阿米尔，而且也间接超度了爸爸——“拉辛汗传唤我到这里来，不只是为了洗刷我的罪行，还有爸爸的。”而在妻子索拉雅、拉辛汗、索拉博等人的帮助下，对自己和父亲的双重救赎，阿米尔最终活着完成了。他战胜了懦弱，在人格上超越了爸爸。

小说对人物的成对设计，真的很到位。列夫·托尔斯泰说：“人生的一切变化，一切魅力，一切美都是由光明和阴影构成的。”不仅拉辛汗和爸爸，构成了人格上“光明”和“阴影”的两面，而且爸爸的两个儿子也是如此：哈桑是私生子，遗传了他重情义的一面；阿米尔是他社会承认的儿子，但也继承了他的罪责和怯懦。不同的是，阿米尔最终走出了一条心路——从人性的阴影走向了灵魂的光明。

附录：《追风筝的人》学生读书随笔选

爱的囚徒　周珂言

听到这些，我才明白自己的生活、身上的秉性有多少是来自爸爸，才知道他在人们生命中留下的烙印。终我一生，我是

"爸爸的儿子"。

——卡勒德·胡塞尼《追风筝的人》

"读小说是一个一对一的过程，在最私密的地方，人类意识相遇。"保罗·奥斯特如是说。《追风筝的人》就是这样饱含爱、希冀、谎言、背叛与读者的意识相遇。

童年极度渴求的父爱让"我"灵魂扭曲。因爱变色、因爱变味，坠入罪恶的深渊。父亲是阿富汗人崇敬的勇士，更是我的神。诚如《恶意》中说："爱并不一定是美好的源泉，反而有可能是罪恶的源头。"爱可以成就一个人，亦可以毁灭一个人。是爱吗？竟让人打着正义的幌子做不正义的事还振振有词着；是爱吗？竟让人以为在迷雾中找到了方向却不想是往更黑暗的深渊沉沦。

爱是是是非非，却分不清是非。父亲穷极一生为正义，"我"穷极一生为父亲；"我"只是父亲的儿子，父亲却不只是"我"的父亲。正因父爱是"我"一生趋之若鹜、试图独占的宝藏，于是也成了"我"不可承受的生命之重。

因爱嗟叹，因爱成殇，因爱成囚，之后便是永远。爱与背叛、背叛与救赎如影随形。终"我"一生提醒着"我"，"我"是爸爸的儿子。

沉默亦是偷 周桃桃

我记得爸爸的手死死抓住方向盘，一会儿抓紧，一会儿放松。更重要的是，爸爸开车时沉默不语，厌恶溢于言表，我永远都不会忘记……"哈桑哪都不去，他就在这儿陪着我们，他属于这儿。这儿是他的家，我们是他的家人，以后别再问我这样的问题！"

——卡勒德·胡塞尼《追风筝的人》

父亲对于哈桑和阿米尔是两种极端的态度：对于"仆人"哈桑（私生

子），父亲是不公开地表露宠爱，当阿米尔想叫父亲考虑换新的仆人时，父亲激动地咆哮，从中不难看出父亲对哈桑的重视。然而对于被认可的儿子阿米尔，父亲却是十分严厉。上文开车一段，是父亲和阿米尔看比武竞赛时，阿米尔因看见失败者的惨状大哭不止，而父亲“死死抓住”、“抓紧”、“放松”的动作，“沉默不语”、“厌恶”的神情可见父亲内心的挣扎。挣扎什么？是对阿米尔懦弱的失望，亦是对自己教育失败的痛苦。

然而为什么会有这样的差别？是因为愧怍。用父亲的话来说应是，他犯了最不可原谅的罪行，偷盗——他偷走了人们知道真相的权利。于是父亲硬生生地被撕扯成了两半，由于不能公开对哈桑的疼宠，他将怨气发泄于阿米尔身上，每当看到阿米尔便唤起心底的愧疚，不能自已。父亲对阿米尔的严厉，也是对自己的严厉。

偷盗，让阿米尔渴望父亲疼爱不得而痛苦，让哈桑饱受种族歧视而痛苦，让父亲一生性情幻变而痛苦，终酿成三个人的悲剧。于是阿米尔只能一直追，追逐天上的风筝，追逐心灵的救赎。

救赎友情 姚馨

> 我又扔出一个石榴，这次打在他的肩膀上，果汁染上他的脸。“还手！”我大喊，“你这个该死的家伙！”我希望他满足我的愿望，好好惩罚我，这样我晚上就能睡着了。但哈桑纹丝不动，任由我一次又一次扔他。
>
> ——卡勒德·胡塞尼《追风筝的人》

以上所选这段，是我读完本书后印象极其深刻的一个片段，从中可以感受到一个觉得自己犯了错误的人渴望得到内心救赎的急切心情。哈桑实则在内心无法摆脱自己是个下人的低贱身份，所以尊卑观念似乎一次又一次地克制住他想要把石榴砸向“我”的手，自以为一贯对主人保持尊敬，实则是对他内心最大的折磨，所以对于曾经有过过节的两人来说，最痛苦的事似乎不是两人之间永不相见，而是相隔很近但心结终未能解开而渐行渐远。

从前文来看，“我”似乎一向未把哈桑当作平等的真朋友，因为“我”也歧视他只是一个下人，在与他交往时也始终无法放下自己是少爷的尊贵身份。但我认为那只是“我”在嫉妒父亲似乎对待哈桑比待“我”更为亲密的不悦，此时急切地渴望他的原谅便是想挽回友情，是把他当作朋友来平等对待的。但哈桑的不反抗则是在内心看低自己的表现，很多人自卑，觉得别人看不起自己，但有时恰恰是别人并未看低你，而自己却看轻了自己，就像有很多民工坐地铁，一上车便站在角落里，主动放弃空位，似乎自己本就属于那个角落，而哈桑的不反抗缘于自己没有给自己反抗的底气罢了。

第五套 《乡关何处》

——感动之余，我们可以接着感悟

野夫的写人记事散文是走心的，处处流淌着真性情的文字，文字涌出的泉眼皆非斧凿。阅历浅薄的读者，似乎只能做个被感动的旁观者。其实，这些包含着忧与爱的文字，不仅可以触动心灵，而且可以触动大脑。感动之余，我们可以接着感悟。

一、发现矛盾:“跪着”与“造反”的错位搭配

他向上峰不断提出调离，但上面又确实舍不得这个笔杆子，他只能被扣为人质。他又不是个喜欢吵架的人，但他更不是个愿意妥协的人，他只好选择一种鲁迅所谓“跪着造反”的方

式——他把调动申请不断复写，每隔一天便呈递一份上去，也不吵闹，他对我说——我早已烦了他们，现在只想他们也早点烦我就好了。最后，上峰果然就烦了，他们从政以来，还没见过如此不识时务的人……

——野夫《别梦依稀咒逝川——悼故友如波》

“跪着造反”？“跪”与“造反”似乎是矛盾的。可在“他”（老李）身上却达成了统一。“他又不是个喜欢吵架的人”，当然不会吵着造反；“他更不是个愿意妥协的人”，当然不会跪着不造反，于是就有了“跪着造反”。

在文中，“跪”是一种“呈递”、“申请”的姿势，说明眼中有上级、有程序；“造反”则体现为“不断复写”，这是对上级安排的现状反抗的表现，也就是上峰眼中的“不识时务”。“跪着”不是奴性的姿态，是一种类似于“静坐”的姿态，但是后面却不与“示威”、“抗议”搭配，只是“烦人”而已。不过，有时，上峰怕的不是“威”，而是“烦”，这个“烦”的背后，有比“威”更给力更持久的一个字，也就是鲁迅说的“韧”。

结合上下文看，老李“第一反感写那些弄虚作假的文牍，第二极不愿意与周边小人虚情假意地应付”，“他的不苟世俗也使他难容于人”。所以，老李希望的“调动”是为了找到一块能安放自我的隐居地，越偏越好。比起通常意义上的造反，老李的“造反”，更让人肃然起敬。为什么？因为通常的造反往往是为了夺取权力、站上中心，而老李则是为了远离中心，与自我独处。前者想要拥有的，是更丰富的资源；后者想要拥有的，却是更纯粹的自我。因此，老李的“造反”与通常的造反，竟然背道而驰。也正因为老李不想站上高位，只想自由地栖息在低处，那“跪着”又有何妨？

总之，“跪着”不是奴，“造反”不为居高，当“跪着”与“造反”错位地搭配在一起，彼此也不再是通常的性质了。

二、发现前提：不留“任何痕迹”给这俗世看

临歧在即，我委婉相邀他合个影，以慰落月屋梁之思。老李宽厚地笑道——你看，你我之间，尚不至于这样拘于俗情吧。我唯无语。老李的高，是一种我无法企及的高。他似乎早就打算，不在这个俗世留下任何痕迹。流云潭影，来去无踪，他是一个真正的过客，游龙一现，翩然又水逝云飞了。（该选段由韩梦婷同学推荐阅读）

——野夫《别梦依稀咒逝川——悼故友如波》

为什么故友老李婉拒“我”合影的邀请？因为他不想“拘于俗情”，“不在这个俗世留下任何痕迹”。不留“任何痕迹”，这看似绝对，实则相对。

其实，不留“任何痕迹”是有前提的，那便是“俗世”的环境下。如果在知己之间脱俗的心里呢？应该是早已留下了，留下了无形的痕迹和无声的遗响，就在“临歧”之前。对于知音，留念何须留影？高山流水是两个人之间的心事，无须留下“证件”给俗世去评审，无须留下“证据”让俗世去炒作，痕留于世不如情留于心。真正的过客是一个人的清净，不希望俗世来纪念；真正的知己是两个人的清幽，不希望俗世去跟踪。

三、发现问题：抓住“唯一的不同”和一个“竟然”

他（畸人刘镇西）和那些江湖手艺人唯一的不同是，他的工具箱里永远放着《楚辞》。那些异乡的青灯雨夜，屈子的骚赋一直伴随着他的自我放逐。没有人相信这个衣衫落拓的苦命人，竟

然是楚辞的横流倒背者，且更是楚辞古韵和名物的民间研究者。

——野夫《畸人刘镇西》

为什么“他的工具箱里永远放着《楚辞》”？

原因一:《楚辞》是他“爱屋及乌”的象征。从下文可以看出，畸人刘镇西和屈原“同是天涯沦落人”，因为惜自己，所以惜屈子；因为惜屈子，所以惜《楚辞》。

原因二:《楚辞》是他的“月光宝盒”。德居斯太因侯爵曾对肖邦说过：我听着您的音乐，总感到是在同您促膝谈心，甚至，似乎是跟一个比您本人更好的人在一起，至少是，我接触到了您身上那点最美好的东西。

而《肖邦故园》的作者伊瓦什凯维奇便援引了上面的语句，并且感悟道：肖邦之家的最大的魅力之一，正是在于我们能感受到在同肖邦“促膝谈心”。这句话给了我启示，《楚辞》之于畸人刘镇西，不就像音乐之于侯爵德居斯太因、故居之于伊瓦什凯维奇一样吗？穿越时空的《楚辞》就是畸人与屈子“促膝谈心”的精神家园。时代是一面无情的哈哈镜，扭曲着每个人的心，将每个人扭曲成“畸人”，把幸灾乐祸的喜剧建立在芸芸众生的悲剧之上。而《楚辞》恰恰是刘镇西珍藏的一面恢复人形的镜子，也许在青灯雨夜，卸下工具，拿出《楚辞》，照一照自己，被扭曲的心灵也就恢复了原型。

原因三:《楚辞》是他艺术、理想的寄托。工具箱里永远放着《楚辞》是他和江湖手艺人唯一的不同。这是多么可贵的“唯一”！在这里，工具箱是他吃饭的家伙，象征江湖手艺人的现实生活，而《楚辞》则象征着民间研究者的理想。

从刘镇西反观现在，文艺青年们整天抱怨着“无处安放理想”。于是，刘镇西的例子化作了几行小诗，在我的耳边流淌：

疾驰、拥挤、混沌、逼仄，
你注定就摊上时间列车的这一趟。

如果现实生活只给了你站票一张，
那么你千万不要抱怨，更不要迷惘，
仅仅为了那艺术和理想，
没有卧铺安放。
找到内侧的拉链，拉开你的行囊！
总有一个虚位以待的地方。

离开刘镇西的年代，再联系当下，我们还会发现，这个技术比艺术更赚钱的年代，不乏手艺人出身的艺术家，更不乏艺术系出身的粉刷匠，多少大学的艺术系在沦为技术系。诚然，我们不应该苛求每个艺术系的毕业生都饿着肚子走艺术家的道路，但是，白天提着“工具箱”，晚上做着艺术家的梦，却并不算苛求。

看过了这样的文艺愤青、艺术系粉刷匠，我不禁要说：

只有理想没有现实的人，只有艺术没有生活的人，才是“畸人”！
没有理想只有现实的人，没有艺术只有生活的人，才是“畸人”！
这两种“畸人”，头顶着“畸人”的刘镇西，恰恰都不是！

在逼仄的现实中，他安放理想于一隅；在奔波的生活中，他供奉艺术于一盒。这未必是个绝对完美的人，却一定是个相对完整的人，他充其量只是“畸人”眼中的“畸人”而已。总之，精神家园中有现实无法碰面的古代知己，有现实中无法实现的梦想。

此外，一个“竟然”也引起了我的注意。为什么衣衫落拓的苦命人，竟然是楚辞的横流倒背者，且更是楚辞古韵和名物的民间研究者？因为书的厚度一半取决于作者的阅历，一半取决于读者的经历，能深入《楚辞》和屈子的灵魂深处，唯有“苦命”。况且大隐于市，不凡往往隐居在平凡中，“民间研究者”一词中“民间”是平凡，称得上“研究”却是不凡。再者说，是“大俗”滋养了“大雅”，就如牛粪滋养了鲜花。虽然“江湖手艺人”是“下里巴人”,《楚辞》是“阳春白雪”，但是无人问津的“阳春白雪”，不也是因接了“下里巴人”的地气，才有幸栖息于工具箱的一隅吗？对于《楚辞》而言，在土里土气的工具箱里“曳尾于涂”，总比在某个土豪家中束之高阁一辈子要好。

四、聚散有致：提炼出“同情”，再发散开去，又聚焦回来

> 路遇一个老丐蜷缩某机关门前。他拉我上前询问，老丐曰当年水灾，其家颗粒无存，只好年关进城行乞；言毕泣下。老翁勾起我们各自童年颠沛的记忆，顿时三人抱头痛哭于当街；我们倾尽囊中散银，再三拱手揖别。
>
> ——野夫《幽人苏家桥》

为何作者与挚友毫不避讳地与老丐抱头痛哭？

怕是许多人会说：路遇老丐除夕乞讨，任谁都会心存怜悯。然而走在街头，不难发现行人路过乞讨者身边时大多匆匆扔下几个硬币了事。他们也心怀怜悯，但未必能如作者那样，平等而耐心地去听完老乞的倾诉。

是什么成就了作者非常的善举？我想，这是因为他懂得同情，更会用正确的方式表达自己的同情。

商家请环卫工大吃鲍鱼宴，明星搞集资义捐，这类善举看似是弱者的福音，但在现实生活中却遭遇了不小的抵触。不少人斥责此为伪善，亦拒绝他人的同情。难道表达同情真的会践踏他人的尊严吗？或许只是一些人错把施舍当同情而已。怜悯他人更多时候只是我们自以为是的施予，然而真正心怀同情的人却能亲身体察对方的痛苦，从而站在更平等的角度接纳对方，理解对方。“同情”的“同”字，不正说明这种感情应是双方共同承担的吗？

“哭笑歌行之内，却是心底的悲悯和温良的恭让。”作者这句话正是

点出了这种真性情的由来——幽人之所以心怀慈悲，心有同情，是因为其恪守着现代人看来有些迂腐的“古风”。没有了“仁义礼智信”的同情，至多只是施恩者有目的的付出。在他们坐收回报之时，同情心已在金钱名利的引诱下变了味。前几日于路边行善的香港最美女孩被爆造假，不禁让人唏嘘：人造的同情并不值钱。图中女孩单膝跪地为老乞喂饭，这一“跪”一“喂”将老人奉为神明。然而同情更需要的是双方平等的倾听交谈，而非喂两口饭，拍完照片后马上走人。女孩这一跪中或许有敬意，有怜惜，但并没有对老乞的理解和尊重。这种强制奉上的同情，大概也令老乞无所适从。

旧时的中国古人将心怀慈悲，同情他人看作“修身”的一部分。幽人苏家桥向老人恭敬地“拱手揖别”，更把同情之“雅”展现得淋漓尽致。然而如今要是没有媒体、相机的追踪，人们便懒得去展露埋藏于心府的同情。我们将善举一次次搬上荧屏，却终让他人的悲悯之心愈加世俗化。

一个人的同情心，或许禁不起太多人的围观。

——胡偲佳同学

【教师点评】

胡同学的读后感，可谓聚散有致。先结合选文内容发问，得出“同情”这个话题，然后再结合现实发散开去，最后又聚焦到了幽人苏家桥的古风。

面对一个老乞丐，“我们”竟然大有“同是天涯沦落人”的感觉，“我们”只是把自己定位成“曾经天涯沦落人”，这种平等难能可贵。而在此时此刻，双方的心灵都得到了一次满足，感同身受的倾听胜过自以为是的施舍。作者对“同情”的理解可谓深刻，“同”是“同是天涯沦落人”的“同”，是平等对话的基础。而相“同”之“情”、共“同”承担之“情”才能感同身受。而“同情”毕竟应该埋在自己“心”里，而非显摆在众人眼中。

五、推敲排序：尊严与生命，谁先谁后

> 痴呆的老人如弱智的孩子，寿多则辱的情景，不免令他心痛且难堪。他常常对我感叹，自己老去若不能有尊严有质量地活着，则一定自决。后来，偶尔清醒的父亲独自回到利川，独自在其衰朽残年，最后有尊严地跳进了清江。
>
> ——野夫《幽人苏家桥》

为什么老父选择用跳江的方式结束生命？

或许有人会从中看出人在岁月面前的渺小无力，甚至软弱。然而这一跳背后，有勇气，更有尊严。正如文中所说的那样，有质量的生活定是能维护尊严，保持清醒地生活。老父便是用性命去成就生命的质量。

然而不乏有人时常主动为生活贴上假冒伪劣的标签，选择以“跪着”的姿态应付度日。为何生活的质量在他们眼中会毫无价值？尊严当真可有可无、不必珍惜吗？

想要拥有尊严，先要懂得何为羞耻。那些已习惯用“跪着”的姿势向生活低头的人们，毫无疑问也是失去了羞耻心的群众。阿Q面对上自老爷秀才，下至泼皮流氓的嘲讽羞辱，无一例外均用嬉皮笑脸、自我劝说的方式进行麻醉。但就是这种淡化羞耻，甚至以辱为荣的精神胜利法，让阿Q在失败的人生路上越走越远。在视羞辱为无物的阿Q眼中，尊严不过是临刑画押前把圆画得更圆而已。而在群嘲中颤抖的阿Q，终是用一个失败的圆结束了他的荒唐人生。

老父认为“寿多则辱”，正是这种耻辱感促使他维护自己最后的尊严。但生活中不乏因不忍耻辱而结束生命的轻生者，同样是以死相抗，为何我们留给前者尊重，后者惋惜？

维护尊严不意味拒绝担当。老父的自决不仅是古稀老人的一己私愿，

更有儿子的理解与同情。而如今选择以死相抗的人们，却鲜少考虑到旁人甚至亲人的感受，将维护尊严变成了发泄愤怒。人一旦因劳累恐惧而卸下了生活的担子，维护尊严就只是用于逃避责任的借口。老父一生坎坷，却未在年轻时轻易结束自己的生命，而是选择承受完丧偶之痛，迫害惊恐，疾痛折磨后独自用江水掩埋一生，这番隐忍、沉默、坚持才使维护尊严的“一跳”变得有意义、有担当、有质量。

席勒说：不知道自己尊严的人，便不能尊重别人的尊严。文中幽人苏家桥对父亲的选择做出充分的尊重，恰恰正是自尊自爱的体现。维护他人的尊严，也要先懂得何为自尊。

有质量地生活，因尊严神圣而可贵。

——胡偲佳同学

【教师点评】

这篇读后感探讨了尊严和生命的排序问题。当不能有尊严地活着时，痴呆老人选择尊严而非活着，而大多数人会选择没尊严地活着，前者把尊严当作必需品，后者把尊严当作奢侈品。

本文的作者并没有纠结于选择的对错，而是发掘了做出不同选择的前提。老人选择有尊严地死去，前提是有一个对生命有着深刻理解的儿子。而那些生不如死却依旧生生不息的人会把尊严当作奢侈品也是可以理解的，因为他们眼中的必需品不是他们自己而是他们的亲友，为了自己，他们可以有尊严地死去，但为了亲友，他们可以没有尊严，但却必须活着，这也是一种伟大的担当！

第六套 《飞鸟集》

——感悟一首诗，不能止于这首诗

《飞鸟集》中的诗，都很短。读一首，悟一首，有些累。不过，从这些飞散在各页的短诗中，往往能找出相同的东西，或是一个抽象的话题，或是一个生动的意象。如果说《飞鸟集》中的短诗，就像飞鸟散在空中的一片片羽毛，那么共同的话题或意象，则将它们有机地重组到一起，让我们看见一只只羽毛球。以它们为纽带，我们可以把相关的几首诗编辑在一起，进行比较阅读。围绕着某个话题或意象，这些短诗形成一段诗意的对话。在彼此的碰撞、融合中，感悟也就油然而生了。

一、夏秋之辨：两种人生选择，抑或人生的两个阶段

夏天的飞鸟，飞到我的窗前唱歌，又飞去了。

秋天的黄叶，它们没有什么可唱，只叹息一声，飞落在那里。

Stray birds of summer come to my window to sing and fly away.

And yellow leaves of autumn, which have no songs, flutter and fall there with a sign.

使生如夏花之绚烂，死如秋叶之静美。

Let life be beautiful like summer flowers and death like autumn leaves.

在第一首诗中，飞鸟隐喻游吟诗人，终生漂泊，边走边唱，每到一处都会给人带来美好。秋天的黄叶隐喻林中隐士，他们离群索居，自叹自艾，不给予别人影响，也自生自灭。因此，这首诗中的“夏天”和“秋天”是两种人生选择。而第二首诗中的“夏”和“秋”则是人生的两个阶段。

另外，还可以分别比较两首诗中夏秋的差异。第一首的夏是得到快乐的季节，第二首的夏是创造精彩的季节，前者被动后者主动。第一首的秋是孤独枯槁的终点，第二首的秋是安静美丽的归宿，前者悲观后者达观。

二、“我”与记忆：两首诗一合体，就产生了母子关系

我的昼间之花，落下它那被遗忘的花瓣。

在黄昏中，这花成熟为一颗记忆的金果。

My flower of the day dropped its petals forgotten.

In the evening it ripens into a golden fruit of memory.

我像那夜间之路，正静悄悄地谛听着记忆的足音。

I am like the road in the night listening to the footfalls of its memories in silence.

在第一首诗中，“被遗忘的花瓣”和“记忆的金果”都是人生中的美好经历。但是花瓣是美在一时，并不具有更深远的人生意义；金果是美在永恒，是人生的意义所在。值得注意的是，“petals”是“花瓣”，而“花”是“flower”，花瓣只是花的一部分，而非全部。铭记和遗忘只是一种记忆的筛选，抑或说是一种取舍。“花的心藏在蕊中”，正是这一部分最终

成熟为一颗“记忆的金果”。

第二首诗将“我”物化成了“路”，却将记忆人格化，还给了它“足”：“我”见证了“记忆”。为什么把“我”比作“路”？因为“我”守望着“记忆”，“我”与“记忆”同在、同行。

“昼间”、“黄昏”、“夜间”，时间可以将两首诗连在一起。这就是记忆的成长过程。先经过遗忘的筛选，形成精华；再与“我”同行，不断延伸。而从“记忆”与“我”的关系看，第一首诗强调“记忆”是“我的”，“我”是记忆的制造者；第二首诗强调“记忆”与“我”关系密切，却相对独立，“我”是记忆的守望者：“我”与“记忆”犹如母子，“记忆”脱胎于“我”，又在“我”的守望中行走成长。

三、不同的给：“瀑布”的自我满足与“树”的毫不利己

瀑布歌唱道：“虽然渴者只要少许的水便够了，我却很快活地给予了我的全部的水。”

I give my whole water in joy, it is enough for the thirsty.

樵夫的斧头，问树要斧柄。树便给了他。

The woodcutter’ s axe begged for its handle from the tree.The tree gave it.

“瀑布”和“树”都在“给”，不过却是表面同，本质异。

“瀑布”给水“树”给木，都给了物质。前者给了全部，后者似乎只给了一个斧柄。不过，后者在给斧柄的时候，难道没有做好给出全部的觉悟吗？因为后者面对的是“樵夫”。“樵夫”不同于“渴者”。“渴者”的要求有限——“只要少许的水”，而“樵夫”除了要“斧柄”，还隐藏着进一步的要求——砍树。

“瀑布”和“树”都倾其所有，助人行善。不过，正因为对象的不同，

才从看似相同的表象中，折射出了不同的性质。前者的帮助，远远超过了渴者的要求，这是为什么？“我却很快活”——终究是一种自我满足。后者则是毫不利己，专门利人。另外，后者的“给”存在于行动，前者的“给”存在于“歌唱”中：前者比后者高调多了。相比之下，“瀑布”更像陈光标，“树”更像耶稣基督。

四、辱与被辱：平凡者未必不光荣，成功者未必不虚荣

尘土受到损辱，却以她的花朵来报答。

The dust receives insult and inreturn offers her flowers.

不要从你自己的袋里掏出勋绩借给你的朋友，这是污辱他的。

Do not insult your friend by lending himmer its from your own pocket.

这两首诗的视角不同：第一首是从受辱者，第二首是从施辱者。

第一首诗运用了拟人的修辞手法，其中“尘土”和“花朵”的象征意义分别为：平凡的身份，不凡的成就。而这首诗是有前提的：尘土中必须首先有一颗沉睡的花种——平凡人有不凡心。

第二首诗要回答的问题自然是：为什么“这是污辱他的”？注意一个“借”。获得成功或荣誉的喜悦，你可以和朋友分享，但不是“借”的方式。而想要“借”你荣誉妆点自己的，常常是虚荣的小人。把朋友当作这类小人，这是对朋友人格的污辱。此外，“借”出于虚荣，表现为炫耀，当朋友感到你是小人时，这也是对他交友眼光的污辱。

总之，平凡者未必不光荣，成功者未必不虚荣。

五、三种开花：实现自我，方式各异

燃烧着的木块，熊熊地生出火光，叫道："这是我的花朵，我的死亡。"

The burning logbursts in flame and cries, —— "This is my flower, my death."

黑云受光的接吻时便变成天上的花朵。

Dark clouds become heaven's flowers when kissed by light.

道旁的草，爱那天上的星光吧，你的梦境便可在花朵里实现了。

Way side grass, love the star, then your dreams will come out in flowers.

这三首诗中物象很丰富，寓意也很丰富。三首诗都提到了"花朵"，但各有寓意：生命的精彩，美丽或美德，照进现实的梦想。

在这三首诗中，"开花"的分别设计"木块"、"黑云"和"草"这三个意象。它们都在光明中实现了自我。不过实现的方式却并不一样。木块以燃烧生命为代价，为自己制造光明，创造生命的精彩；借助光明，黑云完成了身心的美丽蜕变；草只是把星光当作精神的寄托，靠自己实现梦想。

"木块"、"黑云"、"草"的"开花"方式还可以两两比较。比起黑云被动接受，木块靠自己更主动；比起黑云借助外物的力量，草只是从外物汲取精神力量；比起木块用牺牲作为自我实现的代价，草是用成长完成自我的升华。

六、神对于人：失望过，依旧希望着

神的巨大的威权是在柔和的微风里，而不在狂风暴雨之中。

God's great power is in the gentle breeze, not in the storm.

神对人说："我医治你所以伤害你，爱你所以惩罚你。"

God says to man, "I heal you therefore I hurt, love you therefore punish."

神等待着，要从人的手上把他自己的花朵作为礼物赢得回去。

God waits to win back his own flowers as gifts from man's hands.

神希望我们酬答他，在于他送给我们的花朵，而不在于太阳和土地。

God expects answers for the flowers he sends us, not for the sun the earth.

神对于那些大帝国会感到厌恶，却决不会厌恶那些小小的花朵。

God grows weary of great kingdoms, but never of little flowers.

每一个孩子出生时都带来信息说：神对人并未灰心失望。

Every child comes with the message that God is not yet discouraged of man.

第一、二首诗阐释了"威"和"爱"的辩证关系。第一首诗阐释了"爱"对于"威"的意义：爱抚是威权的前提，不怒自威才是真正的威；只有威严没有爱，便是残暴。第二首则阐释了"威"对于"爱"的意义：没有惩罚的爱，只是不负责任的溺爱。

第三、四首诗既有共同的主题——感恩，又各有侧重。从“人”的角度可以逐首解读：感恩是一种尊重，所以更要主动；感精神之恩比物质之恩更重要。

通过“大帝国”和“小小的花朵”这两个对象，第五首诗阐释了自我定位和自我实现之间的关系：与其在取得伟大成就后忘记自己的渺小，不如在铭记自己渺小的前提下取得一份小小的成就。显然，后者比前者更能获得永恒的幸福。

第六首诗就像是一个结语。神告诉人们如何理解威严、大爱、感恩、幸福，都说明“神对人并未灰心失望”。相信人还有彻悟的可能。为什么不说“神对人还存在希望”？因为神可能对这一代灰心失望过，只是神不会因此对下一代灰心失望。在每一个孩子出生时，神都给予了平等的希望。剩下的就看每个孩子的悟性和虔诚了。

七、群星各喻：美景、理想、人格

如果你因错过了太阳而流泪，那么你也将错过群星了。

If you shed tears when you miss the sun, you also miss the stars.

让我设想，在群星之中，有一颗星是指导着我的生命通过不可知的黑暗的。

Let me think that there is one among those stars that guides my life through the dark unknown.

我有群星在天上，但是，唉，我屋里的小灯却没有点亮。

I have my stars in the sky.But oh for my little lamp unlit in my house.

爆竹呀，你对群星的侮蔑，又跟着你自己回到地上来了。

Rockets, your insult to the stars follows yourself back

to the earth.

群星不怕显得像萤火虫那样。

The stars are not afraid to appear like fireflies.

在第一首诗中，“太阳”和“群星”都是人生的美景。不过，太阳是比群星更近却已逝的美景；群星则是比太阳更多却未来的美景。本诗在用“太阳”衬托“群星”的意义。“群星”的意义，则体现在对“错过”的理解上：①美景贯穿人生始终，错过一次不等于错过所有。②如果在一次次的回首中遗憾、悔恨已经错过的，那么你将一次次错过眼前的美景。③已经错过是“不再错过”的前提，但如果错过的并没有太多价值，那也就没有了不再错过的意义。④其实群星和太阳一样，都是恒星。从上一次错过中收获的不应该是泪光，而应该是眼光，如果你在余生更投入、更智慧地去发现，那么前方的美景可能永远多于身后错过的。

如果说第一首诗中的“群星”象征许多美景的话，那么第二、三两首诗中的“群星”则象征许多理想，只是各有侧重：前者强调在困境中，人应该选择一种理想，作为精神支柱；后者强调离开实际行动的理想，就算再多也是空想。

第四、五两首诗中的“群星”则象征着崇高的人格，不过，前者更强调小人的喧嚣，终究掩盖不了君子的本色；后者更强调人格的魅力，在于不畏人生长夜的永恒光明。

八、真理所有：本色、真话、纯朴、错误、失败……

真理穿了衣裳，觉得事实太拘束了。在想象中，她却转动得很舒畅。

Truth in her dress finds facts too tight. In fiction she moves with ease.

如果你不等待着要说出完全的真理，那末把真话说出来是很容易的。

To be outspoken is easy when you do not wait to speak the complete truth.

少女呀，你的纯朴，如湖水之碧，表现出你的真理之深邃。

Maiden, your simplicity, like the blueness of the lake, reveals your depth of truth.

如果你把所有的错误都关在门外时，真理也要被关在门外面了。

If you shut your door to all errors truth will be shut out.

错误经不起失败，但是真理却不怕失败。

Wrong can not afford defeat but right can.

这五首诗感悟的都是“真理”。

前三首诗对“真理”的理解各有侧重：第一首说，真理要本色，不需要修饰（让真理裸奔是对真理最大的尊重）；第二首说，迫不及待说出的往往是真话，说真话是追求真理的开始；第三首说，纯朴天真是追求真理的先天条件。

第四、五首诗则不仅在理解“真理”，而且在阐释“错误”与“真理”的关系。第四首诗的“错误”存在于“求真”的过程中，第五首诗的“错误”是与“真理”相反的结果。如果将这两首诗连在一起理解，则可得：错误之后或许是失败，但失败之后继续前行，就可能遇到真理。

总之，这五首诗，发掘了“真理”这块宝石的各种元素：本色、真话、纯朴、错误、失败。

九、沉默所涉：意义、形象、方式

在我的一生里，也有贫乏和沉默的地域；它们是我忙碌的日子得到日光与空气的几片空旷之地。

There are tracts in my life that are bare and silent. They are the openspaces where my busy days had their light and air.

沉默蕴蓄着语声，正如鸟巢拥围着睡鸟。

Silence will carry your voice like the nest that holds the sleeping birds.

在黄昏的微光里，有那清晨的鸟儿来到了我的沉默的鸟巢里。

In the dusk of the evening the bird of some early dawn comes to the nest of my silence.

“我们萧萧的树叶都有声响回答那风和雨。你是谁呢，那样的沉默着？”

“我不过是一朵花。”

We, the rustling leaves, have a voice that answers the storms,

But who are you so silent？

I am a mere flower.

亲爱的朋友呀，当我静听着海涛时，我好几次在暮色深沉的黄昏里，在这个海岸上，感到你的伟大思想的沉默了。

Dear friend, I feel the silence of your great thoughts of many a deepening eventide on this beach when I listen to these waves.

“海水呀，你说的是什么？”

“是永恒的疑问。”

"天空呀，你回答的话是什么？"

"是永恒的沉默。"

What language is thine, O sea？

The language of eternal question.

What language is thy answer, O sky？

The language of eternal silence.

小花问道："我要怎样地对你唱，怎样地崇拜你呢？太阳呀？"

太阳答道："只要用你的纯洁的素朴的沉默。"

How may I sing to thee and worship, O Sun？

By the simple silence of thy purity.

第一、二、三首诗都涉及了"沉默"在生活中的意义，即：沉默是在忙碌生活中滋养身心的留白。沉默是多彩生活的开始，也是多彩生活的归宿。

第四、五两首诗都和"沉默者"有关。沉默者往往拥有谦虚而独立的自我，拥有深刻的思想。要了解沉默者的思想，首先需要安静投入的聆听。

在第六、七两首诗歌中，"沉默"是作为一种方式被提出的，即沉默是一种最永恒的问答方式，也是一种最纯粹的感恩方式。

十、微笑之辨：表情微妙，褒贬不一

是大地的泪点，使她的微笑保持着青春不谢。

It is the tears of the earth that keep her smiles in bloom.

太阳以微笑向我问候。

雨，他的忧闷的姐姐，向我的心谈话。

The sunshine greets me with a smile.

The rain, his sad sister, talks to my heart.

玻璃灯因为瓦灯叫它做表兄而责备瓦灯。但明月出来时，玻璃灯却温和地微笑着，叫明月为——“我亲爱的，亲爱的姐姐。”

While the glass lamp rebukes the earthen for calling it cousin the moon rises, and the glass lamp, with a bland smile, calls her, ——my dear, dear sister.

向日葵羞于把无名的花朵看作它的同胞。

太阳升上来了，向它微笑，说道：“你好么，我的宝贝儿？”

The sunflower blushed to own the nameless flower as her kin.

The sun rose and smiled on it, saying, “Are you well, my darling？”

“泪点”、“雨”都代表着忧。第一、二首诗是通过“忧”这个角度来理解“微笑”的。第一首说，以忧为养分，是获得永恒“微笑”的前提；第二首说，知心之忧，能反衬出“微笑”这种“问候”的肤浅。

在第二、四首诗中，太阳的“微笑”则各有不同。前者更多的是客套的表情，并不在乎对方的内心，为了礼貌；后者则是悲悯的真情，更在乎对方的感受，为了关爱。

在第三、四两首诗中，两种“微笑”的背后也有区别：前者势利，攀附高处；后者平等，关爱低处。

附录：爱，一个主题，两种诗意

——《飞鸟集》学生随笔两则

采着花瓣时，得不到花的美丽。

花的美丽不是来自花瓣这一个方面，而是由叶、茎、香味等部分共同形成的，单只看到一方面的美是无法真正欣赏到花的美丽的。所以在欣赏美时，不仅要注重某个方面，同时要注重整体。另一方面，采着花瓣意味着对美的干涉、破坏，花的美丽自然就消失了。欣赏美，应该与之保持一定的距离，而不应想着去干涉占有它。保持距离，或许就能感受到真美。

——杨馨同学

无垠的沙漠热烈追求一叶绿草的爱，她摇摇头，笑着飞开了。

对于沙漠而言，他所给予的爱是热烈、无垠的，似乎将自己的所有给予了绿草，但他的“慷慨”无意中却也给予了绿草伤害，绿草的生存需要适宜的阳光、水量和养分，而不是虽无垠却阳光过于炽热，缺少水源养分的沙漠。爱是给予对方所需，是使对方感到惬意，而没有负担。对于绿草，面对对方倾其所有的爱，她并没有贸然接受，对方的爱可能会给自己带来副作用，所以她选择为自己的生存考虑，同时“笑着”也是对对方给予爱的一种尊重。面对爱保持理智，在不损伤自己的前提下去爱。

——尹晓雯同学

第三辑

以读促写九篇

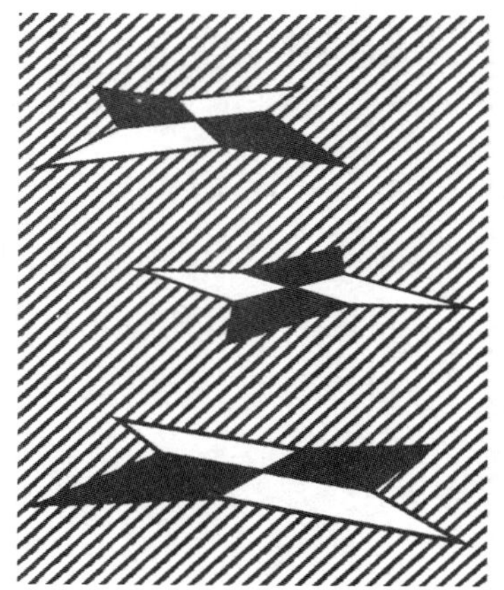

第一篇　厚积薄发

——发掘材料中的前提和对象

【作文材料】

父亲喜欢兰草，过些日子，就要到深山中一趟，带回些野兰栽培；几年之间，家里庭院里，就有了百十余品种，像要做一个兰草园圃似的，方圆十几里的人，就都跑来玩赏，父亲并不以此得意，而且脸上倒有几分愠怒；时有进山去，便从此不再带回那些野长的兰草了。这很使我奇怪，问他，又不肯说，只是有一次再进山的时候，要我和他一块："访兰去吧！"

——贾平凹《访兰》

【下水作文】

"访兰"不是一场说走就走的旅行

"访兰去吧！"如果撇开父亲与兰的故事，我很可能会把它念成一句轻薄的广告词。"访兰去吧！"这句属于"父亲"的无名真言，可谓厚积下的薄发。

这位"父亲"所说的"访兰"的前面，我看到了一堆厚厚的前提。

"访兰"之前，首先要"知兰"，否则连访的到底是不是"兰"都难说。材料中对"兰"的称谓有两个——"兰草"、"野兰"。而"知兰"就要知其草本，知其野性，让心灵经历一段审美之旅。

"兰草"有别于"兰花"的称谓，审视的是兰的草本。如果说兰花象征着脱俗之美，那么兰草则象征着平凡之美。而在玩赏者的围观之下，平凡之美如何能安放？这就像暴露在游客、媒体、商业下的古镇，往往会失去小镇生活的常态美：原生态的风景，被崭新的风景区所圈养。

比起“兰花”，“野兰”更有野性。而“野”强调了兰的自然之美和自由之美。因此，把兰从“深山”带到“庭院”，显然是剥夺了它的“野”——“野兰”只能进去访，而不能请出来。

这就引出了第二个前提，即理解“访”的意义。如果兰代表美，那么“访”作为与之搭配的动词之一，是与美相处、让美自在的一种方式。“父亲”在“愠怒”中顿悟了“栽培”这种方式的荒谬。是的，这种款待不是善待。此时“父亲”眼中的兰，既不是被“栽培”的产品，也不是被“玩赏”的展品，而是一位只能“访”不能“请”的故人，其性格只有在深山才不会被扭曲。因此，一个“访”字饱含理解和尊重。

知“兰”、悟“访”，这需要一个过程。因此，过程，便是“访兰”的第三个前提。而深刻的理解，往往需要一段曲折的过程。就像青埂峰下的石头本就置身空境，却未必理解空，非要阅尽人间色相，才会心甘情愿地回归大荒空境，彻悟“色即是空”。在说出“访兰去吧”之前，父亲也经历了从深山到庭院这段“请”兰的弯路。因此，“访兰”一语不是父亲对儿子的说教，而是对自身体验的总结——“访”不仅是与兰相处的唯美方式，而且似乎也是唯一方式。

是的，这段审美过程需要的是时间的沉淀。因此，它若是从一个文艺青年的嘴里甩出来，就会变得轻浮。什么样的人说这样的话才够格？显然是“父亲”那样的人。他喜欢的是“兰草”，而非“兰花”，可见他看重的不是兰花的美丽，而是兰草的气质。这样的视角，属于返璞归真的人。像“父亲”那样的人，不仅会因为玩赏者的喧嚣而愠怒，而且勇于并善于反省：“百十余品种”只是眼花缭乱的表象，其中失去了“野”，最真的兰只有在深山的那一种而已。因此，懂得将返璞归真升华为行为艺术的，不是文艺青年，而是“父亲”。

不过，成为这样一位“父亲”，不仅要有本真的审美追求，而且要有成熟的自我定位。他已经过了狂妄的年纪，拥有了自知之明。兰是兰，人是人，兰终究生活在世外的“深山”，人终究生活在人间的“庭院”，要想生活在别处，谈何容易！像“父亲”那样的人，终究能正视人与兰的分别——人作为社会动物，对兰虽然“心向往之”，但是也只能偷闲访兰，却很难彻底归山。

总之，“访兰”真不是一场说走就走的旅行。

【读写借鉴】

“访兰去吧”这句话是这段材料的神。紧扣“访兰”二字，结合材料中“父亲”的言行，本文逐层归纳出了“访兰”的三个前提：审视“兰”之美，辨析“访”之情，经历“请兰”的曲折过程。然后再从分析所言，进一步分析到言者——“父亲”，并分两层对“父亲”进行定位：既有返璞归真的反省行为，又有自知之明的成熟心理。因此，本文主体的论述层次是前提三层和对象两层。

另外，为什么是“兰草”、“野兰”，而非“兰花”？对材料中字词的辨析，也更有助于理解父亲所访之“兰”的个性。

第二篇　材尽其用

——没有具体标签，何来具体问题具体分析

【作文命题】

以“围观”为题，写一篇不少于800字的作文。

【下水作文】

围　观

网络视频直播女孩精神恍惚，轻生跳楼。结果跟帖如云，许多网友喊道：“快跳啊！要跳快点跳！”读过这则消息，我似乎听见了阿Q上刑

场时围观大众的“呐喊”：“快唱啊！要唱快点唱！”

围观那些“精神病”可以提神，却浑然不知精神奕奕的围观，也是一种“精神病”。对生命早已失去了围观的兴趣，却对失去生命的过程情有独钟。鲁迅笔下的“中国式围观”毕竟“与时俱进”了，围观死亡是一种真正的精神病。

鲁迅为了唤醒国人而写《呐喊》，这是一种痛；围观者也会“呐喊”，这是一种疯。是为被围观者轻生壮胆，怕当事人“反悔”，还是为自己内心的虚弱壮胆，抑或更是为更多围观后来者壮胆？而谴责被围观者不敢跳的少几个不少，谴责自己不敢跳出来拯救良知的多几个不多。呐喊只是围观者和被围观者的强心针。

就像热闹是一群人的寂寞，围观是一群人的虚弱。而网络时代的到来让围观死亡变得更敢更爽更安心。网络让围观者不用担心挤不到前排，让围观者变得无忧；视频让围观者不用担心被“表演者”看到，让围观变得无形；而跟帖这种围观的方式又让呐喊变得无声。

而围观再“文明”，也是一种时代病。花一个上午酝酿情绪，围观一场，这是信息闭塞年代的特点。网络让信息爆炸，点开一页一页，围观的网页太多，围观者很忙，忙得像赶场，这就既要求围观有精彩的过程，又要表演有“效率”——要跳就快点。而现实是围观者聚得快散得也快，耐心越来越少，口味越来越重，值得他们围观的东西却越来越少，都只剩下了玩命的表演勉强挽留住围观者的点击率。

许多清醒的中国人哀叹围观时代何时是个头，其实大可不必，因为围观时代即将结束，可是下一个时代更麻木，姑且叫作“路过时代”吧。到那时，我们连围观小悦悦被碾压的视频都没了兴趣，会跟视频里的人一样路过，区别只在于他们路过了小悦悦，我们路过了这些小悦悦的视频网页罢了，冷漠是一样的。围观至少比路过有“人情味”，也许吧。

【读写借鉴】

本文以一则短讯作为由头分析展开。不过并没有开头一用就丢，而是作为贯穿全文的素材使用，不断提取并整理标签，串联成问，正所谓

“串联标签，思维来电”。贴着这段貌似很短的消息，竟然可以提取到足以演绎一篇议论文的标签：网络视频、精神恍惚、轻生、跟帖、喊、跳。围绕标题“围观”，将这些标签有机组合，串联起来，也就构成了本文各层的问题：当“围观”和“精神恍惚”串串烧，我便不禁要问，在围观和被围观之间，精神恍惚的到底是谁？当“围观”和“喊”、“跳”、“轻生”串串烧，我不禁要问，围观为什么要“喊”？当“围观”和“网络视频”、“喊”、“跟帖”串串烧，我不禁要问，为何围观呐喊要借助网络、视频、跟帖？正是这些脱胎于具体材料的具体问题，才使得具体分析成为可能。

第三篇　换位思考

——用多个立场去丰富构思

【作文材料】

一群人来到光线暗淡、人迹罕至的洞穴里探险，洞穴里很神秘，他们就点了几支蜡烛，发现里面竟然有一群色彩斑斓的蝴蝶。他们欣赏了一会儿，不想惊动打扰蝴蝶，就离开了。几天后，他们回到原地，想看看蝴蝶在不在，却发现蝴蝶已经栖居到更深更黑的地方去了。他们在想，是不是几支蜡烛的光亮影响了蝴蝶的生活习惯呢？

——2013年江苏卷作文题

【下水作文】

绝地之美

眼睛说：“蝴蝶你为什么要躲避我？我是心灵的窗户，最善于发现这人间的美丽。”

蝴蝶说:“但你毕竟只是心灵的窗户，却不是心灵本身，你带来了让我不习惯的人和蜡烛，这让我如何寂寞地生活？”

眼睛说:“你的寂寞让人见识不到你的美丽，你应该感谢我和蜡烛才对。”

蝴蝶说:“那只是审美者的自私，如果你从我的角度考虑，哪怕不是刺眼的手电筒，哪怕只是含情脉脉的烛光，也是我无法承受之亮。我本不是尘世之蝶，我是绝地之美，而只有寂寞让我如此美丽。”

读完“探险者·蜡烛·洞中蝴蝶”的故事，我不禁想象，如果这群人的肉眼和洞穴里的蝴蝶能对上话，想必就会产生上述这段“绝地之音”。接着，我又不禁感叹，在人的眼前，不是所有的美丽都能从容地生活——原来真有一种绝美，必须决绝地生活在别处。

王安石在《游褒禅山记》中写道:“而世之奇伟、瑰怪，非常之观，常在于险远，而人之所罕至焉，故非有志者不能至也。”如果将这句话从原文中抽离，照搬在这群探险者身上，那将是一种逻辑上的误导！因为只有“人之所罕至”的绝地，才保存了绝美。这种不俗的美，自有不俗的生活方式，犹如暗室里的底片，绝美不能见光。它比起洗出来的照片，堪称美丽之母。少女之美，贵在“养在深闺人未识”，绝美也一样，只要被俗人看上一眼也就俗了。无论俗人是有意的闲人，还是无意的闲人，哪怕是有情人终成眷属，沦为少妇之美也是不可避免的，再想找回少女之美那也是“装”了。进洞犹如登月，宇航员在月亮上哪怕再小心翼翼的一个碎步，都会让美丽的神话退居到银河深处，迈出这一小步，有志的人类是进了一大步，代价却是神秘的美丽退了一大步。

值得庆幸的是，蝴蝶还有洞穴的更深更黑处可以栖息。但是一个“更深”让人忧，一个“更黑”让人虑啊！可以安放这群蝴蝶的余地，到底还有多少？看看一座座雪山吧，登山爱好者“色彩斑斓”的垃圾从山脚到山腰，还在不断侵蚀着海拔更高处。看看曾经的净土南极吧，英国更是对南极提出了领土的要求。于是你就会明白，把绝美逼入了绝境的，恰恰就是这些不能为美景着想的“有志者”。在美丽的无助面前，我们看到的，更多是有志者的自私和无知。人间不乏探险者，为利益探险的开发商有之，但能看见耕地红线的有几个？为好奇探险的旅行者有之，但能看见洞穴红线的又有几个？这无形的红线横在洞口，是人间和天域的分界线，也是绝美得以栖息的底线，可这条底线在探险者的面前一退再退，“山穷水复”都不能让他们止步，“柳暗花明”诱使他们得寸进尺。

值得庆幸的是，这群探险者是“有心人”，他们停在原地，扪心自问，而没有盲目深入，一如当年考古学者们因为兵马俑见光见风褪色而没有盲目开挖秦始皇陵一样。最美丽的，也是最敏感、最脆弱的，它们永远生活在别处。人的逗留，哪怕不是不文明的“到此一游”，哪怕不是野蛮的景点开发，哪怕是文明的欣赏，哪怕是合理的开发，都会让这种绝美逃遁，肉眼带我们欣赏到许多人间的美，但它终究是“绝美”之敌。

值得深思的是探险者的自问。“是不是几支蜡烛的光亮影响了蝴蝶的生活习惯呢？”我觉得这群探险者问得还不够彻底，应该自问：“是不是我们的存在影响了蝴蝶的生活习惯呢？”如果好奇心在神秘的洞穴前及时止步，那么不仅能为洞穴保存一份绝美的风景，而且也为自己收获一份绝美的想象。

真正的探险者应该敬畏自然，尊重美丽；真正的探险之旅不仅要打开心灵的窗户去发现，更要打开心灵去想象。我在想，如果是庄子路过这个洞口，那么他会怎么做呢？我想他一定会躺在洞口，做个好梦，因为梦境之中自有绝境之蝶来相会。

【读写借鉴】

本文由一段虚拟的对话领起，也引出了本文用于分析的两个立场：蝴蝶和探险者。

我作为作者，作为人类，却首先离开人类的立场，换位思考，站在蝴蝶的立场去反思人类的审美活动。而要从蝴蝶的立场换位思考，就必须对洞穴蝴蝶进行准确定位，它的美丽不是一般蝴蝶的美丽，“色彩暗淡”、“人迹罕至”、“色彩斑斓”、“几支蜡烛”等用词，可得出蝴蝶象征的是一种与世隔绝、敏感脆弱、享受寂寞的美丽。

然后对照探险者的反思，批判其本位反思得不彻底，并针砭时弊。

最后再跳出材料，从自己的立场出发，用庄子假设，得出观点：这种绝尘之美不可用肉眼去看，只可用心眼去想。

第四篇　多元设问

——多角度设问，让思维发散有致

【作文材料】

有一天，温源宁在校舍里读书，外边下起了倾盆大雨。忽然他听到有人猛敲房门，外边跳进一个被雨水淋得全湿的客人。不用说他便是徐志摩，一进门一把扯着源宁向外跑，说："快来！我们到桥上去等着。"这一来把源宁怔住了，他问志摩等什么，还是在这大雨里。志摩睁大了眼睛，孩子般高兴地说："看雨后的虹去。"源宁不止说他不去，并且劝志摩趁早将湿透的衣服换下，再穿上雨衣出去，英国的湿气岂是儿戏。志摩不等他说完，一溜烟地自己跑了……

——林徽因《悼志摩》

【下水作文】

预约美丽

沐雨等虹，为什么？面对未至的美丽，最虔诚的预约，当属先到。面对未知的美丽，最诗意的预约，当属信仰。料想徐志摩，当会如是说吧。

"不经历风雨，怎能见彩虹？"面对冒雨等虹的徐志摩，料想许多人会如此"致敬"其"苦心"。其实尚未致其所敬。未必是"冒雨"，似乎更像是在“沐雨”，为什么？“看雨后的虹去。”说出这句话时，请注意徐志摩的表情，是“孩子般高兴”。可见，这份诗意的背后，是一颗不朽的童心——而诗人往往是长大的儿童。这场“倾盆大雨”，在成人眼中，或是苦难；可在儿童眼中，却是伙伴，更是狂欢。“英国的湿气岂是儿戏”，在凡人眼中，或是如此；而在诗人眼中，英国的湿气就是儿戏！就是“诗气”！可见，只把等虹当作诗意，显然只是虚伪的文人；只有将“冒雨”理解成“沐雨”，才是天真的诗人——风雨把凡人淋湿，却把诗人灌醉。所以，只有把“雨”和“虹”都看作美丽的意象，才能构成一首完整的诗，诗名才叫“预约美丽”。

当然，这首诗是一种寂寞的美丽。李白“举杯邀明月，对影成三人”，就是没有人；徐志摩有虹还有雨，就是没有人。如果不是知音，志摩甚至“都不等他说完”，哪怕温源宁是一片关心。穿雨衣去雨中等虹，这种同窗的关心，在徐志摩眼中，可能也只是一种不知心的关心吧。徐志摩但求的是，让童心和诗意在雨中“裸奔”，却是“无人会”。不过，这首诗也是一种美丽的寂寞。或许许多人会猜测，徐志摩到底有没有等到彩虹；或许许多人会感叹，徐志摩要是预约不到美丽，不就亏本了吗？其实最美丽的，他已经得到，那就是预约的过程。就像盼着父母带回说好的礼物时，许多小孩可以一个人“嗨”上半天，预约美丽也会让诗人沉浸在一个人的狂欢之中。

想到这，难免有许多人还会继续感叹。“志摩不等他说完，一溜烟地自己跑了。”你瞧瞧，诗人的预约美丽，为什么不能懂点礼貌，讲点人情？真的完全是这样吗？未必。在这件事上，徐志摩恰恰是先礼后跑。“猛敲房门”、“一进门一把扯着源宁向外跑”，还有“快来！我们到桥上去等着”——你看看，有了美丽，徐志摩第一个想到的不是独占，而是热情、急切地和别人分享；你再想想，一个“我们”又是多么无私！其中虽然有“一厢情愿”的地方，但是从诗人的角度看，送的却是一份大礼，包含了人与人之间的情谊。所以，作为审美者，诗人固然有“追逐美丽”的痴心，同时也有“分享美丽”的热心。

哦，不是徐志摩“不近人情”，只是温源宁“不领情”啊。想到这里，可能又有许多人会“反戈一击”——徐志摩固然有无情之处，温源宁倒也十分无趣哦。其实也未必。徐志摩终究去桥上等虹，是不为大雨所动；温源宁依旧在舍中读书，也是不为大雨所动。预约美丽的方式难道只有一种吗？美丽难道只有一种吗？须知自然之美是美，人文之美也是美。“彩虹”难道只能在桥上预约？难道就不可以在书中预约吗？须知，书中自有黄金屋，书中自有颜如玉，书中更有远离财色功利的天上虹。未至的美丽将至，未知的美丽欲知，兴许就在下一页——正是对美丽的预约，才会让读书人手不释卷。其实，无论是诗人还是书生，他们都坚持着自己追求理想的途径、预约美丽的方式，同时又都对朋友表达了自己的好意——徐志摩的邀请和温源宁的担心。因此，沐雨等虹，为什么？避雨读书，又是为什么？都是为了预约各自的美丽。而在两条平行的路上奔向各自的美丽，彼此之间依旧能投去一份各自的好意。

预约美丽，各得其所，理解万岁。

【读写借鉴】

本文的草稿上会有这么一些设问。

从诗人的角度出发，围绕过程结果设问——“为什么要沐雨等虹？”又将问题分解为“为什么要等虹”和“为什么要沐雨”，使得“沐雨”的审美意义不被忽视。

然后，从世人的角度设问：为什么徐志摩不等温源宁说完就跑？为什么如此不讲礼貌，如此不讲人情？辩证地探讨了预约美丽过程中“寂寞的美丽”和“美丽的寂寞”，然后强调了诗人同存的两颗心：“分享美丽”热心与“追逐美丽”的痴心。

最后又从温源宁的角度设问：温源宁是否预约到了彩虹？从而强调美丽不止一种，预约美丽也不是某个人的专利，重在相互理解。

可见，角度丰富了，设问也就丰富了，思维自然也就发散而有致了。

第五篇　词语辨析

——从程度和角度去解读差异

【作文材料】

悲剧将人生的有价值的东西毁灭给人看，喜剧将那无价值的撕破给人看。

——鲁迅

【下水作文】

悲喜剧之辨

悲喜之间，泾渭分明。而要辨别悲剧和喜剧，就要做一番研究。

悲剧和喜剧都带着“伤”，而“伤势”也会影响对悲喜剧的判断。喜剧也就是“撕破”而已，悲剧就是“毁灭”了。任凭怡红院中的卧室多么精致、多么尊贵，照样被一个乡下醉酒老太的“酒屁臭气”充斥。不同于尊贵踩踏卑贱的“常态”，这是卑贱对尊贵的“糟蹋”，“怡红院劫遇母蝗虫”这一回可谓喜感十足。如果说一个乡下老太的“酒屁臭气”，袭人还能用“三四把百合香”掩盖过去，那么悲剧的毁灭却是不可逆的。尤三姐之死也是如此。“揉碎桃花红满地，玉山倾倒再难扶！”柳湘莲怀疑尤三姐下流，致使痴情五年的她当场自刎，柳湘莲除了感叹“标致”、“刚烈”、“没福”，什么都难以挽回，就算在梦中见面拉住，尤三姐也是一摔手便走。

当然，辨别破坏程度只是辨别悲喜剧的表面功夫，更花功夫的是对价值观的辨别。有价值的东西被毁灭，是悲剧；无价值的东西被撕破，是喜剧。这里最应辨别的，不是价值的有无，而是有无哪方面的价值。悲剧喜剧都是“剧”，剧都是“给人看”的，而看的角度、人的价值观却未必一致。价值，可以被人视为实际价值，也可被人视为审美价值。

于是实际者眼中的所谓“悲剧”，往往不是审美者眼中的真正悲剧。探春理家，把大观园里的花花草草承包给了众人，固然是节流开源，利益均沾，职责分明，皆大欢喜。但是就在这“皆大欢喜”中，这些花花草草的审美价值却被毁了。“柳叶渚边嗔莺咤燕”一回便是明证，嫩柳鲜花，在承包者春燕姨妈来看，不是值得分享的美丽，而是只可独占的利益。莺儿和藕官采去欣赏嫩柳鲜花，就像要去了她的命。春燕姨妈显然是实用者，她觉得经济损失是悲剧。但是审美者曹雪芹却更可能觉得：大观园沦为了种植园，才是悲剧；莺儿编织的花篮之美，已经不能映入春燕姨妈的眼帘，才是春燕姨妈个人的悲剧。

还有的时候，实际者眼中的所谓“悲剧”，反而是审美者眼中的喜剧。晴雯撕扇过瘾，麝月直呼作孽，宝玉却很受用，便是如此。从麝月的眼中看出去，这些扇子不是用来扇风的日用品，就是价值千金的收藏品，撕扇就是变宝为废的悲剧。“古人云‘千金难买一笑’，几把扇子能值几何！”在宝玉看来，撕扇子恰恰是变废为宝的喜剧。扇子的实用和收藏价值，在这位审美者眼中，不值一提。撕倒是让扇子产生了令人愉悦的审美价值——撕扇子的“嗤嗤”声在宝玉耳中犹如天籁。

总之，辨别悲喜剧，要看程度，更要看角度。

【读写借鉴】

《红楼梦》中的章回，往往是悲喜剧相间的布局。因此，我决定结合《红楼梦》的相关内容，来辨析悲剧和喜剧的差别。“毁灭”和“撕破”，是从程度的差异去辨析。“价值”一词，悲剧和喜剧的前后两句都有，不过却可以从实际经济、艺术审美两个角度去辨出差异。而角度的差异，也影响了对悲喜剧的判定。因此，辨析类似词语的差异，可以看看程度的不同；把同一个词辨析出差异，可以借助不同角度。

第六篇　分层联系

——把语句切成更小的语言单位，然后勾连上下文

【作文材料】

山外楼台云外峰，匠家千古此雷同。卅年删尽雷同法，赢得同侪骂此翁。

——齐白石《画山水题句》

【下水作文】

此翁难得

“卅年删尽雷同法”，这句话阐释的是一条超越套路的心路，这条心路谓之超越却并不超然，倒可谓字字皆辛苦，此翁最难得。

首先，“卅年”中至少含有两种难处，前者很难，后者更难。

人生有限，百年而已，成“翁”不易。花去三十年去“删尽雷同法”，却要冒着赢得骂声一片的风险，这无异于孤注一掷，有几人敢下这样的注，这是难处一。况且突破雷同不等于任性的创新，之前往往要先认真地继承模仿。要花三十年才能“删尽”的东西，可谓根基深厚，之前的勤学苦练、模仿继承往往也至少要花上三十年吧。要用后三十年给前三十年做减法，这种否定意义重大，代价却也高昂。诚然，不断取得突破必然伴随着不断否定。不过，阶段性的成果却往往成为继续进步的障碍，而且是付出的代价越大，该成果作为障碍的阻力越大，以至于许多能工巧匠将“山外楼台云外峰”这样的画面视为最终的人生成果。

将三十年置于人生百年之中，不是个小数字，可是要跟“千古”一比，就显得十分渺小。而要用三十年对抗的远远不止自己在之前花了至少三十年修得的雷同法，还要对抗“千古”的雷同！这是难处二，也是更难处。要了解这一点，不妨试想一下这样的梦境吧，一列穿越千古的时光火车在你的大脑中疾驰，车厢里满载着千百位匠家，其中的惯性和积威会有多大？真是很难想象。而更难想象的是，你却要在乘坐至少三十年后决定果断跳车，并再用三十年来拽住这列狂奔的火车！

用三十年去学，再用三十年去“删”，“此翁”往往要从“热血青年”坚持到“热血老年”，才能从技术匠成长为艺术家。这已经很难了，而从“删”到“删尽”就更难了。

“删”而“尽”，就要将审美行为从形不似上升到神不似。打个比方，山外删掉楼台很容易，云外删掉峰也不难。但是删而不尽的丹青手，一不小心就会在山外画上一座塔，一不小心就会在云外画上一座岭，画面的内容变了，但是审美的固有模式却依旧没有改变。

另外，“删尽”意味着与“同侪”完全不同，将孤独于圈外，这就失去了所谓的安全感，许多“删而不尽”的投机者便是这样想的。若穿越到清末民初，他们一定会扔掉长衫，换上洋服，却又留着辫子。这样的话，他们既可以在“同侪”面前炫酷，又可以凭一条辫子依旧留在“同侪”之列，和革命党撇清关系，也不怕张勋复辟——这真是又酷又不孤独、更爽更安心啊。但是，这终究只是哗众取宠、标新立异，换汤又换药才是与雷同彻底地决裂。可是，没有圈子的孤独和不安，不是谁都能消受得起的，离不开“朋友圈”的“低头族”的日益壮大便是明证。而能把这种“骂”戏谑为“赢得”，能将孤独视为独立的“此翁”，毕竟难得。

在渡过这么多难关之后，“雷同法”或许就要被推翻了。但是，在打倒雷同的时候，要好好想想的不仅是该重建什么，而且是该先重建什么。因为该重建创新的意识固然没错，但是离开雷同这一站，下一站未必直达创新。不仅欲速则不达，而且其中还存在着容易误入的歧途。这些误入歧途的人，依旧只能以“他”的形式存在——虽然不再模仿这群太老套的“他们”，但是却又追随那群更潮的“他们”。在这条歧途上，终究见不到的是一个“独立”的“我”。而在“卅年删尽雷同法”之后，若将“赢得同侪骂此翁”换种说法，就是“赢得自我是此翁”。总之，从“雷同模式”到“创新意识”之间，必先经过“独立人格”这一站，这也不比“删尽雷同”容易。

“卅年删尽雷同法，赢得同侪骂此翁。”如是观之，此言难做，此翁难得。

【读写借鉴】

四句诗，一句一句解读，这不是作文。所以本文以第三句“卅年删尽雷同法”为核心，推演了这句话蕴含的心路历程。对这句话的解读，本文没有囫囵吞枣，而是细分成了:“卅年 / 删尽 / 雷同法。”然后围绕“雷同法”，通过“卅年”、“删尽”两大层加以阐释。第三句也不仅仅是分析的焦点，而且还是勾连上下三句的起点。于是，“卅年”、“删尽”又通过勾连上下文，分别形成了两小层。下面简述一下本文的论述层次。

“卅年”联系“翁”（人生百年）和“千古”这两个参照物，体会到了“卅年”的分量有多重又有多轻。

“删尽”与“删而不尽”相区别，既联系“山外楼台云外峰”，用“山外塔云外岭”类比论证，又联系“同侪”，探究“删而不尽”背后的投机心理。这种“层中层”使得行文思路更加细腻深入。

最后又继续推演“删尽雷同法”后的心路，不仅批判“雷同法”，而且辨析“删尽雷同”。批判“删尽雷同即创新”的误读处，强调从雷同到创新，必经独立。

纵观全文，推演的过程揭示了层层困难和疑难，而敢碰难处，往往才能论到深处。

第七篇　分类辨伪

——神的“自由”、不人不鬼的“自由”、人的“自由”

【作文材料】

我仰望夜空，感到一阵惊恐：如果地球失去引力，我就会变成流星，无依无附，在天宇中飘行。哦，不能！为了拒绝这种“自由”，我愿变成一段树根，深深地扎进地层。

——顾城《忧天》

【下水作文】

有所待，更自在

仰望夜空，我很容易想到一个天马行空的人——庄子。“若夫乘天地之正，而御六气之辩，以游无穷者，彼且恶乎待哉！”在庄子看来，逍遥者是必须做到无所待的，这里的待也就是依靠的意思，无所待也就是做到对外物无依无靠。

但是，这终究只是对至人、神人、圣人的要求，而不是对凡人。而庄子眼中这些理想的人，在上下五千年中，终究没出现过。倒是出了不少“自命不凡”的人。为了羽化登仙，他们甘愿将自己放逐到所谓的世外，好古的煮石炼丹，摩登的嗑药摇滚，为了吸到一口所谓的仙气，宁可远离生命的地气，换来的当然只是一具人不人、鬼不鬼的空壳。到头来，无限的自由，只会变质为“无下限”的自由。因此，虚无的“黑洞”里没有自由的洞天，而人终究只是人，不是鬼神，而人也只能实实在在地追求属于人的自由。

所以我要说，有所待，更自在。因为我们都是人，都是凡人。

不过，理解有所待，必先理解有所不待。只依靠功名利禄，人会失去人的自由，这就是心为形役、案牍劳形的原因。我想庄子的“恶乎待哉”虽然矫枉过正，但是初衷却可敬。世人物欲膨胀，极度依赖外在而非内在，“恶乎待哉”便是对此的反感。世人迷信支配了无穷的物质，就能行使无穷的自由，他们既没有做到无所待，更没有做到有所待。

如何避免在追求自由的道路上误入虚无的歧途？我想必先找到安放自我的所在。而这就必须做回“根”，就是深植于精神家园中的那一段。“十年树木，百年树人。”做人还未必够格的我们，不妨先拜树为师吧。开枝散叶、追云逐月是大树的自由逍遥，但是大树必有深根。“楚之南有冥灵者，以五百岁为春，五百岁为秋；上古有大椿者，以八千岁为春，八千岁为秋。”记得庄子在《逍遥游》中提到了这两棵传说中的大树。当然，这种传说中的大树，也只可能种植在我们的精神家园中。那么，在这样的精神大树下，又需要有多肥沃的精神沃土和精神巨根呢？由树及人，我们必须知道，在带着自由出门之前，应该首先建设好自己的精神家园，无论走到哪儿，这都应是游子身后永不撤换的背景。而当我们感到归属感被漂泊感取代的时候，更要提醒自己去看看精神的田园怎么了——“归去来兮！田园将芜，胡不归？”

最后，在有所待之后，人需要怎样运行属于自己的自在呢？我想不应该做一颗失魂落魄的流星。装出颓废虚无的范儿，扮演个没落贵族，可能是一种达人的时髦，却终究不是一种凡人的自在。那么怎样的星星上才有凡人的自在呢？幸好，当仰望夜空的时候，我们看见月亮的几率远远多于流星，而明月的自在让我感怀：

你看，它绕着地球公转，犹如虔诚的信徒围着地球这座喇嘛庙，一圈圈地拨弄着转经筒，但是它的自转依旧保有自我的角度和优雅的弧度。

【读写借鉴】

想要层次丰富、角度灵活，可以讲究一下分类。“拒绝这种‘自由’”，并不等于拒绝“自由”，可能那种“自由”更适合我们。本文以材料中的这句话作为突破口，对“自由”进行了分类，勾勒出了本文的基本轮廓。从谈“天”——论神无所待的自由，到说“地”——论人有所待的自由，文势也为之一“转”。而在人神之间，其实还分出了第一种所谓的“自由”——人不人、鬼不鬼的“自由”。比起神无限的自由，这种自由却是“无下限”的；比起人实实在在的自由，这种自由却是虚无的幻觉。从神的“自由”，到不人不鬼的“自由”，再到人的“自由”，这是一个不断辨伪、不断否定的深化过程。因此，有质量的分类，类别的排列往往充满着比较，呈现为递进。

此外，在解读“自由”与“依附”这对矛盾时，我注意到的是彼此的“共生”关系，即缺了自由，依附就成了束缚；缺了依附，自由就成了漂泊。换句话说就是，缺了一方，另一方也就“变质”了。

第八篇 互生关系

——你中有我，我中有你

【作文命题】

以“寂寞与不甘寂寞”为话题，写一篇不少于800字的作文。

【下水作文】

鼓手与暴君

小提琴的寂寥音符，在节奏明亮、不甘寂寞的鼓声下不知所措，这一幕发生在童年，却深深扎入了指挥家卡拉扬的生命记忆。毫无疑问，他的指挥也如击鼓。

“我再也不要当小提琴手了，我要当一个鼓手。”童年的卡拉扬如是说。在萨尔兹堡低沉的云层下，群山连绵不断，无声起伏。这片天、这片地，在沉睡中伴随着众神的鼾声，在静寂中汇聚着天地的能量。万籁仿佛都在静等，都在臆测着什么呢？这里必有一种自然的伟力，而上帝何时将其从死寂中解放出来，任其尽情释放呢？寂寞的环境下，一切看似沉稳，其实躁动不安，更确切地讲，是不甘寂寞。这就是众神的暗示，而卡拉扬似乎懂得比较早。

“我可以容忍一个错误的音符，绝不能容忍节奏有一点儿谬误。”被称为“欧洲的音乐总监”的卡拉扬如是说。如果说童年的那一句话，让他从沉寂的山区生活中突围，成全了他不甘寂寞的心，那么后一句则很容易陷自己和艺术于孤立的境地，让不甘寂寞的心受挫。

为何不能和气一点？不，那是小提琴。和气生“财”却未必生“才”。因为对于完美主义者而言，和气意味着沉寂的人生和变质的音乐。看看卡拉扬故乡的天空就会明白这一点：在风和日丽的时候，我们很难听到群山沉寂下的跌宕声响；只有在云滚雷动的瞬间，令人敬畏的雷电才会闪出它们的轮廓，天地众神的语言才会渲染它们的节奏。而卡拉扬正是以指挥棒作为人间鼓槌，用挥舞、演绎、敲打，再现着众神雷电的强音，用上帝赐予人类的最好礼物——音乐，传递着天地的意志，创造着生命的旋律。

真的，伟大的艺术家难免是暴君。他们的表演越酷，往往越残酷，不仅对自己，而且对合作者。如果合作者就像在鼓声中不知所措的小提琴，那么艺术暴君很可能得到一个“众叛亲离”的落寞下场。

怎样才会让不甘寂寞的暴君不会落寞收场？显然，诚意必不可少，不仅是对合作者，更是对艺术。乐手对他指挥的节奏有细微抵触，他竟能察觉，他更会恼火。乐手当然能感受到暴君之怒，但也能感受到他对节奏的执着，因为恼火的前提是察觉。卡拉扬不止一次说：“跟我合作，时间越长越好。”如果之前的乐手听到这句话，那么很可能会在之前加上一句“看在艺术的份上”。是的，他渴望合作的诚心，不是完美自己的私心，而是完美节奏的公心。也只有对艺术的虔诚，才能让合作者对暴君虔诚。

当然，不可少的还有如神一般的魅力。在卡拉扬指挥的交响乐中，群山是节奏的形状，雷电是众神的声音，雄鹰是天空的使者。为了用音乐的演奏更好地诠释生命的节奏，让所有的观众都能听懂，他双手挥斥，如雄鹰振翅，将神的暗示变成一种明示，那种翱翔的感觉，既是自然的形象，又是自由的意志。当然，这首先感染的应是与他合作的乐手们。毫无疑问，在指挥结束前，他就是你无条件信仰的上帝。这是一位宣扬自由的暴君，他用指挥棒发动了一场拿破仑式的战争。

因此，正是“专制”的要求和“自由”的追求，才使得这位不甘寂寞者非但没有陷入寂寞，反而得到了共鸣，犹如故乡的雷霆得到群山的回响一样。

总之，放眼进化史，正是不甘寂寞的基因才使得这颗寂寞的行星出现了生命。而放眼艺术史，不甘寂寞的生命却往往陷入寂寞。再放眼人生，童年能遵循进化史规律的不少，而成年能走出艺术史怪圈的却是寥寥——不过其中必有卡拉扬。

【读写借鉴】

这是一篇人物评论，以指挥家卡拉扬为例，从艺术的角度出发，辩证地探讨了寂寞与不甘寂寞这组矛盾：寂寞中孕育着不甘寂寞的生机，不甘寂寞中又潜伏着寂寞的危机。这两句话也将本文分成前后两部分：前半部分在论卡拉扬“鼓手”的一面；后半部分在论卡拉扬“暴君”的一面。本文的后半部分更加详细，主要在解决一个难题：不甘寂寞的“暴君”，如何避免陷入落寞的境地？文中分两段，给出了两个答案，即对艺术精益求精的诚意和对音乐出神入化的诠释。

如何解读矛盾？可以从矛盾双方的“共生”关系入手（参看第六篇）。不过，矛盾的平衡，可以是静态的，也可以是动态的；可以体现在“共生”关系上，也可以体现在“互生”关系上。本文主要解析了矛盾双方的互生关系，即寂寞可以生出不甘寂寞，不甘寂寞也可能生出寂寞。

第九篇　抉择之难

——从侧面写难度，更能凸显正面的高度

【作文材料】

贫困交加的凡·高，在每天努力振作起来的信心的支配下画着他那色彩绚丽的画。他曾满怀感慨地说：生活的色彩和他画中的色彩太不一致了。

【下水作文】

灵魂突围，心花怒放

源于生活，且高于生活的，才是艺术。这句话说出了一个真相，那就是艺术注定与生活不同。痛是生活感，痛并快乐着是艺术感，艺术是关照生活的滤光镜，过滤了生活的灰色，让灵魂的灿烂底色重现在眼前的画布上。这样的画里有艺术家持续注入的自信。不懈支撑这种自信的，便是作为艺术家的自尊——绝不在阴暗的角落中苟活，但愿在灿烂的画布中永生。正是这份艺术家的自信和自尊，让忧郁的凡·高画出了金灿灿的向日葵。

其实，每个人的眼前都有一幅人生的画卷，而每个人也都有两只眼睛。一只是色彩的仆人——肉眼，作为生活的镜子，它只是将生活的黯淡忠实地反射到了画布上，这只是一种本能的反应；另一只是色彩的主人——心眼，作为心灵的窗户，它将灵魂的灿烂自信地直射到了画布上，这才是本心的觉悟。

诚然，人必须兼顾本能和本心，可是当两只眼都睁开时，现实和心灵的巨大的色差还是会让人错乱，这就产生了艺术家的忧郁气质，可

艺术家的不凡不是因为能装出忧郁的眼神，而是因为视网膜上的这一层忧郁，他们的灵魂之声终究会冲破，通过那呐喊的瞳孔。凡·高的名画《星夜》便是他精神错乱时的产物，画布中的星辰被扭曲成一个个漩涡，可星辰终究还是坚守着灿烂的金色，向日葵与之相比，竟也有点土黄。

既然有了反射的色彩和直射的色彩，人生的画布上也就有表层的生活色和底下的灵魂色——只是大多数人只肯看看表层反射的颜色。优裕人生的表面自然是一层华彩，闲人们看着这就已经满足了，可表面早已是一层一层灰霾油污的忧郁人生呢？这些生活的烟尘色可是活埋了底下灵魂的灿烂笑容啊。这些烟尘油污，苦人们为什么不拿起锉刀狠狠地去刮？

刮骨的痛毕竟是钻心的，忍着剧痛，还敢瞻仰灵魂笑容的苦人毕竟没有几个。当然，旁观者没有资格谴责这些当局者，这也是情有可原的。生活早已让他们饱受苦痛，以至于苦痛到麻木，以至于他们视麻木为一种自我保护，而不敢贸然清醒。如果黯淡是生活的色彩，我至少过得起；如果灿烂是艺术的色彩，我可真爱不起——这就是他们的信条。除了自我保护，他们还会自我安慰一番——万一刮到底，没有灵魂的灿烂笑容怎么办？禁锢他们的只是活着这件事吗？不，他们就算死得只剩下灵魂，就算已经来到地狱厚厚的叹息之墙前，估计还会顺着生前的惯性去想象肉身撞击高墙的苦痛，甚至还会拿墙后面未必有极乐净土来自欺。

可毕竟还有几个敢，在闲人和其他苦人的眼中，他们只是一群自虐狂和自恋狂，他们敢于剥开皮肉上结痂的旧伤，只为一窥心灵的笑容。他们觉得，心魂要醒，钻心的痛是必须的，这个过程刻骨铭心——他们要的不是一场没心没肺的麻醉，而是一台惊心动魄的手术。

手术都是有风险的，可是对于苦人来说，吝啬的生活很难为他们网开一面，鱼死网破的觉悟才是他们唯一的战友。纵然注定是个悲剧，也要做悲剧的英雄，就像海明威笔下的老人。那具大马林鱼的骨架，呈现着现实的苍白，而那具筋疲力尽的肉体，却依旧有力气去梦见狮子。为什么？因为灵魂形态的自我，纵然无法在生活的苦难中一帆风顺地实现，也一定要在生命的梦境中酣畅淋漓地表现。

是的，只有让灵魂从忧郁中突围，从麻木中觉醒，从苦难中振作，一个苦人，才能画出一幅心花怒放的画。

【读写借鉴】

矛盾双方的对立，会产生极大的张力。人生就像一根被绷直的牛皮筋，一端是灵魂的色彩，一端是生活的色彩，这是艺术理想与生活现实的拔河赛。因为生活现实的巨大引力，也为了防止牛皮筋绷断，许多人选择了妥协，放弃艺术理想，回到生活现实中安全地受苦。在许多苦人们看来，继续站在灵魂的这一端，太痛太危险，但在艺术家看来，只有继续站在灵魂的这一端，与生活拔河，在将断未断的那一瞬间，牛皮筋才会收获巨大张力——这就是他们渴望的艺术震撼力。是的，辩证统一，矛盾是可以调和的，但是调和的矛盾也就失去了魅力。所以，遇到分析矛盾双方的时候，未必只能从平衡关系入手体现出兼顾双方的辩证，也可以抓住失衡崩溃前的临界点，表现出抉择一方的震撼。

本文并未把笔墨屯兵在正面，去详写凡·高对灵魂色彩的执着，而是从侧面入手，分析苦人屈从现实、放弃灵魂的心理过程。对于他们的难处，并没有一味批判，而是试图去充分理解。总之，从侧面写出难度，也就写出了正面的高度。

后记　读出来的世界

——如此读，才是我选择

> 乐于读书的孩子能和身旁的世界产生联系，最后具备超越现阶段想象范围的思考能力。他们会在角色、情境和自我之间建立联系，并且把它当作决定时的参考。在认真思考亨利王子为了在一个无耻的世界中找到荣誉而奋斗所作出的挣扎和努力的同时，孩子们学到了日后在学校餐厅和操场面临困境时的自处之道。
>
> ——【美】雷夫·埃斯奎斯

读到以上这段关于阅读的论述，我顿悟出了一句话："阅读即穿越。"阅读一本书也就是穿越到另一个世界，而这个世界是被读出来的。这个阅读的过程，夸张地说，可以分为灵魂出窍、身临其境、灵魂附体、重塑今生四个过程。

"灵魂出窍"也就是将身心投入书中的世界，但万事开头难在此应验。首先，值得投入的书在哪里？在这个谁都可以出书、出钱就能出书的时代，装帧华丽的"漂亮朋友"随手可得，能托付终身的"灵魂伴侣"却伸手难得。当然，家长对孩子，老师对学生，不假思索、脱口而出的一句往往是"读名著啊"。我并不否认经典名著可以对每一代人的人生产生影响，但我更加肯定，在一个价值观日趋多元化、两岁就一个代沟的时代背景下，影响一代人的书比起影响每一代人的书更能让人找到倾心托身的理由，但是找到一本这样的新书却如发现一片新大陆一样难。其次，我们有没有投入的身心作为资本？这是一个娱乐至上的时代，我们的身心早就陷入了由刺激到麻木，由麻木到更刺激，再由更刺激到更麻木的恶性循环之中，愉悦身心的大书早就被娱乐身心的小报赶下了架子。身心俱疲的我们宁愿慵懒而又猥琐地蜗居在小报的角落，也不愿穿越到大书中感受一番喜怒哀乐的真性情。当年哥伦布发现新大陆的好奇心不知道安放在何处了？

如果“灵魂出窍”是读出另一个世界的前提，那么“身临其境”和“灵魂附体”便是让两个世界（书中和书外）虚实相生的阅读方式。

如何理解“灵魂附体”？是读者的灵魂附于书中角色之体，还是书中角色之灵魂附于读者之体呢？我想应该都有，这样才能达到“庄周梦蝶”的化境，就拿雷夫举的学生阅读《亨利四世》例子来说，就是“我在书中扮演亨利王子会如何”和“亨利王子在现实中扮演我会如何”两个问题的统一。穿越是相互的，我们可以穿越到书中的世界，禁锢在书中的角色也就可以像阿拉丁神灯里的精灵一样穿越到人世来。

当然这两种“灵魂附体”是以两种“身临其境”为前提的。在“身临”书中情境时，读者扮演角色，越来越对“典型环境下的典型人物”的命运多了一份理解，少了一份臆断，读完一本书，也就不禁感叹：“有书就有江湖，人在江湖身不由己啊。”而当“身临”与书中相似的现实情境时，我们或多愁善感，和书中角色惺惺相惜；或因借鉴了书中角色的经验教训，变得更加足智多谋。于是，也就达到了“重塑今生”的目的。

最后，让我们扪心自问：你更希望读书“重塑”多愁善感还是足智多谋的“今生”？相信许多考生会选择或被选择足智多谋吧？原因也很简单，在功利社会，“足智多谋”比“多愁善感”实用。于是，“考大学等于考数学”的口号可谓“足智”；近年来品读历史旧书的新书热销也可谓“多谋”，究其实质，也就是——品读历史是假，借鉴权谋是真。

在中国，赶考的人们往往曲解了“书中自有颜如玉，书中自有黄金屋”这句话，他们总希望通过读书这种仪式将颜如玉、黄金屋请出书山，读出一个财色双收的世界。“读书”二字也随之遭到扭曲，“读”只是为了“背”，“书”则特指考试规定要考的圣贤书、教科书，而与应试无关的书则被称为“害书”，其中的许多书只会让人“多愁善感”，“意志消沉”，“成绩下降”，而相对的，让人“足智多谋”的书往往是被公认的好书。如果是一部“多愁善感”和“足智多谋”兼得的名著呢？那么学者也会将其改造成一个无情的智囊。《三国演义》只是几个或好或坏的男人在斗智，而坏人只要是聪明的也被看作是可爱的，如奸雄曹操，这些心怀天下苍生的人小战一场，往往就折了几万人马，大战一场，动辄几十万“樯橹灰飞烟灭”，而在“胜败乃兵家常事”的潇洒下，笔下的他们却毫无对人命的悲悯可言。而《红楼梦》也就成了《金陵十三钗的宫心计》，林黛玉自然是被看作反面教材，因为她是最不聪明的。

但是，足智多谋却并没有让这个世界变得消停，相反，这个世界被足智多谋折腾得面目全非，几近崩溃。君不见灾难片拍得一部比一部更动魄，宫斗剧一部比一部更惊心！高智商的我们面临着诸多危机，眼前有经济危机、生态危机，心里有道德危机、情感危机。不由得想起了梁漱溟的临终遗言：“这个世界会好吗？”我想说，不仁的智者读出的世界会好吗？

这个世界正逐渐被这两种人占据：一种是不读害书只读好书的智者，他们是足智多谋的精英；另一种是不读书只读报的愚者，他们是麻木不仁的看客。而多愁善感的仁者呢？他们在足智多谋和麻木不仁的夹缝中生存，智者和愚者以及现实不断用“感情用事”有声或无声、有意或无意地嘲讽着他们的幼稚，他们也难免自怨自艾：为什么要重塑这样的“今生”，当初真不该读那些害书！为什么投胎到今生却没有遗传智者的基因？“读错书”真的比不读书还纠结！

但是，在夜深人静的时候，他们依旧会“不思悔改”地从枕边摸出一本多愁善感的书来，痛并快乐地读出一个久违的梦幻世界。